UX/UI 디자인

완벽 가이드:

UI, 인터랙션, 프로토타이핑 편

UX/UI 디자인
완벽 가이드:
UI, 인터랙션, 프로토타이핑 편

지은이 조성봉, 이정은

펴낸이 박찬규   엮은이 전이주   디자인 북누리   표지디자인 Arowa & Arowana

펴낸곳 위키북스   전화 031-955-3658, 3659   팩스 031-955-3660

주소 경기도 파주시 문발로 115, 311호(파주출판도시, 세종출판벤처타운)

가격 28,000   페이지 416   책규격 175 x 235mm

초판 발행 2025년 03월 18일
ISBN 979-11-5839-595-7 (93000)

등록번호 제406-2006-000036호   등록일자 2006년 05월 19일
홈페이지 wikibook.co.kr   전자우편 wikibook@wikibook.co.kr

UX/UI 디자인 완벽 가이드:

UI, 인터랙션, 프로토타이핑 편

조성봉, 이정은
지음

이론부터 실무까지, 한 권으로
완성하는 UX/UI 설계 노하우

위키북스

저자소개

조성봉

라이트브레인 CX컨설팅그룹 이사

〈UX/UI디자인 완벽 가이드: IA와 유저 플로우 편(2023)〉, 〈이것이 UX/UI 디자인이다(2020)〉, 〈이것이 UX 디자인이다(2013)〉 저자

前 UX1 대표

금융연수원 UI/UX 전임강사

디자인진흥원 국가인적자원개발 자문위원

각종 정부 기관 UI/UX 자문

주 활동 분야

- UX 디자인 컨설팅
- 기술/트렌드 기반 제품/서비스 컨설팅
- AI UX, 디지털 트랜스포메이션 관련 연구

프로젝트

- 선행연구: 삼성전자, 현대자동차, SKT, LG전자 등
- UX/UI: 티맵, 삼성화재, LG에너지솔루션, 네이버, 국민은행 등
- B2B: SK하이닉스, 삼성SDS, 신한금융지주, 두산그룹, 싸이버로지텍 등
- AI UX: LG 유플러스, 삼성카드 챗봇, 삼성SDS, 삼성전자 등

강의 이력

- 기업: 라인 플러스, 롯데홈쇼핑, LG U+, LG전자, 삼성전자, 현대자동차, 롯데그룹, 신한은행, KT, 삼성화재, 삼성 SDS, 한국학술재단, 웅진씽크빅, 우아한 형제들, 삼성생명서비스, 신한금융지주, 11번가 등
- 단체: 라이트브레인 UX 아카데미, UX전문가포럼, 한국인터넷전문가협회, 연세대, 한양대 등
- 세미나: HCI 학회, Global ICT Premier Forum, 헬스/웨어러블 세미나, 쇼핑의 미래, SK Creative Challenge, 자동차 전자기술 워크숍, 웹어워드 콘퍼런스, 웹월드 콘퍼런스, 광고마케팅 콘퍼런스, 전자부품연구원 등

이정은

라이트브레인 UX컨설팅그룹 팀장/수석 컨설턴트

주 활동 분야

- UX 디자인 컨설팅 및 UX 디자인
- 기술/트렌드 기반 제품/서비스 컨설팅
- AI UX 컨설팅

프로젝트

- 선행연구: 삼성전자 모바일/카메라 등
- UX/UI: 삼성화재, 국민은행, LG U+, 현대자동차 등
- B2B: SK하이닉스, 두산그룹 등
- AI UX: LG전자, SKT 등

강의 이력

- 한국디자인진흥원, 전북디자인센터, 한국금융연수원, 라이트브레인 UX 아카데미 등
- UI/UX 디자인 방법론 및 실습, UI/UX 사용성 분석, Figma 실습 등

서문

이 책은 2023년에 출간한 《UX/UI디자인 완벽 가이드: IA와 유저 플로우 편》의 후속편이다. 원래 한 권으로 묶어서 내놓을 수도 있었을 UX/UI 설계 내용을 책의 분량과 내용의 차이를 고려하여 두 권으로 기획한 뒤, 이번에 그 후속편을 내놓게 된 것이다.

이 책은 총 6개 장으로 구성되어 있다. 체계적인 UI 설계를 배우고자 한다면 1장 'UI 설계'와 2장 'UI 요소'를 참고하기 바란다. 여기서 배운 이론적 지식을 바탕으로 실제 실습을 해보고자 한다면 책을 껑충 건너뛰어서 6장 '프로토타이핑'을 보면 된다. 피그마라는 툴을 활용한 UI 설계 방법과 더불어 직접 따라 해 볼 수 있도록 실습 내용도 준비했다. 그게 아니라 UX 측면에서 UI 설계에 대한 이해를 더 깊게 파고자 하는 독자라면 3장 '좋은 UX/UI의 조건'과 4장 'UX/UI 설계 원칙'이 도움이 될 것이다. 5장 '인터랙션'에서는 UI 설계에 있어서 인터랙션이 얼마나 중요하고 그것을 어떻게 설계할 수 있는지를 알아본다.

이 책은 공동 저작이다. 1장에서 5장까지는 저자 본인이 썼고, 프로토타이핑을 다룬 6장은 같은 회사의 이정은 팀장이 집필을 맡았다. 이정은 팀장은 한국디자인진흥원 UX/UI 디자인 강사이기도 하며, 본인을 도와 '라이트브레인 UX아카데미'와 한국금융연수원에서도 강의하고 있다.

UI는 재밌으면서도 복잡한 주제다. 처음 집필 당시 책의 내용이 이미 준비되어 있어서 4주면 모든 게 끝날 줄 알았지만, 실제는 그보다 4배의 시간이 소요됐다. 유난히 더위가 기승을 부렸던 2024년 여름, 저자는 제주도 성산과 서귀포 중앙도서관을 오가며 이 책의 초안을 작성했다. 그 후로도 새로운 내용을 추가하고 교정하는 작업이 꾸준히 이어졌고, 한편으로는 이정은 팀장에게 '프로토타이핑'에 대한 내용을 써달라고 부탁하기도 했다.

맺

현시점에서 UX/UI는 어떻게 변화하고 있을까? 스스로 '스마트폰에 중독됐다'고 평가하는 사람들이 과반을 차지하는 현실에서 UX/UI가 중요하다는 것은 누구나 공감할 수밖에 없을 것이다. 그러나 AGI(Artificial General Intelligence)의 확산과 메타버스로의 도약을 예고하는 애플 비전 프로 같은 기기들의 등장은 Zero AI나 휴머노이드 로봇, Spatial Computing 같은 새로운 변화를 보여주고 있다. 이미 ChatGPT와 같은 생성형 AI가 검색엔진을 상당 부분 대체하고 있고, 이미지나 동영상 생성, 디자인 편집까지 생성형 AI로 가능하다 보니 앞으로는 UI 설계도 AI가 하는 게 아닌가, 하는 의문이 들 수도 있다.

다른 기업들과 마찬가지로 라이트브레인도 올 한 해 생성형 AI의 실무 적용 방안을 집중적으로 연구했고 외부에 소개할 만한 내용도 더러 있지만 그 내용을 이 책에 담지는 않았다. 주제가 상이하고, 특히 UI 면에서는 아직 이렇다 할 진전이 보이지 않아서다. 이 상황은 당분간 지속될 것으로 보인다. AI는 그럴싸한 결과물을 내놓기는 하지만, 막상 내용을 들여다보면 말 그대로 '그럴싸한 결과물'에 불과하다. 좋은 사용자 경험을 UI에 담는 것은 아직 AI가 범접할 수 없는 영역이다.

UX/UI가 오히려 주목해서 바라봐야 하는 점은 'AI가 전달하는 정보를 어떻게 사용자들에게 잘 전달할 것인가'이다. 자율주행이 12.5.X 버전을 넘어서면서 테슬라 차량 디스플레이는 운전을 위한 정보(내비게이션 길 안내)보다는 자율주행에 대한 정보(현재 도로 상황과 경로상 도로 상황)를 알리는 데 더 UI의 초점을 맞추고 있다. 다음 이미지에서 보듯이 운전을 위한 정보는 우측 상단에 아주 작게 표시되어 있을 뿐이다. 앞으로의 UI는 '보고 선택하기(사용자의 행동과 판단)'가 아닌, AI에 의한 진행 과정과 처리 결과(사용자는 인지와 확인)가 중심이 될 것이다.

앞으로도 UI는 사용자 중심일 것이다. 다만 UX/UI의 중심은 행동과 판단에서 인지와 확인으로 이동할 것이다.

출처: Not a Tesla App

당연한 얘기지만 앞으로의 UX/UI에 관심을 가지기를 바란다. 여러분이 해야 할 가장 중요한 일은 발상을 전환하는 것이다. 여러분의 미래 비전, 세계관, 가치관과 상관없이 AI와 메타버스는 반드시 사람들의 일상생활 자체를 바꿀 것이다. 마치 80년대 컴퓨터, 90년대 인터넷, 2000년대 모바일이 그러했듯이 말이다.

그런 의미에서 UX/UI 업계에 종사하는 사람이나 UX/UI로 진출하고 싶어 하는 사람들에게 이 책이 조금이나마 도움이 되기를 바란다. 이 책을 읽고 실습하는 분들은 UX/UI 설계에 대한 성취가 일취월장할 것이다.

공동 저자인 이정은 팀장에게 진심으로 감사 인사를 전한다. 내가 아는 가장 꼼꼼한 성격을 가진 사람인 그녀는 이번 저작은 물론, 회사 업무에 있어서도 나의 부족한 점을 보완해주는 고마운 존재다. 또 한 명의 동지, 이지연 팀장에게도 감사 인사를 전한다. 두 사람과 함께 한다면 우리가 도전하지 못할 과제는 아마 없을 것이다. 항상 응원해주는 라이트브레인 황기석 대표님, CX컨설팅 그룹의 동료들에게도 감사 인사를 전한다.

조성봉

6장 프로토타이핑은 앞서 1장~5장에서 배운 이론을 토대로 실제로 화면으로 구체화하는 데 필요한 툴을 소개한다. 피그마가 쉬운 툴이기는 하지만, 그래픽 디자인 툴을 사용해본 경험이 없는 기획자라면 막막함을 느낄 수 있어, UI 설계를 시작하는 데 기본적으로 알아야 하는 기능에 대한 소개와 함께 쉽게 따라 할 만한 실습 예제를 담으려고 노력했다. 원하는 UI 컴포넌트를 화면에 그리려면 어떤 도형과 애셋을 활용하면 좋은지, 자주 사용하는 컬러, 텍스트의 스타일을 지정해놓고 사용하거나 Auto layout 같은 기능을 사용하면 얼마나 효율적인 작업을 할 수 있는지를 경험할 수 있다. 기능 설명과 실습 예제를 따라 하다 보면 어느덧 두려움 없이 머릿속에 있는 설계를 화면에 옮길 수 있을 것이다.

많은 기업에서 설계-디자인-개발까지 협업에 효과적인 피그마를 도입하기 시작했다. 라이트브레인도 고객사의 요구로 피그마를 사용하는 경우가 늘어나고 있다. 피그마는 빠르게 와이어프레임을 시각화하고 동적 인터랙션을 구현할 수 있기 때문에 효과적이고 빠르게 테스트를 진행하고 수정할 수 있다. 내재화된 디자인 시스템과 애셋 컴포넌트가 있다면 와이어 프레임의 시각적 구현도 디자인 단계에 가깝게 제작할 수 있다. 기업 입장에서는 업무 효율과 퀄리티를 향상시키는 도구를 사용하지 않을 이유가 없다.

실제 프로젝트, 특히 컨설팅 과제의 콘셉트 설계를 진행할 때는 와이어프레임 설계와 GUI 디자인 결과물의 중간 정도의 시각적 구현으로 좀 더 몰입되고 설득력 있는 결과물을 만드는 경우가 많다. 이 책의 마지막 장으로 피그마를 활용한 프로토타이핑을 소개하는데, 최근 팀 내에서 피그마의 활용도가 매우 높아지고 있기 때문이다.

피그마를 기업 내 실무에 도입할 경우 연간 유료 플랜 비용 발생, 팀원들의 툴 학습 노력, 기존 산출물을 활용하지 못하고 새롭게 산출물을 구성해야 하는 부담, 하나의 툴에 종속된다는 단점, 클라우드 툴이기 때문에 보안 관리가 철저한 조직은 도입하기 어렵다는 한계가 여전히 존재한다. 하지만 시간이 곧 경쟁력인 상황에서는 클라우드 협업 툴이 제공하는 효용성 및 효율성 측면에서 한 번쯤은 고민해 볼 가치가 있다. 사이드 프로젝트를 진행하고 있거나 작은 조직에 근무하고 있다면 무료 플랜으로 먼저 사용해 보기 바란다. 실제로 본인이 진행했던 UXUI 실습 강의에서 피그마를 경험한 수강생이 자신이 근무하는 조직에 피그마를 소개하고 바로 도입한 사례도 있었다.

피그마는 현시점에 가장 유효한 툴이라고 생각한다. 이와 함께 최근 새롭게 등장하는 AI를 활용한 디자인 툴, 플러그인도 틈틈이 지속적으로 관심을 가지고 사용해 보기 바란다. 처음 소개될 때는 많이 부족해 보이지만, 어느 순간 완성도가 높아지는 툴들도 있고, 하나의 툴이 전반적인 활용 측면에서는 만족스럽지 않아도, 업무의 목적에 따라 좁은 영역에서 효과적으로 사용하면 업무 효율이 높아지는 자신만의 팁이 될 수도 있다.

이정은

제 2 장   UI 요소 87

목차

UI 설계

UX와 User Interface

User Interface란 말 그대로 사용자(User)가 어떤 제품이나 서비스를 접하는 지점 (Interface)을 말한다. 최근에는 UI를 디지털 서비스로만 국한하는 경향이 있는데, 사실 UI는 어디에도 적용될 수 있는 용어다. 가령 문손잡이는 사용자와 문(door) 사이의 UI이 며, 핸들(steering wheel)은 운전자와 자동차 간의 UI라고 부를 수 있다. 사용자는 문을 열기 위해서 문손잡이를 돌리고, 자동차를 운전하기 위해 핸들을 조작한다. 문손잡이는 문을 열기 위한, 핸들은 자동차를 조작하기 위한 최적의 형태로 만들어진다.

시계의 액정 디스플레이나 버튼, 주유기의 가격 표시나 유종별 주유 시작 버튼도 인터페이스다

출처: 소니

마찬가지로 디지털 기기에서의 UI도 서비스를 이용하기 위한 최적의 형태가 돼야 한다. 다만 디지털의 특성상 다른 사람의 도움 없이도 사용자 혼자서 서비스를 이용할 수 있어 야 하기 때문에 정보의 구성이나 배치도 함께 고려돼야 한다.

이용 맥락에 따라 사용자의 관심과 주목도가 끊김 없이 이어지게 하고 있는 Whatsapp 사례

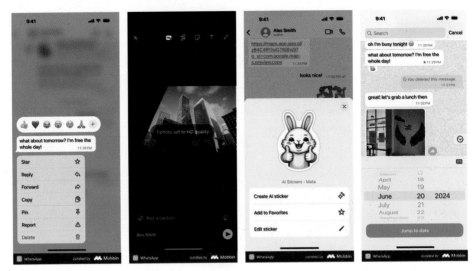

출처: Whatsapp

누군가의 쉬운 경험을 위해서 우리는 많은 고민을 해야 한다. 몇 가지 공식과 원칙, 노하우만 있으면 쉽게 만들어 낼 수 있을 것 같지만, 서비스마다 고유한 맥락이 존재하고, 사용자마다 각자의 특성이 존재하여 실제로 그것을 UI 상에서 구현해내는 일은 말처럼 쉬운 일이 아니다.

UI는 콘텐츠와 몇 가지 공식만 알고 있으면 누구나 쉽게 풀 수 있는 초등학교 수학 문제와 같다. 복잡한 업무를 다루거나 사용자와의 상호작용이 활발한 경우에는 어려울 수 있으나, 일반적인 B2C 서비스의 UI 설계는 생각만큼 어렵지 않다. 그러나 '좋은' UI를 설계하는 것은 생각만큼 쉽지 않다. 경험이 많다고 좋은 UI를 설계하는 것은 아니다. 좋은 UI를 설계하려면 우선 그것을 사용하고자 하는 사람들의 의도와 생각(Mental model)을 알아야 한다.

카카오페이에서는 꾸준하게 사용자들의 동기를 자극하고 행동을 유도하는 장치들을 거부감 없이 만날 수 있다

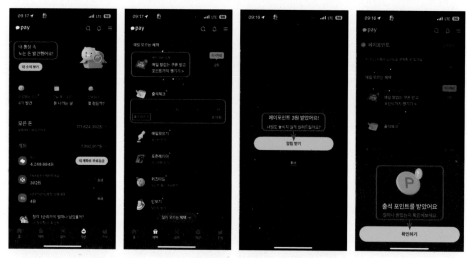

출처: 카카오페이

UI는 서비스와 사용자 간의 소통 수단이기 때문에 만든 사람의 의도와 사용자의 기대가 잘 어우러져야 한다. 사용자의 기대와 잘 어우러지려면 재료 준비부터 신중해야 한다. 좋은 재료만 있다고 맛있는 요리가 나오는 것은 아니듯이 재료를 잘 가공하고 구성한 다음, 화면이라는 제한된 공간 내에 사람들이 보기 좋게 배치하고 직관적으로 이해할 수 있도록 형태를 만드는 것도 필요하다.

한마디로 좋은 UI 설계는 재료(콘텐츠)와 사용자 경험을 종합적으로 고려하지 않으면 안 되는 고차원 방정식과 같다. 쉽게 하고 싶어도 쉽게 하기 어렵고, 따라하는 것도 한계가 존재한다.

간단하지만 구체적인 설명과 시각적 어포던스[1]를 통해서 긍정적 경험을 주고 있는 UI 사례들

출처: 삼성카드, 토스

스크린을 둘러싼 이야기

UX와 UI를 구분하는 가장 명확한 방법은 스크린을 기준으로 보는 것이다. UI는 스크린 안에서의 일을 다룬다. 그에 비해 UX는 스크린 앞에서의 일(사람들의 경험)을 다룬다. UI/UX 또는 UX/UI(순서는 상관없다)라는 것은 이 둘의 관계를 대변한다. 다시 말해 스크린 앞에서의 사용자 경험에 기반하여 스크린 안에서의 일을 설계한다는 의미이다.

UX와 UI간의 관계

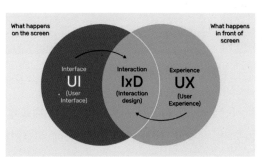

출처: Medium, MUZEEBURRAHAMAN

---

1   어포던스(Affordance)는 디자인 요소가 사용자에게 제공하는 행동 가능성을 나타내는 용어다. (출처: 디자인베이스)

스크린 앞에 있는 사용자가 스크린 안에서의 일에 개입하기 위해서는 상호작용 (Interaction)이 필요하다. 반대의 경우도 마찬가지다. 사용자에게 스크린 안에서의 일을 전달하는 것(피드백)도 상호작용에 속한다. 이것은 당연한 얘기로 들리지만, UX/UI 에서는 UX와 UI 외에도 인터랙션이 중요하다는 점을 시사한다. 앞서 최근 들어 '전반적인 UI 품질이 상승했다'고 한 것에 큰 기여를 한 것도 인터랙션이다. 더 직관적이고 예측 가능한 조작, 더 명확하며 적절한 형태의 피드백, 더 매끄럽고 추적이 용이한 상태 변화는 UI를 풍부하게 해주고, 나아가 더 좋은 UX를 만드는 데 기여한다.

현재와 같은 UI를 최초로 설계한 애플 LISA 프로젝트 참여자들도 정보의 표시, 위계, 구분, 배치, 형태와 같은 UI뿐만 아니라, 명령어 호출, 명령 실행, 결과 피드백, 로딩과 같은 인터랙션에 대해서도 많은 공을 기울였다. 좋은 UX를 제공하려면 스크린 안에서의 개별 요소들을 정의(UI)하는 것뿐만 아니라, 그것을 조작(인터랙션)하는 것도 중요하다는 것을 알고 있었던 것이다.

빌 애킨슨과 그가 만든 Full down Menu system

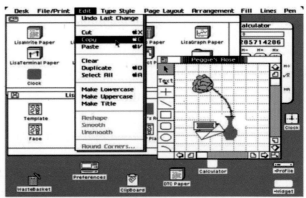

출처: Designing Interaction, Bill Moggridge

스크린에서의 경험은 지난 40년간 디지털 서비스의 UX를 대표해 왔다. PC, 모바일, 키오스크, ATM기, 자동차, 세탁기, 냉장고 디스플레이에 이르기까지 스크린을 배제한 디지털 경험은 생각할 수조차 없다. 그러나 불과 15년 전까지만 해도 UX 디자인을 CRM(Customer Relationship Management, 고객관계관리)이나 마케팅 리서치, 데이터 분석, GUI 디자인과 같은 것이라고 혼동하는 사람들도 있었다. 가장 많은 오해는 UX와 UI를 둘러싸고 일어났는데, '사용자들을 좀 더 신경 쓰면서 UI를 설계하는 게 UX 디자인이다'라고 생각하는 사람들이 많았다.

그러다가 모바일이 대중화되고 디지털 서비스가 확산되기 시작한 2010년대 중반 이후, 사용자의 기대를 도외시한 UI는 외면 받기 때문에 그들의 구체적인 경험을 UI에 반영해야 한다는 목소리가 커졌다. 진짜 UX 디자인을 다루는 부서들이 생겨나고, 많은 사람들이 UX 디자인의 중요성을 비로소 알아보기 시작한다. 그러면서 UI 수준도 점차적으로 발전해 나갔다. 좋은 표준과 규칙들이 생기고, 서로의 좋은 사례(Best Practice)들이 전 세계적으로 공유되기 시작했다. 그리고 현재에 이르러 UX/UI는 다음의 3가지를 반드시 지켜야 한다는 암묵적인 약속이 자리잡게 되었다.

- 사용자가 서비스의 내용을 보다 쉽게 이해하고 그들 간의 관계나 흐름이 자연스럽게 인식될 수 있도록 정보, 기능, 커뮤니케이션 요소 등을 적절하게 구성하고 배치해야 한다.

- 중요한 내용을 한눈에 알아보고, 각 정보나 기능이 가진 의미를 원활하게 해석할 수 있어야 한다.

- 사용자가 서비스와 상호작용하는 과정에서 사용자의 의도나 맥락이 잘 반영돼야 한다.

GUI(Graphic User Interface)

사용자 경험은 GUI 디자인에 이르러 완성된다. 이를 공허한 표현으로 흘려듣는 사람들도 있으나, 이는 수없이 많은 사례를 통해 객관적으로 검증된 사실이다. 우리는 디자인을 통해서 누군가의 경험을 우리의 의도대로 이끌 수 있다. GUI 디자인은 우리가 의도한 바를 최종적으로 담아내는 그릇, 즉 포장재라고 볼 수 있다. 서비스, 이용흐름(User Flow), IA, 인터랙션, UI들이 마지막에 어떻게 담기는가에 따라서 UX는 달라질 수 있다.

바나나 형상의 바나나 우유와 다람쥐 얼굴을 포장지로 한 호두

출처: naoto fukasawa, Hrum&Hrum nuts

디자인은 그 안에서도 주력 분야나 대상에 따라서 여러 분야로 나뉜다. 그러나 모든 디자인은 독특하고 미적인 결과를 사용자들에게 전달하여 디자이너의 의도가 제대로 '전달'되도록 한다는 점에서는 똑같다. 예술은 해석되지만, 디자인은 전달된다.

UX/UI에서 GUI 디자인은 와이어프레임에 색상을 입히고, 이미지가 들어갈 영역에 '진짜 이미지'를 넣고, 시선이 편안하도록 가로/세로 정렬을 가다듬고, 세련된 폰트를 적용하는 작업이다. 그와 더불어 서비스 정체성과 매력을 명확하게 드러내고, 일관된 톤앤매너(서비스의 개성과 분위기)와 그에 따른 세부적인 디자인 체계를 만들고, 화면 유형별로 시각적 계층 구조를 세심하게 다듬고, 화면 단위에서 중요한 콘텐츠를 눈에 띄게 강조하고, 자연스러운 리듬감을 만들어내며, 공간적/시각적 형태를 더 매력적으로 완성시키는 작업이기도 하다.

UXUI에서 GUI 디자인의 역할

좁은 의미	넓은 의미
▪ 와이어프레임의 시각적 충실도(Visual Fidelity)를 높인다. ▪ 고유한 색상 체계(Color System)를 콘텐츠에 적용한다. ▪ 실제 콘텐츠를 반영하면서 이미지, 폰트, 여백, 색상, 그래픽 요소 등을 조정한다. ▪ 기기 특성 및 스크린 사이즈, 픽셀 등을 감안하여 콘텐츠를 깔끔하게 정렬시킨다.	▪ 서비스만의 시각적 정체성과 매력을 담을 수 있는 디자인 콘셉트를 만든다. ▪ 디자인 콘셉트를 일관된 톤앤매너와 디자인 체계로 확장한다. (레이아웃, 아이콘, 이미지, 색상, 폰트) ▪ 콘텐츠의 정렬, 강조, 구분, 대비, 리듬감을 위한 GUI 가이드를 만든다.

인간은 좀 더 매력적으로 보이는 대상에 시선이 끌리고 호감을 느낀다. 또한 대상이 분명한 자신만의 정체성을 드러낼 때 쉽게 기억하고 나중에 기억을 다시 회상할 수 있다. 따라서 GUI 디자인은 해당 브랜드/서비스만의 고유한 개성을 심미적으로 표현하는 것이 중요하다.

개성은 있지만 매력이 없는 GUI 디자인은 사용자의 이용 동기를 떨어뜨린다

 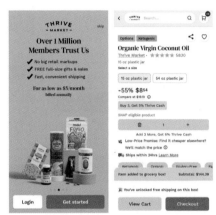

출처: 5 Minute Journal, Thrive Market

매력적인 GUI 디자인은 사람들에게 호감을 불러일으키면서 콘텐츠에 좀 더 주목하게 만들고, 그것을 빠르게 인식하도록 돕는다. 따라서 GUI 디자인을 통해 시각적인 개성과 매력을 살리는 것은 선택의 문제가 아니며, 어떻게 효과적으로 구현할 것인가에 대한 문제다.

매력은 있지만, 개성은 없는 GUI 디자인은 콘텐츠 전달에만 충실하다

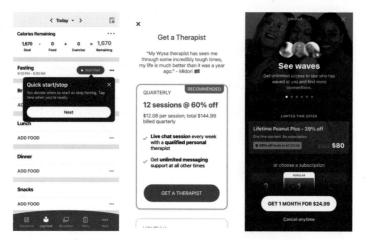

출처: MyFitnessPal, Wysa, Peanut

해당 서비스만의 시각적인 개성과 매력을 담은 'GUI 디자인 콘셉트'가 몇 장의 디자인 시안(GUI Design Prototype)에서 서비스 전체에 걸쳐 지속적으로 적용되기 위해서는 이를 위한 체계가 필요하다. 여기에는 서비스의 디자인 방향은 물론, 여러 가지 디자인 재료에 대한 구체적인 정의가 담긴다.

- 레이아웃: 화면의 밀도, 콘텐츠 배치, 내비게이션 장치, 다이얼로그, 인터랙션 방식 등을 담으며, 화면 유형(예: 홈, 목록, 상세, 인증, 체크아웃 등)에 따라 정의

- 아이콘(Iconography): 서비스만의 고유한 아이콘 형태 정의

- UI 형태: 이미 정의된 UI 기본 요소, UI 복합 요소들의 시각적 완성도를 올린 형태

- 이미지: 이미지 사용에 대한 규칙

- 색상: 색상 사용에 대한 체계 정의. 메인 색상 및 보조 색상을 구체적으로 정의

- 폰트: 폰트 체계 정의. 쓰임새에 따른 폰트 종류/크기/굵기 등을 구체적으로 정의

디자인 스타일 가이드와 폰트 체계 정의 예시

출처: 라이트브레인

GUI 디자인은 그 자체로 독립된 하나의 분야다. 이 책에서는 하나의 챕터로 다루지만, GUI 디자인은 UX 디자인의 하위 종속 관계가 아니며, 상호 협력하는 관계라고 봐야 한다. 앞에서 살펴봤던 '인터랙션 디자인'이 UX 디자인과 떼려야 뗄 수 없는 긴밀하게 얽히고설킨 관계인 것과 다르다.

GUI와 UX/UI

경험 많은 UXer들은 GUI 디자인이 UX에 얼마나 중요한지를 잘 알고 있다. GUI가 UX에 작용하는 영향력이 매우 크기 때문이다. GUI 디자인은 해당 브랜드/서비스를 '얼마나 잘 드러내는지(정체성)'와 '완벽하게 표현하는지(심미성)' 외에도 여백, 정렬, 대비, 강조, 리듬감으로 UI의 완성도를 높인다. GUI가 만들어내는 작은 차이가 큰 UX 차이를 만들고, 해당 서비스의 만족도를 결정짓는다.

시각적 매력이 부족해서 사람들의 눈길을 끌지 못한다면? 전달하고자 하는 의도와 다르게 정보가 해석된다면? 명확한 구분과 순서가 왜곡되어 전달된다면? 확인해야 할 것과 그렇지 않아도 되는 것이 뒤섞여 있다면? 화면의 성격이 한눈에 파악되지 않는다면? GUI 디자인으로 인해 파생되는 UX 문제는 셀 수 없이 많다.

  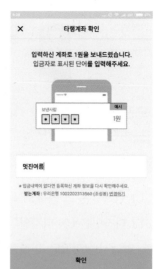

출처: 카카오뱅크

금융 서비스는 필연적으로 텍스트가 많을 수밖에 없다. 금융 상품 자체가 눈으로 확인할 수 없는 데다가 상품 자체의 설명 외에 법제도적 이유로 이용안내, 약관, 주의사항 등에 대한 안내가 수반되기 때문이다. UX를 끌어올리는 GUI 디자인은 남들이 '어쩔 수 없다'고 하는 것에 반기를 든다. 카카오뱅크는 똑같은 텍스트도 좀 더 구분이 잘 되고, 읽기 쉬우며, 주요 항목을 직관적으로 인식할 수 있게 되어 있다. 이것은 문서 서식 구조(formatting)가 시각적으로 뛰어나기 때문이다. 회색 배경 위에 흰색 박스는 부담 없이 눈에 들어온다. 노란색 박스는 해당 화면에서 강조해야 할 제목 영역이거나 주활동(CTA, Call To Action) 버튼에 해당한다. 텍스트에 미묘한 굵기와 크기 차이를 부여해서 자연스럽게 중요한 지점들을 훑어볼 수 있게 한다. 적절한 여백은 너무 없어 보이지도, 빽빽해 보이지도 않게 한다. 이러한 카카오뱅크의 사례는 '금융 서비스는 원래 어쩔 수 없어'라는 통념을 깨고 있다.

UI 설계 흐름

UI 설계는 화면상 정보나 기능적 요소들을 담는 일이다. 어찌 보면 매우 간단한 일이다. 사용자가 그것을 쉽게 이해하고, 제공자의 의도대로 이용할 수 있도록 하면 된다. 다만 제공하고자 하는 내용이 많으면 내용 간의 관련성, 사용자 동기 부여 및 행동 뒷받침 등을 감안해야 한다.

UI 설계는 사용자 경험에 맞게 콘텐츠를 화면상에 매핑(Mapping)하는 일이다

출처: Wolfram Nagel

맛있는 요리도 좋은 재료에서 시작한다고 하듯이 UI도 일단 재료가 좋아야 한다. 어떤 재료는 그것을 화면에 그대로 담아도 되지만, 어떤 재료는 가공(편집, 포매팅, 시각화)하여 미리 손질해둘 필요가 있다. 요리하기 좋게 재료가 준비되었다면 서비스 성격 및 제공하고자 하는 UX에 따라 재료(정보 및 기능적 요소)를 구성(정보 그루핑)한 다음, 화면에서의 시각적 이용흐름에 따라서 배치하고, 그 형태를 사용자가 쉽게 인식하고 이해할 수 있게 만드는 작업을 거쳐야 한다.

UI 설계의 진행 과정

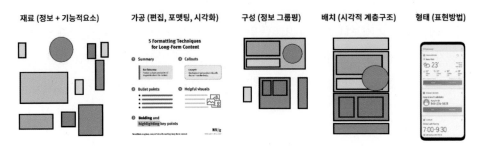

| 재료 (정보 + 기능적요소) | 가공 (편집, 포맷팅, 시각화) | 구성 (정보 그룹핑) | 배치 (시각적 계층구조) | 형태 (표현방법) |

대부분의 디지털 서비스에서는 사용자와의 접점이 화면이기 때문에 UI는 화면 단위로 설계가 진행된다. 화면은 대상 기기의 특성이나 크기와 관계가 있기 때문에 UI도 어떤 기기를 대상으로 하는지, 해당 기기의 화면 크기나 비율이 얼마인지와 밀접하게 관련되어 있다.

UI 설계가 힘든 이유는 무엇이 최선인지 모르는 데서 오는 막막함과 갈등 때문이다. 콘텐츠 배치나 형태를 고민하다 보면 막막해질 때가 있다. 그러나 이럴 때는 콘텐츠보다 다음과 같은 사용자 경험을 먼저 고민하는 '전환적 사고'가 필요하다.

- 사용자들이 해당 화면에서 기대하는 것은 무엇인가?

- 해당 화면을 전후로 한 사용자 경험의 맥락은 무엇인가?

- 해당 화면에서 가장 눈에 띄게 보여줄 내용은 무엇인가? 그것이 맥락에 따라 달라진다면 둘은 어떤 관계로 상호 연결되는가?

- 사용자의 상호작용에 따라 화면상 보이는 내용이 달라질 경우에는 어떤 변수들을 감안해야 하는가?

- 해당 화면에서의 경험이 서비스 특성에 많이 관계되어 있다면 서비스 주도권을 발휘한다. 사용자들에게 유사 서비스와 같은 익숙한 경험을 제공하는 게 맞는가? 아니면 해당 서비스만의 개성을 제공하는 게 맞는가?

- 해당 화면에서의 경험이 사용자 개인의 의도와 취향에 따라 달라진다면 사용자 주도권이나 개인화를 고민한다. 다시 말해 사용자에게 직접 맡기거나 그들의 이전 데이터를 활용한다.

좋은 UI는 화면 내 재료와 그것의 구성, 배치, 형태, 상호작용, GUI 등이 사용자의 이용 동기와 행동에 맞게 종합적으로 설계된 결과물이다.

McDonald's kiosk ordering system

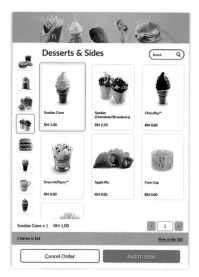

출처: UX Collective

재료(정보 및 기능적 요소) 준비

UI의 재료로는 정보 외에도 다양한 기능적 요소들이 존재한다. 가장 중요한 것은 서비스 내 탐색을 도와줄 내비게이션이다. 그 외에 화면에 따라 입력 및 선택 요소, 버튼, 커뮤니케이션 요소가 포함될 수 있다.

정보와 기능적 요소들

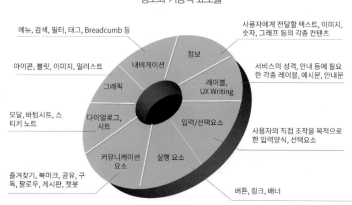

그림의 여러 가지 UI 재료 중에서 중요한 것 위주로 상세하게 살펴보자.

정보

디지털 서비스의 가장 중요한 역할은 사용자에게 정보를 전달하고 그 정보를 기반으로 사용자가 원하는 업무를 하게 하는 것이다. '현재 삼성전자 시세와 차트를 조회하고 거래를 한다. 일주일 동안 먹을 식료품을 장바구니에 넣어서 구매한다. 여름 휴가로 어디에 갈지 찾아본 다음, 항공권과 호텔을 예약한다'와 같이 말이다.

디지털은 다른 미디어(신문, 잡지, 방송)에 비해 상호작용(Interactive)이 활발하다. 획일적으로 정보를 전달하는 것이 아니라, 사용자 선택에 따라 다양한 방식으로 정보를 전달할 수 있다. 가령 위에서 언급한 예시들은 다음과 같이 '상호작용을 고려한' 정보 전달이 가능하다.

- 삼성전자와 관련된 반도체 섹터의 최근 동향 정보, 같은 업종 내 다른 종목(예: 하이닉스, 한미반도체), EFT 종목들, 증권사 애널리스트들의 향후 주가 전망 정보를 전달한다.
- 사용자가 자주 구매한 식료품 목록 정보, 오늘 할인하는 식료품 정보, 사용자가 이전에 구매한 식료품과 관련된 다른 상품에 대한 정보를 전달한다.
- 원하는 휴가 유형에 따라 여행지들을 추천한다. 여행지별 날씨, 옷차림, 환전, 관광지 정보를 전달한다.

정보라는 재료는 여러 가지 속성에 의해서 전달되는 범위를 조정할 수 있다. 사람들은 어떤 대상을 마주했을 때 여러 가지를 연상하는 특성이 있기 때문에 정보 그 자체만 있는 그대로 담백하게 전달하는 것은 좋은 UX가 되기 어렵다.

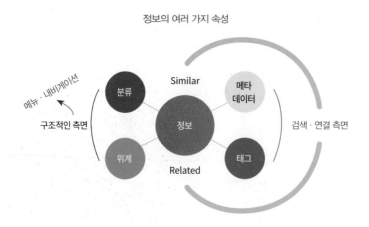

정보의 여러 가지 속성

또한 디지털은 여러 가지 형태로 정보를 전달할 수 있다. 텍스트나 이미지뿐만 아니라, 동영상, 음성, 그래프, 3차원 콘텐츠도 디지털상에서는 쉽게 접할 수 있다. 다음에 예시로 든 Real Ground라는 캠핑 정보 서비스는 캠핑장의 정보를 2차원 평면이 아닌, 3차원 콘텐츠로 제공한다. 사용자는 캠핑장이 위치한 위성 사진이나 특정 사이트에 대한 주변 환경을 줌 인/아웃, 핀치 인/아웃, 로테이션 등의 조작을 통해 입체적으로 확인해볼 수 있다.

3차원 콘텐츠는 상호작용도 더 활발한 편이다

출처: Real Ground

정보는 과거의 고정된 사실이 아닌, 실시간으로 전달되기도 한다. 실시간 정보는 고정된 사실이 아니기 때문에 콘텐츠 준비 과정이 색다르다. 냇물을 끌어와서 마을에 상수도를 공급하는 것과 유사하다. 따라서 실시간 정보를 제공할 때는 어떤 정보를, 어디에서 가져와서, 어떤 형식으로 전달하겠다는 것을 준비한다. 다른 경쟁사들과 차별화된 우위를 차지하기 위해서 정보 자체를 독점하거나 정보를 가져오는 출처(source)를 다양화하거나 동일한 정보/출처라도 2차적인 정보 가공이나 보여지는 형식을 차별화하는 경우도 있다.

실시간으로 전달되는 정보 예시

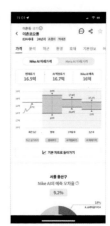

출처: Usin, Richgo

내비게이션

사용자들이 디지털 서비스에서 정보를 탐색하기 위해서는 지도에 해당하는 메뉴와 나침반에 해당하는 위치(Location Info)를 알려주는 내비게이션이 필요하다. 내비게이션은 IA와 UI가 겹치는 영역이다. IA에서는 전체 메뉴를 화면 위치에 따라 '어떤 체계로 배치할 것인가'를 다룬다면 UI에서는 실제 구체적인 화면별로 내비게이션을 반영하는 작업을 한다. PC는 화면에 따라 내비게이션의 변화가 거의 없기 때문에 IA와 UI에서 하는 일이 동일한데 비해, 모바일은 화면이나 맥락별로 내비게이션의 변동성이 높기 때문에 IA 설계와 별개로 화면마다 내비게이션 UI를 고민해야 한다.

PC와 모바일의 내비게이션

PC는 내비게이션 UI가 단순하고 고정적으로 존재하기 때문에 내비게이션 UI를 설계하는 것이 그렇게 복잡하지 않다. 영역마다 메뉴 계층을 어떻게 나눌 것인지, 마우스 온/오버/클릭에 따라 어떻게 인터랙션이 이뤄지도록 할 것인지, 주 내비게이션을 보조하는 다른 요소들은 어디에 어떤 형태로 배치할 것인지를 고민하는 것이 설계의 대부분이다. 반면 모바일에서의 내비게이션 설계는 매우 복잡하다. 햄버거 버튼을 눌렀을 때 펼쳐지는 전체 메뉴를 제외하고도 상/하단 내비게이션을 각각 설계해야 하며, 특히 상단 내비게이션은 PC처럼 하나의 형태로 고정되지 않고, 화면 위치마다 달라진다. 한마디로 모바일 내비게이션 설계는 매우 까다롭기 때문에 (극단적인 경우에는) 매화면 설계 시 고민이 필요하다.

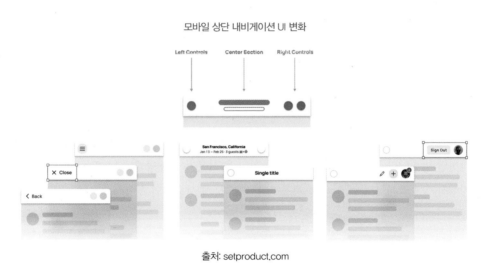

출처: setproduct.com

레이블, UX Writing

디지털 서비스는 사용자가 혼자서 사용해야 한다는 특성 때문에 '언어(word)'가 매우 중요하다. 사용자들은 레이블을 통해 해당 정보/기능의 성격을 파악하거나 그 결과를 예상하고 결과적으로 행위를 할지 여부를 선택하고 UX Writing을 통해 현재 맥락을 이해하고 자신이 해야 할 행동을 떠올린다.

메뉴나 제목, 지시어, 명령어 등에서는 '단어' 형태의 언어가 기표(signifier) 역할을 하기도 하고 설명, 상태, 제한, 알림, 피드백 등에서는 '문장' 형태의 언어가 사용자를 안내하는 역할을 맡기도 한다. 언어는 예로부터 사실이나 이야기를 담는 그릇 역할을 해왔기 때문에 그 자체로 훌륭한 정보 역할을 하기도 하나, 레이블이나 UX Writing은 언어의 특징이나 운율, 뉘앙스 등을 효과적으로 드러내어 기표나 안내 역할을 수행한다. 요리의 주재료보다는 부재료, 양념에 해당한다.

레이블이나 UX Writing은 다음과 같은 형태로 활용된다.

- 기표: 메뉴명, 화면명, 단계명, 정보명, 단위, 고유명사
- 지시/명령: 행위(버튼)명, 이전/이후, 긍정/부정, 확인
- 설명: 메뉴/화면/단계 부연 설명, 콘텐츠 본문, 반복, 비교
- 상태: 날짜/시간, 서비스 상태, 사용자 이용 상태, 진행 과정
- 제한/알림/피드백: 일반적인 안내, 입력 예시, 교정, 기타 사용자의 올바른 행동을 유도하고자 할 때

기표는 정보의 위계와 그 위계에 따른 각각의 속성을 대표한다. 지시/명령은 다수 사용자들에게 공통의 방법을 전달하기 위해서 쓰인다. 이용흐름이 정형화되어 있고, 한 방향으로만 흘러가는 일방향적인 프로세스에 적합하며, 사용자의 오류를 최소화하는 데 효과적인 방법이다. 문장 형태로 된 UX Writing은 사용자가 해당 업무나 기능을 이해하고 실행하기에 앞서 명확한 안내를 제공한다. 세심하게 사용자의 행동을 제어하고자 할 때 효과적이다.

토스는 이러한 부재료와 양념을 어떻게 쓰는가에 따라서 얼마나 좋은 요리(UX)가 만들어질 수 있는지를 입증했다는 점에서 뛰어나다고 볼 수 있다. 레이블이나 UX Writing은 요리의 주재료가 아니기 때문에 시선이 머물러서는 안 된다. 빠르고 자연스럽게 읽어 나가면서 그 의미를 파악하는 식으로 '눈에 안 띄는, 숨은' 기여를 해야 한다.

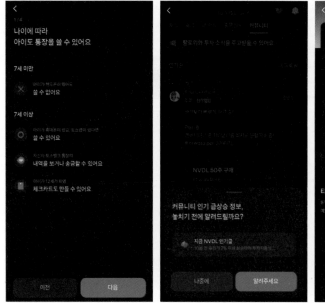

출처: 토스, 스카이스캐너

입력/선택 요소

서비스 이용 중에는 사용자로부터 입력, 동의, 선택을 받아야 할 때가 있다. 권한 확인, 인증, 개인 정보 입력, 약관 동의, 옵션 선택, 결제, 주문, 결제 등 사용자가 원하는 업무를 제대로 처리하기 위해서는 다양한 입력 및 선택상자들이 UI에 담겨야 한다.

대부분의 UI 요소는 사람들이 쉽게 연상할 수 있는 개체를 디지털에 맞게 형상화한 것이다

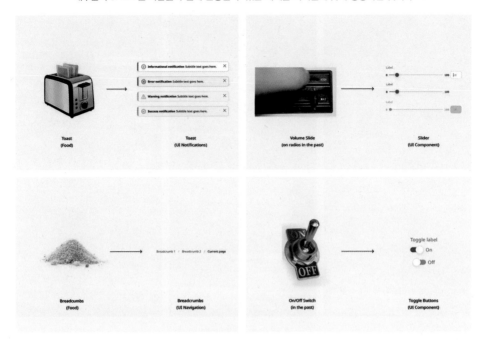

출처: Megan N

입력/선택상자는 그 쓰임새에 맞는 정해진 형식이 존재한다. 가령 가장 기본적인 입력상자는 폼(Form)이다. 그 밖에 값을 선택할 때 주로 사용하는 선택 폼(Drop down selector), 라디오 버튼, 콤보 박스도 있다.

입력/선택상자는 이미 각각의 쓰임새에 맞는 정해진 형식(UI 요소)이 있지만, 서비스 특성이나 전달하고자 하는 UX에 따라서 달라질 수 있다. 예를 들어 날짜 선택이나 가격 입력에서 사용자의 직접 입력이 좋을 때도 있지만, 제시된 옵션 중에서 하나를 선택하는 것이 더 바람직할 때도 있다.

입력 시 형식 제한

출처: Walmart, Wise, Sweetgreen

실행 요소

디지털 서비스가 특정한 업무 수행이나 화면 이동, 다이얼로그/시트 등을 하기 위해서는
실행 요소가 필요하다. 실행 요소는 그 목적에 따라 버튼, 링크, 배너 등으로 나뉠 수 있
는데, 디지털 서비스뿐만 아니라 제품에서도 많이 사용되는 버튼은 목적이나 형태에 따
라서 다양하게 분류될 수 있다.

여러 가지 형태의 버튼

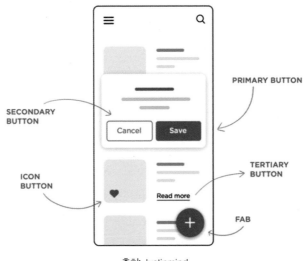

출처: Justinmind

가장 중요한 주활동 버튼(Primary button)은 다른 요소보다 시각적으로 강조한다. 이차적 버튼(Secondary button)은 크기나 형태는 주활동 버튼과 동일하지만, 주목도는 의도적으로 낮춘다. 필요에 따라 있을 수도, 없을 수도 있는 세 번째 버튼(Tertiary button)은 버튼보다는 링크처럼 보이는 경우가 많다.

형태 측면에서는 사용자가 공유/저장/북마크 등 감춰진 부가 활동을 호출할 때 사용되는 플로팅 액션 버튼(Floating button), 링크와 거의 구분하기 어려운 텍스트 버튼, 부가 활동을 감추지 않고 그대로 노출시킬 때 사용하는 아이콘 버튼(Icon button)이 있다.

링크는 버튼 등의 다른 UI 요소에 비해서 눈에 띄지 않는다. 주로 텍스트 정보의 일부분에 (인터넷의 특징인) 하이퍼링크를 걸어 서비스 내부 또는 외부의 다른 화면으로 연결하기 때문이다.

여러 가지 링크가 들어간 위키피디아 페이지

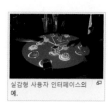

출처: 위키피디아

링크는 텍스트뿐만 아니라 아이콘이나 이미지에도 사용 가능하고, 이미지나 동영상의 특정 영역에만 링크를 거는 것도 가능하다. 이러한 점 때문에 현재의 정보나 맥락을 벗어나 부가적인 정보나 맥락으로 잠시 나갔다 오고자 할 때 유용하다.

배너는 서비스 내부의 주요 특징을 알리거나 이벤트, 프로모션, 유료 전환, 광고 게시 등을 목적으로 내거는 실행 요소다.

다양한 형태의 배너들

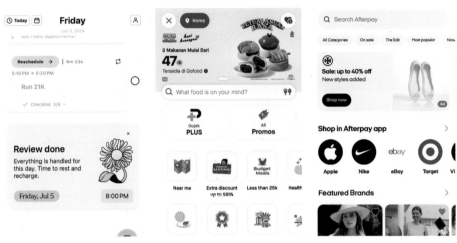

출처: Tiimo, Gojek, Afterpay

배너는 사용자들의 주목을 받기 위해 게시하는 것이기 때문에 보통 홈 화면이나 주요 화면의 상단 부분에 배치되거나 모달(팝업창) 형식으로 나타낼 때도 있다. 지나치게 큰 영역을 할당하면 다른 콘텐츠를 방해함과 더불어 사용자에게 부정적인 이미지를 전달할 수 있고, 그렇다고 너무 작은 영역만 할당하면 주목도가 떨어지기 때문에 눈에 띄는 곳에 화면 크기(Fold)의 15~25% 사이에서 영역을 할당하거나 작지만 수평적인 카드 형태(Carousel)로 여러 개를 보여주는 경우도 많다.

다이얼로그

다이얼로그, 스낵바, 토스트 팝업은 디지털 서비스가 사용자에게 확인, 알림, 안내, 선택을 받기 위해 필요한 대화 창이다. 그 특성상 독립적인 화면이 아닌, 기존 화면 위에 뜨는(overlay) 형태로 존재한다.

윈도우95 파일 탐색기 다이얼로그 창

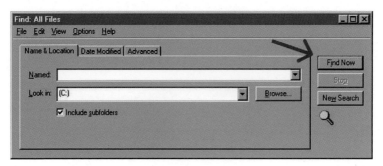

출처: 마이크로소프트

PC와 모바일은 마우스와 손가락이라는 인터랙션 방식의 차이로 인해 다이얼로그 규칙
이 서로 다르다. 단순 확인, 에러, 경고, 안내, 알림, 배너의 경우에는 거의 차이가 없지
만, 사용자 조작이 많은 경우 모바일에서는 PC와 달리 모달(팝업창) 대신 시트(Sheet,
바텀시트)를 사용한다. 한 손으로도 쉽게 조작이 가능하게 하기 위해서이다.

PC에서는 모달이지만 모바일에서는 시트로 적용한 예시

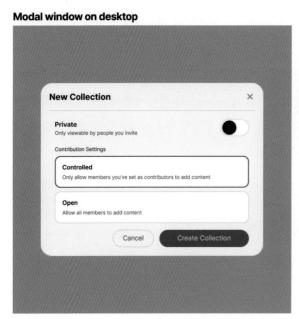

출처: UX Movement

다이얼로그는 대부분 서비스에 의해서 활성화되지만, 사용자가 버튼을 눌러서 활성화되는 경우도 있고(확인, 에러), 이벤트 안내나 공지와 같이 맥락에 의해 자동으로 활성화되는 경우도 있다.

다이얼로그가 활성화되는 3가지 유형

출처: Andrew Coyle

다이얼로그는 요구되는 주의력(Attention)에 따라서 제공 방식이 달라져야 한다. 주의력이 높을 때에는 모달, 중간일 때에는 스티키 노트(Sticky note, 툴팁), 낮을 때에는 (2초후 자동으로 사라지는) 토스트 팝업을 띄우거나 아예 표시를 안 해도 괜찮다.

요구되는 주의력에 따라서 다이얼로그 제공 방식은 달라져야 한다[2]

출처: EE(왼쪽), Google(가운데, 오른쪽)

그래픽

UI에는 시각적 표현이 필수적으로 수반된다. 뒤에서도 자세하게 다룰 '시각적 계층 구조 (Visual Hierarchy)'뿐만 아니라 정보의 상징화를 위한 차트나 아이콘, 문서 서식 구조에 필요한 불릿, 서비스만의 분위기를 연출하는 데 사용되는 이미지나 일러스트 등이 그것 이다.

2   그림에서 왼쪽은 요구되는 주의력이 높기 때문에 모달을, 가운데는 낮기 때문에 토스트 팝업을 채택했지만, 오른쪽은 요구되는 주의력이 낮은 데도(태그를 지운다는 것에 대한 확인) 불구하고 모달을 사용하고 있다.

에어비앤비의 디자인 언어 시스템(Design Language system)

출처: 에어비앤비

그래픽 요소들은 우리 눈이 무언가를 인식하고 구분하고 이해하고 느끼는 데 도움을 준다. 그래픽 요소들이 없다면 인지하는 시간이 더 오래 걸리고, 전달하고자 하는 사람의 의도가 왜곡돼 사람마다 분분한 해석을 만들어낼 수 있다.

링크드인 가입 화면의 2013년과 2023년 비교. 그래픽 요소들로 인해 메시지 전달과 화면 이해가 더 좋아졌다

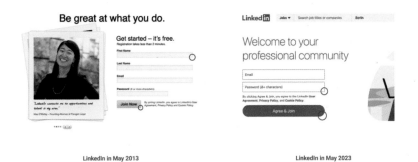

출처: Eltazy.com

이처럼 시각적인 그래픽 요소는 사람들의 인식 속도를 높이고 인지 부하를 낮추는 데 기여한다. 시각은 매우 민감한 지각 기관이기 때문에 서비스 내 그래픽 요소 간에 일관된 체계를 갖추지 않으면 개별 요소 하나하나에 대한 사람의 인지는 좋아지더라도 전체적인 느낌은 오히려 부자연스러워질 수 있다. 그래픽 요소는 화려함을 뽐내기보다 그 서비스만의 개성과 전달하고자 하는 정보를 충실하게 표현하고, 타깃 사용자의 눈높이를 고려해야 한다.

구글 머티리얼 디자인의 UI 설계 중 그래픽 요소 활용에 대한 정의

출처: 구글

커뮤니케이션 요소

디지털 서비스는 사용자가 활발하게 의견을 남기거나 다른 사람들과 소통할 수 있다는 특징이 있다. 사용자는 서비스 내의 정보, 채널, 다른 사람을 즐겨찾기(찜, 북마크)한 다음, 나중에 이를 다시 찾아볼 수도 있고, 서비스가 자신에게 부여한 공간을 통해 자신을 알릴 수 있으며, 반대로 다른 사람의 공간을 찾아가 그의 이력이나 이용 현황을 조회한 후 구독(팔로우)할 수 있다.

다양한 커뮤니케이션 요소들. 개인화 공간, 토론, 댓글, 커뮤니티

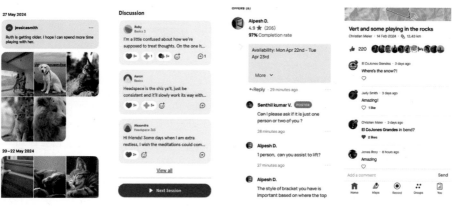

출처: Retro, Airtasker, Strava

커뮤니케이션 요소는 서비스와 무관하게 (가령 서비스 분야에 상관없이 보편적인 댓글의 UI가 존재하는 것처럼) 대동소이한 형태를 취하며, 설계 시 고려해야 할 변수도 많지 않은 편이다. 사람들이 어떤 서비스에서 적극적인 개입(Engagement)을 하는 것은 커뮤니케이션 UI가 뛰어나서가 아니라, 동기가 형성되었기 때문이다.

댓글 보기와 쓰기 UI 비교. 매우 비슷하다는 것을 알 수 있다

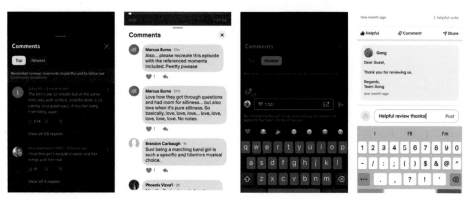

출처: Youtube Music, Patreon, Zomato

콘텐츠 가공

편집

콘텐츠는 정보 및 기능적 요소를 통칭한 말이다. 앞에서 살펴본 UI 재료 중 '정보, 레이블, UX Writing, 그래픽 요소'가 모두 콘텐츠라고 할 수 있다. 좋은 콘텐츠가 이미 준비되어 있다면 그것을 그대로 게시해도 된다. 그러나 좋은 콘텐츠가 준비되어 있다면 가급적 다음 사항을 체크해보는 것이 좋다. 이는 UI 재료 준비 후 해야 할 일종의 체크리스트이다.

- 콘텐츠가 계획대로 일관된 형식을 유지하고 있는가?

- 문법적으로 오류가 없고, 충분히 쉽게 서술되었는가?

- 콘텐츠 내용이 사용자의 눈높이에 맞게 작성되었는가?

- 제목이나 헤드라인이 콘텐츠의 내용을 충분히 드러내고 있는가?

- 콘텐츠를 통해 사용자들에게 동기를 불러일으키고 다음 행동(예: 구매, 예약, 가입, 신청)으로 이어지도록 유도하고 있는가?

- 콘텐츠 요약이 있는가? 그 내용만 보고도 전체 내용을 파악하는 데 문제가 없는가?

- 사용자가 쉽게 공감하거나 주목을 끌 만한 내용이 포함되어 있는가?

- 사용자가 참여할 수 있는 커뮤니케이션 요소가 포함되어 있는가?

- 다른 연관된 콘텐츠로의 이동이 마련되어 있는가? (유기적인 이동)

위 체크리스트가 다 준비되었다면 사람들을 자극시킬 만한 두 번째 작업이 필요하다. 사실(Fact)은 꾸밈없이 날 것 그대로를 전달하며 진정성을 전달하는 데 유리하지만, 자극 없는 사실은 무미건조하게 느껴져서 사람들의 주목을 끌지 못한다. 따라서 사람들을 자극하고 흥미를 불러일으키기 위한 편집이 필요하다. 요리로 따지면 마지막 조리 과정에서 조미료를 추가하는 것이라고 볼 수 있다.

콘텐츠에는 사람들을 자극시킬 만한 흥미 요소가 필요하다

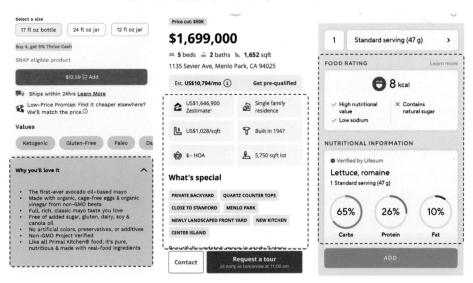

출처: Thrive Market, Zillow, Lifesum

UX/UI 디자인 완벽 가이드: UI, 인터랙션, 프로토타이핑 편

위 첫번째 예시인 Thrive Market은 상품에 대한 설명 가운데 '당신이 좋아할 만한 이유 (Why you'll love it)'를 넣어서 해당 상품의 특징을 사용자 입장에서 흥미롭게 서술하고 있다. 가운데 Zillow(부동산 서비스)도 이와 비슷하다. 상품의 특징이 눈에 잘 들어오도록 아이콘(항목), 단위, 숫자 또는 특징(예: 1947년에 지어졌고, 1인 가구에 적합함) 등으로 보여주고 그 아래에는 주요 특징을 태그 형태로 노출했다. 오른쪽의 Lifesum(식료품 쇼핑몰)은 해당 식품의 장단점과 주요 영양성분을 그래프로 보여줌으로써 상품에 대한 흥미를 한층 더 자극하고 있다.

포매팅

포매팅(Formatting)이란 문서 서식 구조를 편집하는 일을 말한다. 포매팅은 콘텐츠의 구조를 빠르게 파악할 수 있도록 돕는다. 콘텐츠가 어떻게 구성되어 있고, 어떤 점을 유심히 봐야 하는지 무의식적으로 알려준다.

포매팅은 콘텐츠 이해를 돕는다

No formatting   With formatting

출처: UX Collective

포매팅을 하지 않으면 정보를 이해하는 데 인지적인 부하가 높아진다. 그러나 제목, 소제목, 들여쓰기, 블록, 번호 매기기, 글머리 기호, 폰트 크기 및 굵기 등을 콘텐츠 성격에 맞게 포매팅하면 사람들은 직관적으로 무엇이 중요하고, 정보를 어떤 순서대로 봐야 하며, 정보가 어떤 위계로 구성되어 있는지를 한눈에 알아차린다.

포매팅이 잘된 UI는 정보의 순서와 위계, 분류를 직관적으로 알려준다

포매팅은 다음과 같은 원칙을 지켜야 한다.

- 정보가 짧고 단순하면 제목만으로 충분하지만, 길고 복잡할 경우에는 제목 밑에 헤드라인이나 요약문을 배치한다.

- 정보가 아주 길 경우에는 제목 밑에 목차를 둔다.

- 목차가 있는 경우, 목차대로 정보 영역을 구분하고 각 영역은 소제목으로 시작한다.

- 중요한 정보는 그 주변과는 다르게 보이도록 시각적으로 차별화한다. (예: 폰트 크기/굵기를 차별화하기, 해당 정보만 컨테이너(container)로 둘러싸기)

- 중요하지 않은 부연 설명이나 인용문은 들여쓰기를 한다.

- 다른 정보로의 링크, 정보와 상관없는 배너는 가급적 제일 하단에 배치하되, 중간에 배치해야만 한다면 박스로 둘러싸는 것과 같이 시각적으로 차별화한다.

다음은 폰트 크기/굵기의 미묘한 변화와 여백, 구분선, 블록 등을 사용해서 한눈에 직관적으로 정보의 서식 구조를 파악하게 한 예시다.

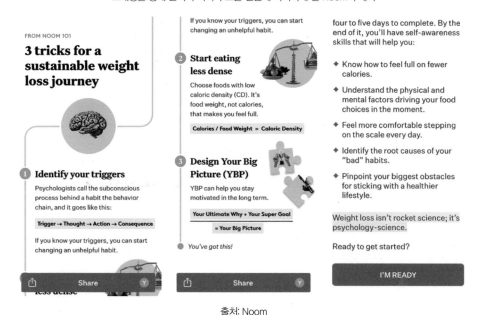

출처: Noom

다음에 예시로 든 애플의 상품 상세 화면을 보면 상품에 대한 기본 정보는 눈에 잘 들어오도록 요점 위주로 큼지막한 숫자와 지표 형태로 보여주면서 부가 정보, 설명은 사용자가 원할 때 별도 화면(Full screen overlay)으로 접근 가능하도록 처리했다.

애플의 상품 정보 UI. 단순하고 직관적으로 들어오는 기본 정보(가운데 큰 화면 2개), 상세한 부가 정보(양 옆 작은 화면 3개)

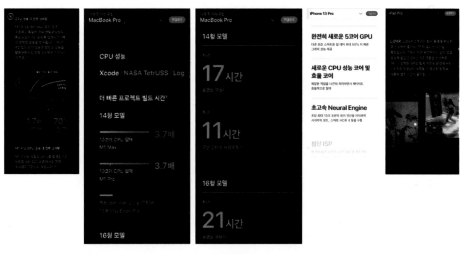

출처: 애플

시각화(Visualization)

시각화는 콘텐츠를 도형이나 그래프, 아이콘, 일러스트 등으로 표현하여 정보의 특징을 좀 더 상징적으로 담아내는 작업이다. 시각화는 빠르게 내용을 전달하는 것뿐만 아니라, 입체적으로 이해하도록 하는 데도 유용하다. 말로 표현하면 훨씬 길고, 전달 확률도 떨어지는 내용을 시각화를 통해 짧고 간결하면서도 효과적으로 전달할 수 있는 것이다.

발뮤다의 시각화 예시. 제품의 특징을 그래프와 일러스트를 통해 잘 전달하고 있다

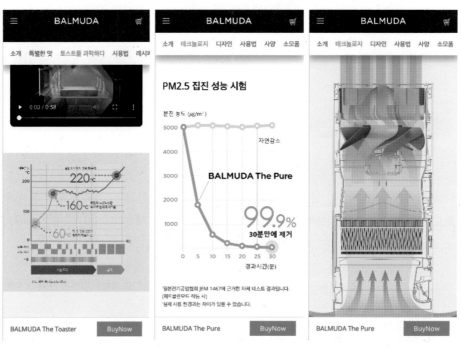

출처: 발뮤다

어떤 콘텐츠는 시각화를 배제하면 전달할 다른 방법이 없는 경우도 있다. 통계화된 데이터를 보여주거나 위치 기반 정보, 물리적인 공간이나 제품의 외양, 작동 방식을 다루는 콘텐츠가 그렇다. 이러한 콘텐츠는 시각화 여부가 아니라, 어떻게 시각화할 것인가가 중요하기 때문에 콘텐츠 가공도 해당 콘텐츠에 부합하는 제한된 방법 중에서 가장 적합한 것을 찾는 식으로 이뤄진다. 예를 들어 다음에 예시로 든 건강 데이터의 경우, 어떤 항목

을 콘텐츠로 노출할 것이며, 각 항목에 대해서 누적된 총계를 보여줄지, 최근 1주일 이내 추이를 보여줄지, 오늘의 데이터만 보여줄지를 먼저 정한다. 그 다음에 정보의 구성, 배치, 형태 정의가 진행된다.

어떤 콘텐츠는 시각화 없이는 전달이 불가능하다

출처: Google Fit, Zero, Lime

로고를 비롯한 브랜드 아이덴티티도 시각화의 중요한 재료이다. 이미 존재하는 로고를 어떤 식으로 변형할 것인가, 이를 서비스 내에서 어떤 목적으로, 어떻게 전달할 것인가에 대한 고민이 필요하다. 로고를 변형한 이미지는 단순히 초기화면(Splash)이나 온보딩(On-boarding) 과정 등에만 사용될 수도 있다. 하지만 일부 서비스들은 콘텐츠 화면에서도 이를 적극적으로 활용하기도 한다.

로고, 브랜드 아이덴티티의 시각화 예시

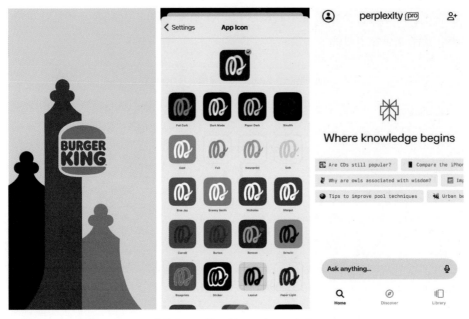

출처: Burger King, Mammoth, perplexity

콘텐츠 구성

UI에 들어갈 콘텐츠가 준비되었다면 본격적인 UI 설계를 위해 그것들을 적절한 그룹으로 구성해야 한다. 콘텐츠 구성 결과를 UI 복합 요소(UI Complex component)라고 부르는데, 이때부터 비로소 특정한 의미와 쓰임새가 형성된다.

콘텐츠 구성 예시

어떤 재료들은 너무 당연하게 하나의 그룹으로 묶일 때도 있고, 어떤 재료들은 어떻게 묶는 게 가장 좋을지 판단하기 어려울 때도 있을 것이다. 이를 위해 미리 사용자의 심성 모형(Mental model)을 알고 있으면 도움이 된다.

음식점 예약 시 사용자 심성 모형에 기반하여 장소/시간 선택 필터를 설계한 예시

출처: 라이트브레인 UX아카데미 24기 케치테이블 조

위 예시는 다음과 같은 사용자 심성 모형에 기반하여 콘텐츠를 구성했다.

- 사용자들은 약속 장소를 잡을 때 지역명 대신 지하철역명으로도 많이 검색한다.

- 구(예: 종로구)까지의 분류는 부정확할 때가 많아서 동까지로 위계를 상세화했다.

- 때로는 시간 선택이 인지적인 부하가 초래되므로 그냥 오전, 오후로도 선택 가능하게 했다.

- 약속 시간이 아직 정해지지 않은 경우, 일단 예약 가능한 음식점들을 먼저 찾아보고 시간을 결정할 수 있으므로 더블 슬라이더로 시간 범위를 유연하게 선택하게 했다.

이처럼 심성 모형을 통해 사용자가 대상을 어떻게 떠올리고 쓰고자 하는지를 알게 되면 콘텐츠 구성에 힘을 실을 수 있다. 누군가 이에 반대한다고 해도 콘텐츠 구성이 아닌, 심성 모형을 가지고 논의를 할 수 있기 때문에 훨씬 더 생산적인 토론이 가능하다.

콘텐츠 구성은 그 자체로도 사용자 경험에 영향을 미치지만, 어떻게 콘텐츠를 구성하는지에 따라 화면 UI나 인터랙션도 달라진다. 다음은 항공권 예약 시 요금 선택(Select fare) 화면 예시다. 이미 항공편을 결정한 상태에서 어떤 좌석 등급과 요금제가 가장 좋을지 선택하는 화면이다.

항공권 예약 시 요금 선택 화면 예시

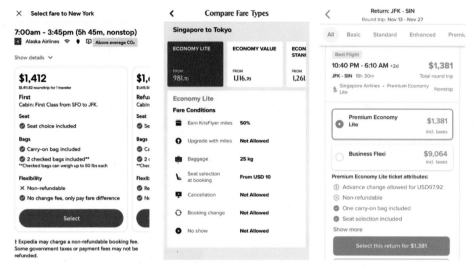

출처: 익스피디아, 싱가포르 항공, 호퍼(Hopper)

이 화면에서 UX의 관건은 얼마나 각 선택지를 쉽게 이해하고, 빠르게 파악하며, 명확하게 비교할 수 있느냐에 있다. 콘텐츠 구성이 간단하면 정보를 빠르게 파악하는 데는 도움이 되지만, 명확하게 비교하는 데는 불리할 수 있다. 반면 콘텐츠 구성이 풍부하다면 각 선택지 정보를 하나씩 이해하는 데에는 도움이 되지만, 전체 선택지들을 빠르게 파악하거나 비교하는 데에는 다소 불리할 수 있다.

익스피디아는 가격을 중심으로 좌석 등급, 좌석 선택, 수화물, 변경 여부 등의 부가 정보를 하나로 구성했다. 이에 비해 싱가포르 항공은 좌석 등급 선택 시 주요 조건을 보여주는 식으로 구성했고, 호퍼는 좌석 등급 선택 시 핵심 정보만 보여주고 나머지는 더보기(Show more)를 선택해야만 볼 수 있게 했다. 동일한 성격임에도 콘텐츠를 어떻게 구성했는가에 따라서 전체 화면 UI와 인터랙션 방식이 달라짐을 볼 수 있다. 익스피디아의 예시는 한눈에 정보를 조망할 수 있고 인터랙션도 간단하다. 반면 많은 정보를 한 번에 보고 확인해야 하기 때문에 인지적인 부하는 (다른 두 예시에 비해서) 다소 높은 편이다. 사용자의 동기(목적의식)가 강하다면 이 정도의 인지적인 부하는 큰 문제가 되지 않을 수 있다. 반면 호퍼는 정보가 여러 개로 쪼개져 있으며, 모든 정보를 확인하려면 인터랙션도 여러 차례 요구된다. 적은 정보만으로도 사용자가 의사결정을 하는 데 무리가 없

UX/UI 디자인 완벽 가이드: UI, 인터랙션, 디자인 시스템, 그리고 프로토타이핑 편

다면 호퍼의 콘텐츠 구성도 나쁘지 않다. 그러나 어떤 항공권이 가장 좋을지를 의사결정하기 위한 정보가 불충분하다면 사용자는 피로감을 호소할 것이다.

결과적으로 3가지 휴리스틱(쉬운 이해, 빠른 파악, 명확한 비교) 측면에서 세 서비스에 대한 평가는 다음과 같이 내릴 수 있을 것 같다. (※ 호퍼는 콘텐츠 구성이 아닌 다른 문제로 인해 '명확한 비교' 점수를 낮게 평가했다.)

세 서비스에 대해 3가지 휴리스틱 측면에서 평가한 결과

결합

콘텐츠 구성은 이들 중 하나를 만드는 일이며, 여러 가지 UI 재료(기본 요소)들을 결합하는 일이기도 하다. UI 복합 요소는 여러 개의 UI 재료(기본 요소)들이 모여서 화면 내에서 비로소 독립적인 의미를 가진 역할을 수행하는데, 이를 크게 내비게이션 관련 요소, 정보 관련 요소, 사용자 조작 관련 요소, 피드백 관련 요소로 구분할 수 있다.

- 내비게이션 관련 요소: 상단 카테고리 내비게이션, 필터 내비게이션, 하단 내비게이션, 검색

- 정보 관련 요소: 정보, 그래픽

- 사용자 조작 관련 요소: 입력/선택 요소, 실행 요소, 커뮤니케이션 요소

- 피드백 관련 요소: 다이얼로그

대부분의 목록 화면은 동일한 UI 복합 요소들이 반복된다. 이는 카드 UI에서도 마찬가지이다. 어떤 화면은 비슷한 UI 복합 요소가 그 성격에 따라 서로 다른 양상으로 구성되

는 경우도 있다. 다음 예시는 1번 내비게이션을 제외한 나머지 2, 3, 4, 5번 복합 요소 모두가 사용자 조작(입력/선택 요소)과 관련되어 있다.

스타일 설정 화면 예시

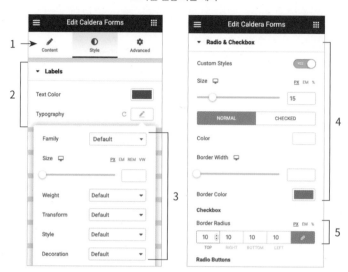

출처: Powerpack

하나의 화면을 구성하는 UI 복합 요소는 UI 기본 요소들을 어떻게 결합할지에 대한 판단이 필요하다. 콘텐츠 구성은 레고 블록을 조립할 때 일단 팔, 몸통, 다리, 머리 등을 부분적으로 조립하는 것처럼 여러 개의 UI 복합 요소를 만드는 일과 같다. 결합은 서비스 특성과 맥락에 따라 해석이 달라지기도 하지만, 일반적으로 이용 순서, 중요도, 선후 관계에 따라 결합한다.

결합 시 지켜야 할 규칙으로 다음과 같은 것들이 있다.

- 상호 의존적이며, 각자 독립적으로 기능하기 어려운 콘텐츠들은 반드시 결합돼야 한다.

- 내비게이션, 알림, 다이얼로그, 주활동 버튼은 화면 내에서 독립적으로 기능하기 때문에 결합에서 제외될 수 있다.

- 결합된 콘텐츠들은 시각적으로도 결합됐다는 것이 명확하게 인지돼야 한다. 이러한 인지를 방해하는 시각적 잡음이나 지나치게 넓은 여백, 불필요한 선, 서로 다른 블록이나 색상 사용 등은 주의해야 한다.

- 작은 결합이 모여 좀 더 큰 결합으로 묶일 수도 있다(예: 카드, 목록, 입력상자).

카드는 결합의 좋은 본보기이다. '카드'라는 UI 복합 요소는 아이콘, 제목, 부연 설명, 이미지, 상세 설명, 버튼, 커뮤니케이션 요소 등이 모여서 만들어진다. 카드는 특정 화면에만 사용되는 경우도 있으나, 화면에 관계없이 서비스의 다른 화면에서도 동일한 포맷으로 사용될 수 있다. 따라서 해당 서비스에 맞는 기본 표준안을 만들고, 화면별로 그것을 어떻게 적용할지 응용 방안을 마련해야 한다.

기본 재료들을 결합해서 하나의 UI 복합 요소로 만든다

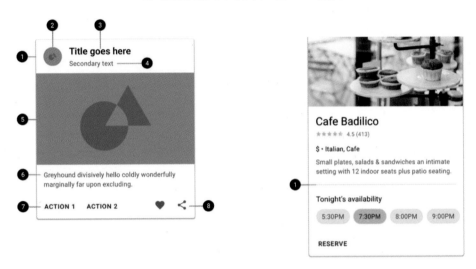

출처: 구글

결합은 사용자의 특정 행동과 그에 필요한 UI를 매핑(mapping)하는 작업이기도 하다. 대부분의 화면은 여러 개의 행동(메뉴 찾기, 검색, 제목 읽기, 상세 내용 확인, 옵션 선택 등)을 요구하기 때문에 그에 따른 콘텐츠 구성이 필요하다.

결합은 사용자 행동을 기준으로 UI 요소들을 묶는 작업이다

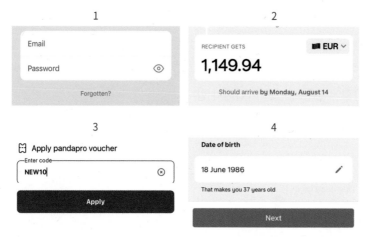

출처: Tomorrow, Monzo, foodpanda, foodpanda

- (로그인을 하기 위해) 이메일과 비밀번호를 입력한다. 비밀번호를 잊었을 때는 비밀번호 찾기 (Forgotten?)를 누른다. 그런데 로그인 버튼이 없다.

- 돈을 송금하기 위해 화폐 단위를 확인하고 금액을 입력한다. 송금 수수료와 실시간 환율을 확인한다.

- 바우처 적용을 위해 코드를 입력하고 적용 버튼을 누른다

- 생일을 입력하고 나이를 확인한 후, 다음 버튼을 누른다

성격이 다른 행동들을 하나로 결합하면 시각적 계층 구조가 어긋나거나 주의력이 분산되는 등의 문제가 발생한다. 다음 예시를 보면 '계정을 생성한다'와 '저장 용량 요금제를 선택한다'는 두 가지 행동이 하나로 결합되어 마치 두 작업이 긴밀하게 묶여 있는 것처럼 보인다.

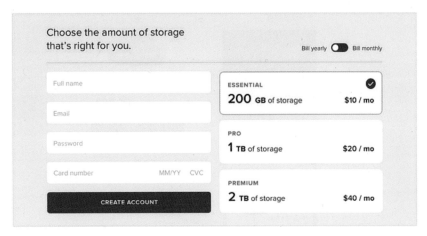

출처: Refactoring UI book

시각석으로 명확하지 않은 결합은 사용자에게 별개로 인식될 수 있다. 개별 재료가 어떻게 묶여 보이는가에 따라 결합 의도가 잘 전달될 수도, 그렇지 않을 수도 있다.

입력상자와 버튼의 결합. 어떤 것이 가장 잘 된 결합일까?

위 그림에 제시된 3개의 '입력상자+버튼' 결합 가운데 어떤 것이 가장 잘 된 결합이라고 할 수 있을까? 어떤 것이 가장 잘 된 결합인지는 입력상자와 결합되는 버튼 간의 관계에 따라 달라진다. 둘이 긴밀하게 묶여 있다면(예: 검색) 왼쪽이 맞고, 연관성이 보통이라면(예: 인증번호 발송) 가운데가 맞다. 입력상자와 버튼 간의 연관성이 떨어진다면(예: 버튼이 다음, 확인 등일 때) 오른쪽처럼 떨어뜨리는 것이 좋다. 이때는 옆이 아니라 아래에 배치해도 무방하다.

무엇을 결합했는지도 중요하지만, 결합됐다는 사실을 잘 인식하게 하는 것도 중요하다. 하나의 UI 복합 요소는 그것을 구성한 콘텐츠 각각이 아닌, 하나로 보여야 한다.

결합은 시각적으로 명확하게 인지되지 않으면 사용자에게 혼란을 줄 수 있다

출처: 라이트브레인

위 예시를 보면 A는 크게 1과 2로 구성되어 있다. 2는 동일한 성격의 UI 복합 요소(2-1, 2-2, 2-3)로 다시 나눌 수 있으며, 카드 형태로 디자인하여 명확하게 각각이 독립적으로 인지된다. B는 상단의 차량 기본 정보(1)와 대여 시간/장소 안내(2), 차량 상세 정보(3)로 구성되어 있다. 구성된 콘텐츠 자체는 문제가 없어 보이지만, 각 UI 복합 요소 간에 여백이 부족하여 명확하게 인지되지 않는다는 점이 다소 아쉽다.

콘텐츠 구성이 잘 되어 있으면 쉽게 화면의 목적과 자신이 해야 할 행동을 이해할 수 있지만, 결합이 시각적으로 명확하게 인지되지 않는다면 어쩔 수 없이 그 각각을 하나씩 인지할 수밖에 없다(인지적인 부하 초래).

출처: UX Collective

위 예시의 왼쪽과 오른쪽은 동일한 UI 요소(레이블, 입력/상자, 선택상자)를 사용하지만 일일이 나열한 왼쪽보다는 연관된 것들(개인정보(Persona), 연락처(Contact))끼리 결합한 오른쪽의 UI가 인지적인 부하가 훨씬 적다. 사람들이 개인정보와 연락처를 먼저 파악하고 각각을 구성한 UI 요소들을 하나씩 인식하기 때문이다. 10개가 각각 제시됐을 때보다 2개의 그룹으로 나뉘어 있을 때 더 쉽게 인지할 수 있다.

구분

결합과 구분은 동전의 양면과 같다. 구분이 실패하면 결합 의도는 왜곡된다. 따라서 UI 복합 요소 간에는 적당한 구분이 필요하다. 서로 붙어 있으면 '하나'로 인식되고, 떨어져 있으면 '다르다'고 인식된다. 구분은 두 대상 간 거리(여백)를 통해서도 할 수 있지만, 색상, 구분선, 컨테이너 등의 시각적 요소를 사용하여 인지적으로 만들어낼 수도 있다.

여백, 구분선, 블록, 색상 등으로 콘텐츠를 잘 구분하고 있는 예시

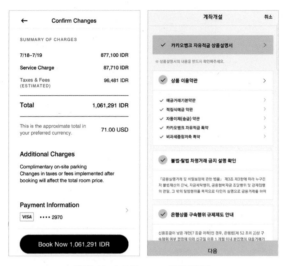

출처: Marriott Bonvoy, 카카오뱅크

이 구분의 강도를 얼마나 둘 것인가에 따라 여백의 크기, 구분선의 색깔(grey scale), 블록 내 색상 사용 등이 달라진다.

색상이 들어간 블록으로 영역을 구분하는 것이 구분의 강도가 제일 높다

출처: LA Metro

가장 기본적인 구분 방법은 여백이다. 두 정보의 거리가 떨어져 있을 경우, 사용자들은 근접성의 원리에 의해 그것을 따로 인식하기 때문이다. 그러나 목록 화면처럼 동일 속성의 정보가 연속해서 나열된 경우, 간격만으로는 구분이 불충분할 수 있다. 이때는 구분선을 사용해 목록 간의 구분을 좀 더 명확하게 한다. 간격과 선을 같이 사용하면 이중 구분(선=1차 구분, 간격=2차 구분)이 가능하다.

색상, 구분선, 여백을 이용하여 구분을 잘한 예시

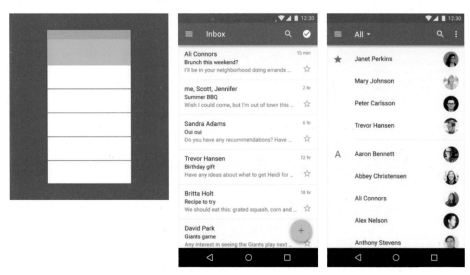

출처: 10 Basic Principles of Visual Design by José Torre

구분에 실패하는 가장 흔한 이유는 여백이 지나치게 붙어 있거나(또는 떨어져 있거나) 구분선을 잘못 사용하기 때문이다. 서비스를 이용하다 보면 종종 '여백을 조금만 더 떨어뜨렸다면', '구분선을 중간에 넣지 않았다면' 하는 아쉬움을 느낄 때가 있다. 일반 사용자들은 이렇게 구체적으로 생각하지 않을 것이다. 그들은 아마 '왠지 보기 껄끄럽다, 정신없고 산만하다, 눈에 잘 들어오지 않는다'고 얘기할 것이다.

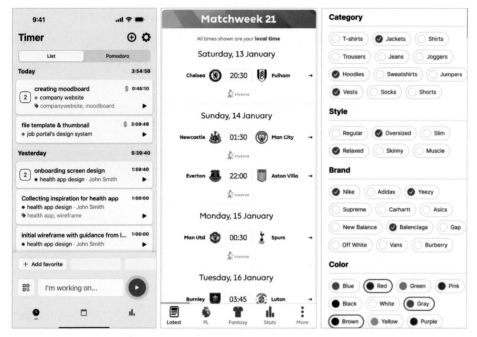

출처: Toggi Track, Premier League, UX Movement

앞 그림의 왼쪽과 가운데 예시는 구성된 콘텐츠 간 여백이 좁아서 구분이 잘 되지 않는다. 오른쪽 예시는 영역 간 여백이 부족할 뿐만 아니라, 구분선을 잘못 사용하고 있다. 여백보다는 구분선이 '구분의 강도'가 더 높다. 따라서 레이블(Category, Style, Brand, Color) 아래가 아닌, 위에 구분선을 사용하든가, 아니면 아예 구분선을 사용하지 않는 것이 더 바람직하다.

면(블록)은 좀 더 극적인 구분을 만들어 낸다

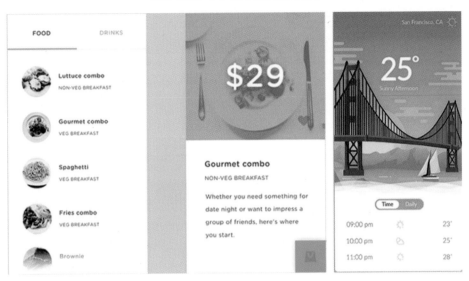

출처: Design Your Way

면은 선보다 좀 더 강하게 인식되기 때문에 면으로 구분할 때에는 맥락을 잘 고려해야 한다. 위 그림의 왼쪽 예시는 선을 통해 내비게이션 영역(FOOD, DRINKS)과 음식 목록을 구분하고 음식은 간격으로 가볍게 구분하고 있다. 선만으로는 내비게이션 영역과 하단 목록 영역이 뚜렷하게 구분되지 않아 보이는데, 그렇다고 해서 이러한 시각적인 가벼움이 UX를 크게 저해하는 것은 아니다. 오른쪽의 예시 2개는 배경 이미지가 들어간 상단과 흰색 배경의 하단 콘텐츠 영역이 뚜렷하게 구분된다. 상단은 화면에서 가장 중요한 요약 정보를 서비스 분위기에 맞게 강조하고, 하단은 정보의 세부적인 내용을 차분하게 전달하고 있다. 무채색을 넣은 가운데 예시보다 유채색(Red)을 넣은 오른쪽 예시가 구분이 더 강하다는 점도 눈여겨 볼 필요가 있다.

일반적으로 내비게이션, 알림, 다이얼로그, 주활동 버튼은 화면 내에서 다른 요소들과 시각적으로 명확하게 구분되게 하는 것이 좋다.

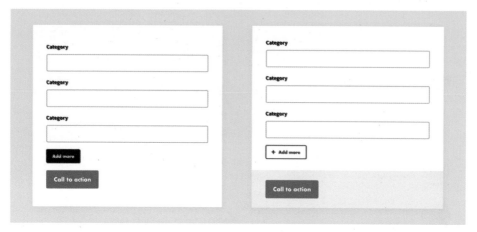

출처: Graciela Alaniz

최적화

결합과 구분 작업을 마치고 나면 UI 복합 요소를 UX 측면에서 최적화해야 한다. 어떻게 구성하는 것이 인지적 부하를 줄이고, 사용자의 시선 흐름과 행동을 매끄럽게 해줄 수 있을지 고민한다.

- 콘텐츠를 어떻게 구성해야 콘텐츠를 더 빠르게 인식하고 부담 없이 이해할 수 있는지 고려한다.
- 무조건 단순한 게 좋은 것은 아니다. 사용자가 수용할 수 있는 적정한 정보 밀도와 정보량이 어느 정도 인지 판단한다.
- 해당 UI 복합 요소 내에서 사용자의 시선 흐름이 어떻게 흘러가는지 시뮬레이션 해 본다. 시선 흐름이 복잡하거나 일반적인 기준에서 벗어나지 않는지 점검한다.
- 해당 UI 복합 요소에 대해 사용자가 어떻게 행동하는지, 행동에 무리가 없을 만큼 UI 기본 요소의 크기 나 그들 간의 거리가 적절한지 점검한다.

위 사항에 대해 정확한 판단이 들지 않는다면 사용자 테스트(User Test)를 통해 입증하는 것을 추천한다. 최적화는 서비스마다, 맥락마다, 타깃 사용자마다 달라지기 때문에 일반적인 원칙만 따르는 것은 현명하지 못하다.

다음 예시는 한 컨테이너 내에서 보여줄 정보량을 늘리고(1개→3개), 전체보기(view all)를 추가했다. 정보를 하나만 보여주면 주목도는 높아지지만 정보량이 적어서 동기를 끌어올리는 데 불리하기 때문에 숫자를 늘리는 식으로 최적화했다.

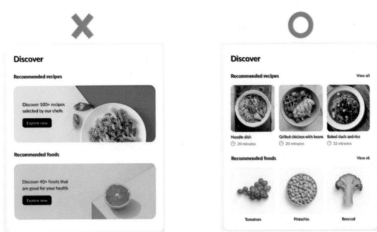

출처: Graciela Alaniz

제한된 공간 내에서 얼마나 많은 정보를 보여줄 것인지를 나타내는 개념을 정보 밀도라고 한다. 정보 밀도는 최적화된 균형이 필요하다. 무조건 밀도를 낮추는(단순화하는) 것이 좋다고 착각하는 사람도 있는데, 디자인은 맥락에 최적화된 균형을 찾는 작업임을 명심해야 한다.

다음 예시를 보면, 쿠팡의 상품 정보 카드는 밀도가 매우 높고 네이버쇼핑의 그것은 상대적으로 낮다. 쿠팡의 상품 정보 카드는 그 안에 담긴 재료만 봐도 13개에 이른다(이미지, 태그, 상품명, 특가, 4가지 종류의 가격 표시(와우회원가, 일반가격, 할인율, 단위당 가격), 배송 특징(로켓프레시, 언제 도착 보장), 평점, 쿠폰 태그, 적립 태그).

반면 오른쪽 네이버쇼핑 상품 정보 카드는 9개(이미지, 태그, 상품명, 특가, 원래 가격, 냉동/냉장 구분, 댓글수, 좋아요수, 장바구니)인데, 간단한 형태의 아이콘을 제외하면 4개밖에 되지 않는다. 둘 중에 어느 게 맞다, 틀리다고 단언할 수는 없다. 앞서 말했듯이 콘텐츠 구성의 최적화는 서비스마다, 맥락마다, 타깃 사용자마다 달라지기 때문이다. 더 적은 정보로도 충분한지, 더 많은 정보가 아니면 안 되는지 판단이 필요하다.

정보 밀도가 상이한 상품 정보 카드 UI 예시

출처: 쿠팡, 네이버쇼핑

해당 UI 복합 요소 내에서 사용자의 시선 흐름이 엉켜 있거나 한 군데에만 머문다면 인지적인 부하가 높아지거나 정보 전달에 실패한다. 따라서 최적화를 할 때에는 사용자의 시선 흐름을 반드시 고려해야 한다. (최근에는 AI를 이용해서 사용자의 시선 흐름을 예측하기도 하지만, 정확한 측정을 위해서는 눈동자의 움직임을 추적하는 아이트래커(Eye Tracker)를 사용하여 정밀하게 측정하는 게 좋다.)

사용자의 시선 흐름 측정 예시

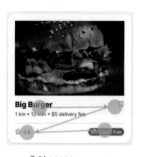

출처: UX Movement

최적화 시에는 사용자가 특정 요소를 주목하게 만드는 것도 중요하다. 주목받지 말아야 할 것이 주목받거나 주목받아야 하는 것이 그렇지 못한 것도 최적화의 대상이다. 다음 그림의 왼쪽 예시에서 '이 장소에서 제공하는 것(What this place offers)'은 그 아래 '63 개의 모든 어메니티 보기(Show all 63 amenities)' 버튼에 비해 오히려 주목도가 낮다. 'Show all 63 amenities'를 버튼이 아닌 링크로 처리한다면 더 좋을 것이다. 오른쪽 예시에서는 왼쪽의 단계 안내(Stepper)가 주목을 끄는 바람에 시선이 분산된다. 이럴 때는 해당 그림의 오른쪽처럼 블록을 거둬내고 해당 콘텐츠를 바탕색에 묻히게 하여 주목도를 낮출 수 있다.

주목도 최적화 예시

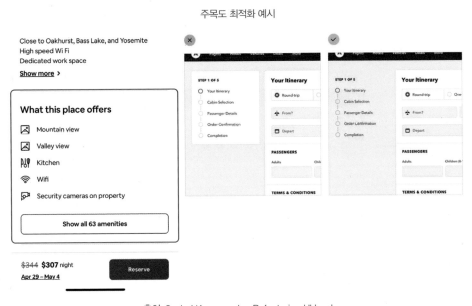

출처: Ondrej Kvasnovsky, Refactoring UI book

행동이 매끄럽게 이어질 수 있도록 콘텐츠를 최적화하는 것도 중요하다. 복잡한 행동을 요구하면 인지적 부하가 높아지기 때문에 사람들은 무엇을 먼저 행동해야 할지 몰라 당황한다. 이때는 최적화를 통해 인지적인 부하를 낮추고 사람들이 으레 생각하는 방향으로 행동이 이어지도록 해야 한다. 다음 예시는 라디오 버튼으로 되어 있어서 하나밖에 선택할 수 없는 옵션(은행)을 칩(Chips) 형태로 변형하여 더 직관적이고, 동시에 여러 개를 선택하는 것도 가능하게 만들었다.

선택 방식과 선택 요소의 형태를 바꿔서 최적화를 꾀한 예시

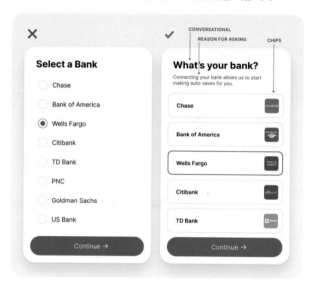

출처: UX Movement

콘텐츠 배치

콘텐츠 배치는 UI 복합 요소들을 화면에 배치하는 작업이다. 콘텐츠는 기기 및 서비스 특성, 화면 유형, 제공하고자 하는 사용자 경험을 고려하여 UI 복합 요소들을 사용자의 시선 흐름에 따라 배치해야 한다. 콘텐츠 배치 시에는 다음 사항을 주의해야 한다.

- 기기마다 고유한 시선 흐름이 있다. 먼저 대상 기기(PC, 모바일, 태블릿 등)에 맞는 시선 흐름이 무엇인지 확인한다.

- 기기나 화면 유형에 상관없이 사람들의 주목을 끈 다음(Attention), 흥미를 북돋우고(Interest), 욕망을 자극한 뒤에(Desire), 행동으로 이어지게(Action) 배치하는 것이 좋다.

- 콘텐츠 배치는 화면 유형에 따라 큰 영향을 받는다. 홈, 목록, 상세, 주활동, 로그인, 설정 등 화면 유형에 따라 콘텐츠 구성요소의 적합한 배치 방식이 있으며, 서비스 카테고리(예: 커머스, 금융)로부터는 부분적으로 영향을 받는다.

- 기본적인 배치가 끝난 뒤, 화면 내에서 중요한 구성요소를 눈에 띄게 강조한다.

- 때로는 배치를 하는 과정에서 동일 요소를 반복하는 게 필요할 수 있다.

기기/서비스 특성: 시선 흐름

콘텐츠 배치는 시선 흐름에 큰 영향을 받는다. 앞서 UI 재료편에서 내비게이션에 대해 다룰 때 PC와 모바일은 큰 차이가 있다고 얘기했는데, 시선 흐름 또한 PC와 모바일 간에 큰 차이가 존재한다. 이것은 화면의 크기보다는 폭(Width) 때문에 초래되는 결과로 PC처럼 폭이 넓으면 시선이 좌우로 분산될 수밖에 없다.

PC에서의 시선 흐름은 지그재그로 움직이는 Z자 패턴과 아래로 내려가면서 옆으로 움직이는 F자 패턴, 2가지가 있다

출처: Apple, SMA Marketing

반면 모바일은 폭이 좁기 때문에 시선 흐름이 좌우로는 제한되지만, 상하로 움직이는 경향이 높다. 상하로 움직이는 I자 패턴이 기본이며, (PC와 유사한) Z자, F자 패턴이 부분적으로 적용된다. 기본은 위에서 아래로 흐르는 I자 패턴이라는 점을 명심해야 한다.

Z, F, I자 패턴은 기본적인 시선 흐름으로, 사용자의 동기와 콘텐츠 성격에 따라서 더 세부적인 패턴들이 존재한다. '레이어 케이크(Layer-Cake)' 패턴은 눈에 띄는 타이틀, 요약 글, 하이라이트만 읽어 나가는 패턴이다. 복잡한 콘텐츠를 빠르게 파악하고자 할 때 보인다. 한편으로는 타이틀이나 요약 글만으로도 콘텐츠의 성격을 어느 정도 파악할 수 있다는 것이 이전 경험을 통해 학습되었기 때문에 나타나는 패턴이기도 하다. '스포티드(Spotted)' 패턴은 이미지나 버튼과 같은 시각적으로 눈에 띄는 것들만 훑어보는 패턴으로, 이용 동기가 떨어질 때 감각적으로 눈에 띄는 것만 보는 것이다. '마킹(Marking)' 패턴은 검색 결과나 목록에서 주로 나타나며, 뭔가를 찾고자 하는 사용자의 이용 동기가 높을 때 나타난다. 많은 콘텐츠 중에서 자신이 원하는 것만 주의 깊게 살필 때 이런 패

턴이 나타난다. '바이패싱(Bypassing)' 패턴은 훑어보는 것이기는 하지만 주요 대목이나 키워드를 빠르게 읽어 나가는 것으로, 본인이 원하는 정보의 특징을 찾고자 할 때 나타난다. '커밋먼트(Commitment)' 패턴은 처음부터 끝까지 주의 깊게 화면내 콘텐츠를 읽어 나가는 패턴이다.

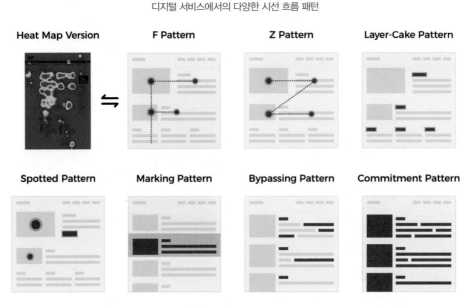

디지털 서비스에서의 다양한 시선 흐름 패턴

출처: Nemanja Banjanin

PC에서는 사람들이 폴드(fold, 스크린상에서 동시에 보여지는 화면 영역) 아래로 스크롤하는 경향이 저조하지만, 모바일에서는 스크롤이 가장 빈번한 인터랙션으로 굳이 화면 설계를 폴드 내에 모두 보이도록 제한하지 않아도 된다. 스크롤 과정에서 수평적인 카드 형태(Carousel)를 만나면 스와이핑을 하기도 하고, 화면 밑에 고정된 바텀 시트(Bottom sheet)를 위로 쓸어 올려서 숨어 있던 정보를 호출하는 등 복잡한 변화가 나타나기도 한다.

모바일에서는 위에서 아래로 떨어지는 I자 패턴이 기본이고 부분적으로 Z자 패턴과 F자 패턴이 나타난다

 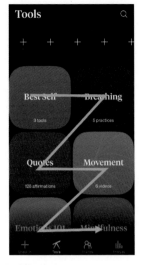 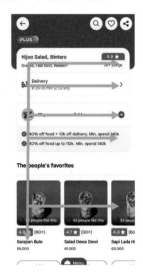

출처: Apple, How we feel, Gojeck

기기나 화면 유형에 상관없이 가급적 지켜야 할 원칙도 있다. AIDA는 'Attention(주목), Interest(흥미 유발), Desire(욕망 자극), Action(행동 유도)'의 준말로 사람들의 서비스 개입(Engagement)을 좀 더 효과적으로 유도하기 위한 원칙이며, 마케팅 목적의 인쇄물이나 좀 더 설득력 있는 UI 설계의 지침으로 활용되고 있다.

AIDA 원칙에 따른 콘텐츠 배치는 사용자의 서비스 개입을 끌어올리는 효과가 있다

출처: OKX, Discord, Zillow

화면 유형

콘텐츠 배치는 서비스 카테고리보다는 화면 유형에 따라 달라진다. 여러 가지 콘텐츠 구성요소가 함께 나타나는 홈 화면이나 주문 결제 화면(Check out page)이 있는가 하면, 로그인, 가입, 설정 화면 같은 경우에는 특정 구성요소가 화면의 대부분을 차지한다.

홈 화면은 서비스를 시작한다는 성격상 내비게이션과 정보(추천, 인기, 개인화, 이벤트 등)가 주를 이루며, 서비스에 따라 간단한 사용자 조작(예: 계좌/포인트 조회, 빠른 주문/결제)이 포함되는 경우도 있다. 다음 예시와 같이 커머스나 금융 서비스의 홈 화면에는 매우 다양한 구성요소가 포함된다. 반면 미디어나 헬스케어 서비스의 홈 화면은 구성요소 측면에서는 비교적 단순하다.

모바일 홈 화면은 내비게이션, 정보, 사용자 조작 요소로 구성되며, 서비스의 성격에 따라 서로 다른 시선 흐름을 갖는다

출처: Gojek, Amazon prime

목록이나 상세 화면은 홈 화면과 달리 정보가 차지하는 비중이 매우 높다. 내비게이션은 상대적으로 작고, 서비스에 따라 사용자 조작, 커뮤니케이션, 피드백 요소가 군데군데 섞여 있는 경우도 있다. 상세 화면은 대부분 I자 패턴이 두드러진 가운데 F자 패턴이 보조적으로 포함되어 있다.

모바일 상세 화면은 정보와 사용자 조작을 중심으로 구성되며, I자 패턴을 기본으로 F자 패턴이 섞여 있다

출처: Expedia, Swiggy

구매, 가입, 신청과 같은 주활동 여정 화면은 그 성격상 사용자 조작 요소가 화면의 대부분을 차지한다. 때때로 정보를 제시하기도 하지만 화면의 대부분을 차지하는 것은 입력, 선택, 실행 요소들이다.

주활동 여정에 해당하는 화면들은 사용자 조작 요소가 화면의 대부분을 차지한다

출처: 기업은행, 삼성화재

강조

디지털 서비스에서 강조는 선택의 문제가 아니다. 사용자는 강조된 '무언가'를 통해서 서비스를 이해하고, 자신이 할 행동의 단서를 발견한다. 콘텐츠에서 가장 핵심적인 정보나 사용자가 해당 화면에서 해야 할 주활동(CTA) 버튼, 화면의 목적을 설명하는 '조건 검색'이나 '현황 대시보드' 같은 것은 화면에 들어가자마자 한눈에 띄어야 한다. 가장 중요한 콘텐츠는 시각적으로도 강조되어야 한다. 색상, 크기, 형태도 중요하지만, 어디에 배치할지를 우선적으로 고려해야 한다.

화면 내 핵심 콘텐츠, 주활동 버튼, 화면 목적에 해당하는 콘텐츠를 시각적으로 강조한 예시

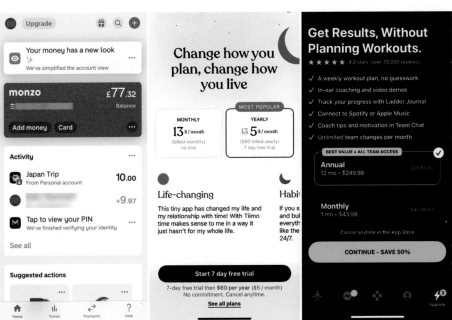

출처: Monzo, Tiimo, LADDER

위 그림의 왼쪽 Monzo(핀테크 금융 서비스)의 홈 화면은 계좌 잔액을 강조하고 있다. Monzo에 진입한 사람이라면 누구나 한눈에 저 오렌지색 영역이 먼저 눈에 들어올 것이다. 보통 핵심 콘텐츠를 강조하는 위치는 최상단보다는 최상단 바로 아래 영역을 활용하는데, 최상단에서 강조할 경우 화면이 이분법적으로 나뉘기 때문에 알림이나 내비게이션 등을 보여주기가 애매해지기 때문이다. 가운데 예시, Tiimo는 Monzo와 달리 하나

가 아닌, 여러 가지 요소가 눈에 들어온다. 최상단의 카피(Change how you plan...)는 폰트 크기와 여백을 통해서, 그 아래의 요금제(Most Popular, Yearly 5$)는 옆에 배치된 Monthly 요금제와의 상대적인 대비를 통해서, 하단의 주활동 버튼(Start 7 day free trial)은 배경색과 대비되는 색상 강조를 통해 눈에 들어온다. 한 화면에서 여러 개를 강조하는 것은 어려운 일이지만, Tiimo는 콘텐츠 배치, 폰트 크기, 시각적 매개체(해, 달 모양), 여백 등을 적절하게 활용해서 복잡하지 않도록 했다. 오른쪽 예시, LADDER도 화면 유형이나 들어간 콘텐츠 구성은 Tiimo와 비슷한데, 콘텐츠 밀도가 높은 상단에 비해 하단은 상대적으로 여백을 많이 부여하고 주활동 버튼(Continue – save 50%)만 단독으로 떨어뜨려서 상단의 카피(Get Results...)와 주활동 버튼을 강조하고 있다. 이를 고립 효과(Isolation effect)라고 하는데, 콘텐츠 배치 시 위치 선정과 더불어 중요하게 고려해야 할 사항이다.

Tiimo와 LADDER의 예시는 다음과 같은 콘텐츠 배치의 전형적인 특성과 그 차이를 보여준다.

- **콘텐츠 구성요소 간의 적절한 간격 유지**(Tiimo 방식): 화면의 '전체적인 균형'을 중요시 여길 때 사용한다. 시선이 자연스럽게 이어질 수 있도록 적절한 여백과 시각적 매개체 활용(이를 통해 만들어지는 자연스러운 시선 흐름을 리듬감이라고 한다)이 중요하다.

- **의도적인 콘텐츠 밀도 불균형 추구**(LADDER 방식): 화면을 수평 또는 수직으로 분할했을 때 한쪽은 밀도가 높고 한쪽은 밀도가 낮게 하여 '의도적인 불균형'을 만들어낸다. 이러한 콘텐츠 밀도의 불균형은 '정보 확인→가입, 옵션 선택→구매, 결제 수단 선택→결제'와 같이 생각을 많이 요구하는 행동과 그 이후 의사결정이 진행될 때 효과를 발휘한다.

- **화면 전체적으로 높은 콘텐츠 밀도 유지**(예: 대시보드, 약관 동의, 이용 안내): 어떤 화면에서는 불가피하게 이런 콘텐츠 배치를 선택할 수밖에 없다. 사용자의 인지 처리 측면에서는 바람직하지 않지만 목적이 뚜렷한 화면에서는 의도적으로 특정 콘텐츠에 대한 강조를 배제하고 여백도 최소한으로만 활용한다.

위 예시들의 시선 흐름은 다음과 같이 흘러갈 것이다.

위에서 소개한 예시들의 예상되는 시선 흐름

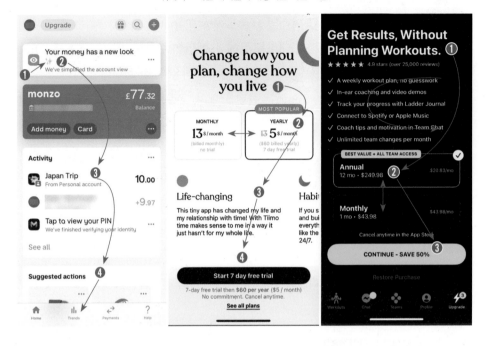

화면에 주활동 버튼이나 핵심 기능이 있다면 그것을 강조하는 것은 항상 옳다. 강조를
시도하기는 했지만, 눈에 띄지 않아서(충분히 강조되지 않아서?) 문제인 경우가 많다.

주활동 버튼이나 핵심 기능은 언제나 강조되어야 한다

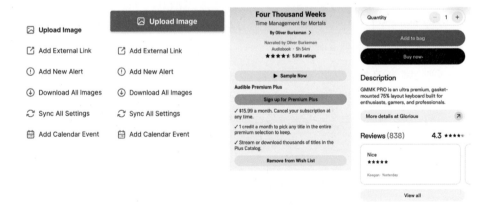

출처: Marc Andrew, Ondrej Kvasnovsky

최근에는 주활동 버튼을 더 '잘 강조하기 위해서' 이차적 버튼(Secondary button)을 의도적으로 링크처럼 보이게 하는 사례가 늘고 있다.

주활동 버튼을 강조하기 위해 이차적 버튼을 링크처럼 보이도록 한 예시들

출처: Karim Maassen

알림이 왔거나 새로운 기능이 업데이트되었을 때 그것을 알리기 위한 목적으로 부가 활동 버튼을 강조할 때도 있다. 이러한 강조는 간혹 필요에 따라 있는 것이므로 주활동 버튼과는 강조의 방법이 다르다. 해당 아이콘을 움직이거나 스티키 노트가 뜨는 방식을 통해 일시적으로 사용자의 눈길을 끈다.

부가 활동 버튼은 움직임이나 스티커 노트를 이용하여 강조한다

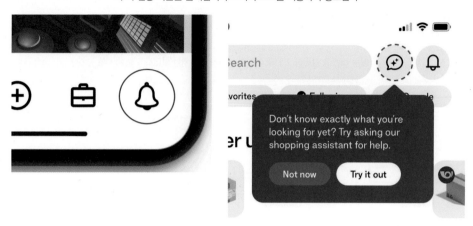

출처: PAARTH DESAI, Ondrej Kvasnovsky

강조는 UI 복합 요소 내에서도 고려될 수 있다. 해당 UI 복합 요소 내에서 사용자가 무엇을 가장 먼저 보고 싶어 할까? 이에 대한 답은 이용 빈도에 따라서 달라질 수 있지만, 가장 일반적으로 고려되는 것은 피드백이다. 디지털 서비스는 사람의 도움 없이 오롯이 사용자 스스로 경험해야 하기 때문에 서비스 이용 과정에서 피드백을 적절하게 전달해야 한다. 사용자가 무엇을 선택했고 선택할 수 있으며, 어떤 점을 주의해야 하고 확인해야 하는지 등에 대한 피드백이 없다면 인지적인 부하가 급격하게 올라갈 수밖에 없다. 다시 말해 만족도가 뚝 떨어질 것이다. 다음에 예시로 든 Gojek이 배달 시간 예약, 배달 방식 선택, 결제 결과 확인에서 어떻게 강조하는지 살펴보자.

UI 복합 요소 내에서 강조 방식에 대한 Gojek 예시

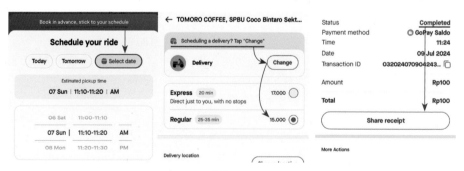

출처: Gojek

- 배달 시간 예약: 해당 UI 복합 요소의 핵심인 안내 문구(스케줄에 따라 미리 예약하라)와 기본 기능(일정 선택, Select date)이 강조되어 있다. Select date는 다른 선택 옵션(Today, Tomorrow)보다 눈에 더 잘 띄도록 하기 위해 강조했다.

- 배달 방식 선택: 상단 안내 문구(Scheduling a delivery...), 배달 방식 변경(Chage), 기본 선택 배달 방식(Regular)이 UI 복합 요소 내에서 강조되고 있다.

- 결제 결과 확인: 상태(Completed) 외에 영수증 공유(Share receipt)가 강조되고 있다.

그러나 화면 전체로 보면 앞에서 본 UI 복합 요소 내에서의 강조는 주활동 버튼이나 요약 정보 등에 의해 우선순위가 뒤로 밀리게 된다.

위에서 소개한 예시들의 화면 전체. 우선순위가 달라지는 것을 알 수 있다

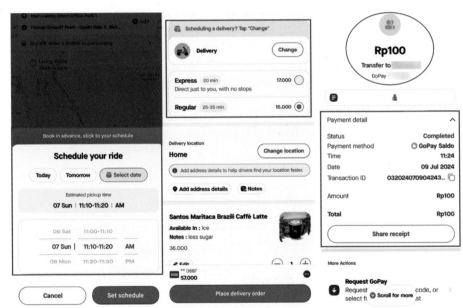

출처: Gojek

이용 빈도 또한 강조에 영향을 미친다. 처음 방문하는 사용자가 많은 화면과 콘텐츠는 해당 UI 요소가 무엇인지를 알리는 게 강조돼야 하지만, 자주 방문하는 화면에서는 해당 UI 요소가 무엇인지를 보여주는 것은 눈에 들어오지도 않을 것이다. 이때는 시의성 있는 정보(현재 얼마인지, 상태가 어떤지)를 강조해야 한다.

사용자가 자주 방문해서 확인하는 콘텐츠에서는 시의성 있는 정보를 강조하는 것이 좋다

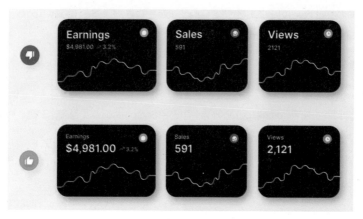

출처: Graciela Alaniz

반복

UI 설계 시 자주 고민하는 대상 중에 하나인 반복은 지나치면 UI 효율성을 저해하고 사용자를 지루하게 만들지만, 무작정 반복을 줄이려고 들면 행동이 복잡해지고 때로는 서비스 의도가 왜곡될 수도 있다. 따라서 반복이 무조건 나쁜 것이 아니며, 적절한 반복은 사용자로 하여금 보다 빠르고 명확하게 행동할 수 있게 도와준다.

동일한 UI 복합 요소가 반복되는 목록 화면 예시

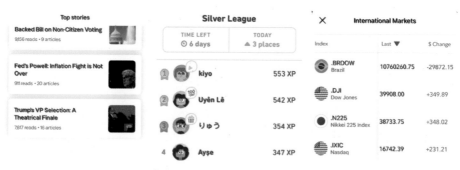

출처: Yahoo news, Duolingo, Fidelity

동일한 UI 복합 요소가 반복되는 것은 목록이나 대시보드 화면에서 흔히 볼 수 있다.

목록이나 카드 UI는 콘텐츠 구성뿐만 아니라 반복해서 배치될 경우 어떻게 보일지도 감안해야 한다

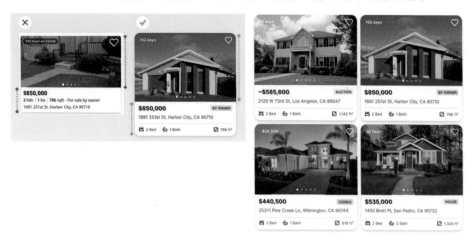

출처: UX Movement

실제 목록 화면 설계 시에는 개별 목록(또는 카드) 하나 하나의 콘텐츠 구성도 신경 써야 하지만, 이들이 여러 개 반복됐을 때 전체적인 배치가 지나치게 복잡하거나 반대로 부족하지는 않은지 점검해야 한다.

반복의 여러 가지 형태

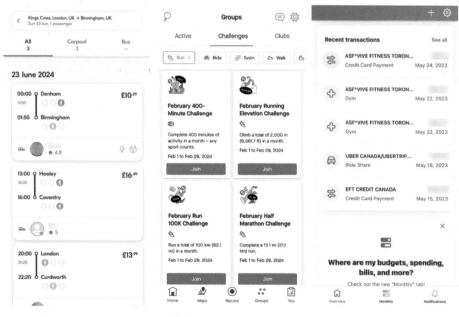

출처: Blabla Car, Strava, Mint

동일한 형태(위 왼쪽 예시)는 일단 하나의 UI 복합 요소만 파악하면 나머지도 같이 파악되므로 사용자의 인지 처리 과정을 대폭 단축시켜준다.

동일한 기능 반복이 필요할 때도 있다. 동일한 기능의 반복은 UI를 다소 복잡해 보이게 할 수 있으나, 해당 기능을 한 번만 배치할 경우에는 대상 선택과 기능 실행이 나눠지기 때문에 대상 옆에 기능을 반복해서 배치할 때보다 오히려 화면 내 행동이 복잡해질 수 있다. 위 그림에서 오른쪽 예시는 동일한 날짜가 반복되지만, 동일한 날짜를 하나로 묶는 것이 오히려 UI를 복잡하게 만들 수 있다. 그러나 동일한 날짜가 여러 개 존재하는 경우가 많다면 날짜별로 나눠서 콘텐츠를 배치하는 것도 생각할 수 있다.

목록 내 버튼(In-line Action button)이나 인터랙션을 위한 어포던스(예: 더보기, 화살표)는 가장 흔하게 찾아볼 수 있는 반복 예시다.

목록 내 버튼, 어포던스가 반복되는 예시

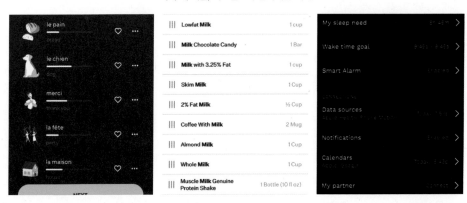

출처: Drops, Noom, Rise

콘텐츠 형태

UI 설계의 마지막은 콘텐츠의 형태를 만드는 작업이다. 이미 앞선 작업(재료 준비, 가공, 구성, 배치) 과정에서 어느 정도 형태가 만들어지기 마련이지만, 마지막 과정에서 형태를 더 정확하게 다듬고 살리는 작업이 필요하다. 콘텐츠 형태 전의 UI를 와이어프레임(Wireframe)이라고 하며, 형태가 만들어진 이후를 Mid-fi(Mid fidelity, 중간 정도 구현 충실도를 살린) 또는 Hi-fi UI 프로토타입이라고 한다.

와이어프레임 예시

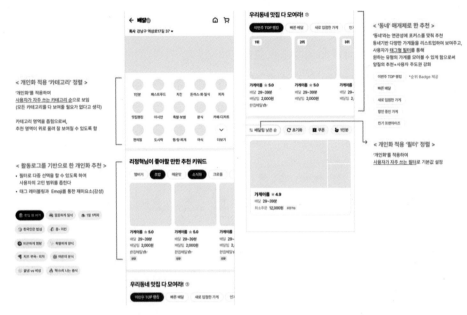

출처: 라이트브레인 UX 아카데미 22기 '배달의민족' 조

Hi-fi 프로토타입은 GUI 디자인 작업과 같이 이뤄지는 경우가 많기 때문에 우선 이 장에서는 Mid-fi 프로토타입을 기준으로 설명하겠다.

콘텐츠 형태는 3가지 측면에서 진행된다. 공간적 형태, 언어적 형태, 시각적 형태가 그 것인데, 이것은 디지털 서비스의 특징을 떠올려보면 쉽게 이해할 수 있는 부분이다. 디지털 서비스는 화면이라는 공간상에서 언어와 시각적 요소로 콘텐츠를 전달하기 때문에 이 3가지 측면에서 형태를 만들어야 한다.

- 공간적 형태: 공간적 형태는 콘텐츠의 크기, 구도, 부피감, 깊이를 이용하며, 콘텐츠 배치와도 관련되어 있다.

- 언어적 형태: 재료 준비 및 콘텐츠 가공 단계에서 이미 어느 정도 만들어진 상태이지만, 실제 언어가 UI 상에 배치된 다음에 화면 내에서의 길이나 톤의 적절성이나 언어적 통일성, 시각적 요소와의 균형을 감 안해야 한다.

- 시각적 형태: 다른 요소와의 균형이 가장 핵심이며, GUI 디자인과 함께 정렬, 균형, 강조, 리듬감 등을 살리기 위한 방법을 모색한다.

공간적 형태

사용자들이 메뉴를 찾을 때에는 메뉴명이나 아이콘을 인식해서 찾기도 하지만, 공간적인 기억(Spatial memory)에 의존해서 찾을 때도 많다. 가령 '위에서 3번째', '제일 우측 끝에'와 같이 공간적인 위치를 기억했다가 그것을 찾는 것이다. 따라서 메뉴 화면이나 내비게이션은 이 점을 고려하여 설계해야 한다.

공간적인 위치는 메뉴나 내비게이션에서 중요한 단서를 제공한다

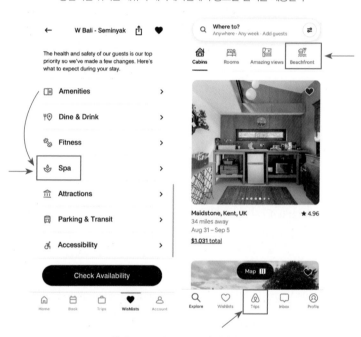

출처: Marriott Bonvoy, 에어비앤비

모바일은 PC에 비해 입체적인 성격이 강하다. 얼핏 보면 UI 설계가 2차원 평면에서 이뤄지는 것 같지만, 실제로는 여러 개의 2차원 평면이 겹쳐진 공간상에서 콘텐츠 배치와 형태 정의가 동시에 일어난다. 사용자 조작에 따라서 숨겨진 정보나 기능이 나타나고, UI가 확장되며, 다이얼로그가 뜨는 과정이 진행되며, UI 설계는 입체적인 공간상에서 그에 따른 형태 정의가 이뤄져야 한다.

모바일에서의 기본적인 3가지 공간적 형태. 겹쳐진다, 확장된다, 밀어낸다

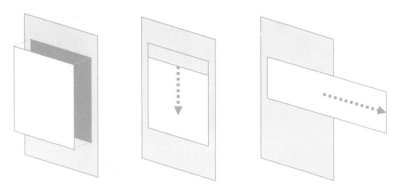

'겹쳐진다, 확장된다, 밀어낸다'는 모바일에서 가장 기본적인 공간적 형태이다. 겹쳐지는 (Layered) 형태는 기본 정보를 컨트롤하는 도구에 주로 사용된다. 확장되는(Expand) 형태는 추가적인 정보를 보여줄 때 사용하며, 밀어내는(Swipe) 형태는 정보를 제한된 공간 안에 모두 보여줄 수 없을 때 사용된다.

겹쳐진다, 확장된다, 밀어낸다의 실제 예시

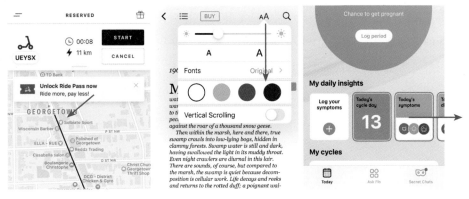

출처: Bird, Apple Books, Flo

다음 그림의 오른쪽 예시를 보면 출발지 선택에 대한 UI 복합 요소가 기본 UI 위에 떠 있는 것처럼 보인다. 도착지 선택도 이와 마찬가지다. 출발지/도착지 선택 전에는 공항 코드(LAS, NYC)만 나타나 있었는데, 사용자가 선택하자 아래로 펼쳐지는 것이다. 이는 처음부터 노출되는 형태에 비해 사용자 조작에 더 반응적이다.

모바일 UI는 입체적인 성격이 강해서 UI 설계시 공간적 형태를 염두에 둬야 한다

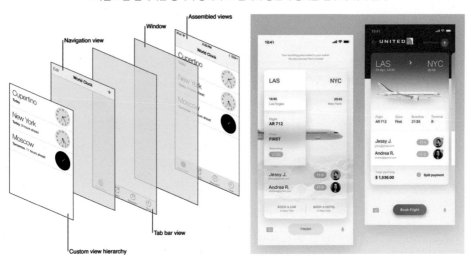

출처: 애플, Gleb Kuznetsov

다음 예시는 2차원적인 공간 형태(좌우로 구분)와 3차원적인 공간 형태(앞과 뒤로 구분)의 차이를 보여준다. 모바일 UI가 입체적인 성격이 강하기는 하지만, 2차원적인 공간 형태가 필요할 때가 있다. 좌우 구분은 비교에 유리하다. 다음 그림의 왼쪽 예시는 특정 부동산 매물을 빌렸을 때(Rent)와 살 때(Buy)의 금융 비용을 좌우 구분을 통해 효과적으로 나타내고 있다. 그와 달리 오른쪽의 예시는 앞과 뒤로 공간 형태를 구분했다. 갈 때의 티켓(앞)과 올 때의 티켓(뒤)은 좌우나 위아래보다는 앞뒤가 더 적절한 공간 형태로 보인다.

2차원적인 공간 형태(좌우로 구분)와 3차원적인 공간 형태(앞뒤로 구분)의 차이

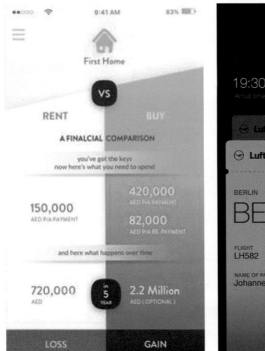

출처: vandelaydesign.com, Johannes Eret

차량 디스플레이는 주행 과정이나 주차와 관련한 주변의 공간 정보를 운전자에게 전달해야 하기 때문에 공간적인 형태가 특히 중요하다. 공간이 왜곡되거나 방향 제시가 잘못될 경우, 큰 사고로 이어질 수 있기 때문이다.

테슬라 FSD 12.5.1의 자율주행 과정과 자동 주차에 대한 UI 형태

출처: 테슬라

이러한 영향 때문인지 자동차 회사의 모바일 서비스들은 2차원 화면 위에 물리적인 공간감을 자아내는 이미지와 거기에 딸려 있는 여러 가지 정보 패널이 있으며, 이들은 상황에 따라 유연하게 화면 내에서 나타났다가 사라지기를 반복한다.

공간적인 형태가 다른 자동차 앱보다 더 뛰어난 테슬라의 모바일 앱

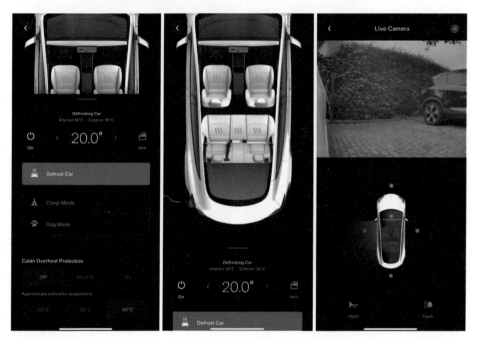

출처: 테슬라

이렇게 실재의 제품/공간을 조작하는 UI에서는 물리적인 공간감과 정보 패널 간의 공간적 형태가 잘 매칭돼야 한다. 제품/공간 조작의 실제감과 더불어 각 패널의 공간적인 형태와 조작이 잘 어우러지지 않으면 매우 껄끄러운 경험을 만들어 낼 수 있다.

언어적 형태

언어는 시각적 형태의 정보에 비해 더 자세한 내용을 담을 수 있다는 장점이 있다. 한눈에 파악되는 직관성은 시각적 형태가 더 유리하지만, 정확한 정보와 상세한 이야기를 전달하는 데 있어서는 언어가 유리하다. 언어만으로 구성된 UI는 높은 주의력과 인지적 부하를 요구한다는 면에서 바람직하지 않지만, 같은 언어라고 하더라도 길이, 톤, 형식, 위치, 색상 등을 잘 활용하면 빠른 인식과 판독이 가능해진다.

언어는 사용자의 마음을 자극하고 설득하며 궁금증을 품게 만드는 데 효과적이다

출처: 토스

토스의 사례는 언어가 얼마나 효과적으로 사용자 경험을 전달할 수 있는지를 보여준다.
같은 의미를 품은 말도 어떻게 표현하는지에 따라서 전달되는 자극이나 호소력, 신뢰감,
감정 전달에 차이가 있다. 토스는 설득력 있는 호소를 바탕으로 하면서 간혹 사용자의
마음속에 떠오를 법한 혼잣말을 익살스러운 어조로 대신해서 표현한다.

UI 설계 시 언어와 관련된 흐름

언어 형태는 다음과 같은 요인에 의해 결정된다.

- 언어를 표현하는 목적이 가장 기본적인 출발점이다. 정보나 레이블, UX Writing과 같은 기본 요소 외에
  알림, 안내, 에러, 링크, 실행에 사용되는 언어들은 각자의 목적에 맞는 형태가 어느 정도 존재한다.

- 더 높은 주의력이 요구될수록 색상, 크기 등을 통해 강조되며, 추가적인 부연 설명이 뒤따르는 경우도
  종종 있다.

- 실행과 관련된 언어들은 효율적인 행동에 일조하기 위해 짧고 단어 위주인 경우가 많으며, 알림, 안내,
  에러에 사용될 때는 서술적인 경우가 많다.

- 전달하고자 하는 정보량이 많으면 요약이나 키워드 배치를 활용한다.

언어는 그 목적에 따라 UI 형태가 달라진다. '서술적인 링크(A)'는 가로로 긴 바 형태를 취하고 '카테고리 기표(B)'는 아이콘 형태를 취할 때가 많으며, 칩, 메뉴 바로가기(C), 버튼(D)은 형태는 비슷하지만(모서리가 둥근 사각형) 목적에 따라서 강조에 차이를 둔다.

- 서술적인 링크: 일반적인 링크(예: 더보기, 전체보기)와 달리, 서술적인 링크는 그 내용('나만의 NFT를 시작해보세요', '무료로 매일 무료배송 쿠폰 3장 받기')을 블록으로 묶어서 긴 가로 바 형태를 취한다.

- 카테고리 기표: 카테고리 이름의 길이에 따라 여러 가지 형태를 취한다. 길이가 길지 않은 경우 대부분 아이콘 형태를 취한다.

- 칩, 메뉴 바로가기: 모서리가 둥근 사각형 형태이다. 형태로는 그게 칩인지 바로가기인지 구분하기 어렵다.

- 버튼: 칩, 메뉴 바로가기와 비슷한 형태이지만 시각적으로 더 강조되어 있다.

언어적 형태 예시

출처: 신한플레이, 이마트몰, Gojek

폰트의 색상과 크기도 감안해야 한다. 중요한 내용은 눈에 잘 띄도록 더 밝고 큰 크기로 만들며, 덜 중요한 내용은 상대적으로 어둡고 작은 크기로 만들어서 주목도를 낮춘다. 텍스트 사이의 간격이나 형식도 중요하다. 간격을 통해서 내용의 연관성을 드러내고, 형식을 통일하거나 다르게 하여 사용자가 쉽게 관계를 파악할 수 있도록 한다.

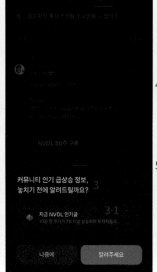

출처: 토스, 스카이스캐너

그림의 왼쪽 예시에서 1번은 언어 간 대비(7세 미만 vs 7세 이상)를, 2번은 동일한 형식 (중요한 내용은 흰색, 중요하지 않은 부연 설명은 회색)으로 만들어서 내용은 다르지만 동일한 의도(가입 시 주의사항)를 전달하고 있다는 것을 알 수 있다. 3번은 언어적 형태 가 화면 내 다른 것들과 다르게 보이기 때문에 주목도가 높다. 반면 3-1은 글씨 크기가 3번에 비해 상대적으로 작아서 주목도가 낮으며, 들여쓰기를 했기 때문에 3번의 하위 위 계라는 인식을 부여한다. 언어적 형태 면에서 4번은 동일한 형식인데 비해, 5번은 다른 형식으로 되어 있어서 성격이 다르다는 점을 쉽게 드러내고 있다.

폰트 색상을 통해 언어적 형태를 구현한 애플의 언어적 형태 예시

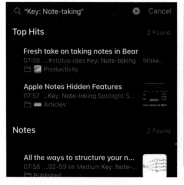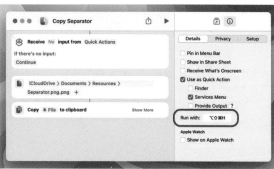

출처: 애플, Denis Volkov

위에서 예시로 든 애플의 UI들은 폰트 색상 면에서 언어적 형태를 다루고 있다. 왼쪽 예시는 제목(흰색), 부연 정보(회색), 링크/버튼(오렌지색)의 규칙을 부여했는데, 회색은 노트 카테고리(Productivity, Articles)에도 쓰인다. 오른쪽 예시는 '컴퓨터 폴더/파일(iCloudDrive...)'이나 링크(No, Quick Actions, Continue)에 해당하는 것은 파란색, 나머지는 검은색으로 폰트 색상을 통일했다.

숫자(다음 그림의 노란색 표시 부분)나 지표(화폐, 무게, 부피 등의 단위)는 거의 같이 붙어서 사용되는 경우가 많다. 숫자만으로는 정보가 불충분하거나 중요한 숫자 정보에는 더 상세한 부연 설명(다음 그림의 오렌지색 표시 부분)이 붙는 경우도 있다.

숫자나 지표에 대한 언어적 형태 예시

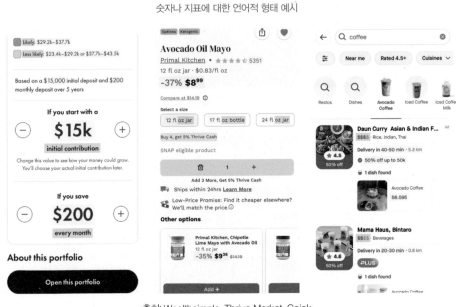

출처: Wealthsimple, Thrive Market, Gojek

시각적 형태

언어적 형태는 정보를 안내하고 내용을 이해시키는 데에는 유리하나, 시각적 형태보다 상대적으로 인지적 부하가 크고 무언가를 상징하기에는 부족하다. 시각적 형태는 대상을 처음 인식하는 데에도 유리하며, 추후 회상하거나 다시 분별하고 선택할 때도 더 효과적이다.

뛰어난 UI는 공간적 형태, 언어적 형태, 시각적 형태가 잘 어울려져 있다. 공간적 형태를 통해서 영역을, 언어적 형태를 통해서 메시지를, 시각적 형태를 통해서 쓰임새를 유추할 수 있다.

시각적 형태는 GUI 디자인 이전에 고민을 시작해야 한다

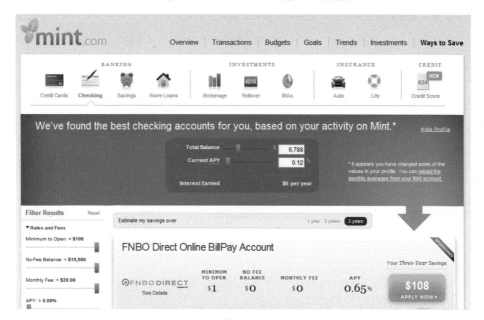

출처: Mint

시각적 형태는 보통 다음과 같이 UI상에서 나타난다.

- 아이콘: 특정 대상, 개념을 상징화해서 나타내는 것

- 일러스트: 특정 대상을 이미지화한 것

- 그래프: 데이터 현황을 한눈에 확인할 수 있도록 나타내는 것

- 색상: 각 색상이 가지는 문화적 코드(예: 빨간색=위험)를 어떤 UI 요소에 나타내는 것

와이어프레임 설계 시 아이콘을 함께 고민한 예시

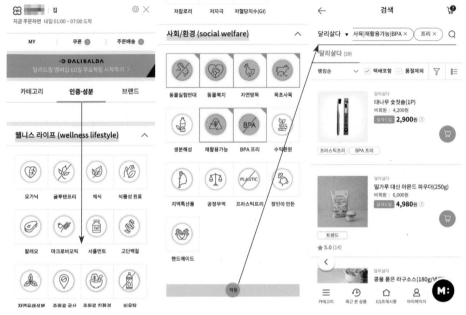

출처: 라이트브레인

시각적 형태는 GUI 디자인의 영역인 것처럼 여겨질 수 있으나, 좋은 UX를 위해서는 UI 설계 단계에서부터 미리 고민해야 한다. 콘텐츠 형태를 공간, 언어, 시각적 측면에서 미리 고민해야만 비로소 UI가 완성될 수 있기 때문이다. 이러한 노력의 결과로 나오는 Mid-fi 프로토타입은 뒤를 이은 GUI 디자이너들의 작업에도 더 큰 원동력이 될 수 있다.

시각적 형태 예시

출처: Lemonade Insurance, Airbnb

그림의 왼쪽 예시에 보이는 아이콘은 시각적 형태의 전형적인 방식이다. 아이콘은 특정 대상이나 개념을 단순하게 표현해서 연상이나 기억에 도움을 줄 뿐만 아니라, 언어만 사용했을 때보다 화면 분위기를 친근하게 만드는 효과도 있다. 그러나 대상을 연상시키지 못하거나 복잡한 아이콘은 오히려 사용자 경험의 질을 떨어뜨릴 수도 있기 때문에 주의해야 한다. 왼쪽 예시의 아이콘들은 표현하고자 하는 대상이 '불과 연기, 나쁜 날씨, 범죄와 파괴' 등으로 다소 복잡한데도 불구하고 아이콘을 통해 적절하게 시각적 형태를 나타냈다. 일러스트는 대상의 특징을 단순하게 이미지로 나타낸 것으로 '두드러진 특징'만 상징화한 아이콘과는 다르다. 실제 사진과 같은 이미지는 정보의 복잡성이 높아서 UI에 그대로 쓰기에 부적절할 때가 많다. 이럴 때는 일러스트로 단순화해서 보여주는 게 더 효과적이다. 그래프는 데이터를 한눈에 조망하는 데 필요하다. 앞 그림의 오른쪽 예시에 있는 듀얼 슬라이더 그래프는 가격대별 매물 분포를 나타내는 데 사용되었다.

선택 요소에 아이콘이니 색싱을 적용한 예시

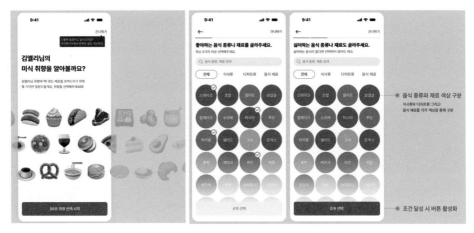

출처: 라이트브레인 UX아카데미 24기 '캐치테이블' 조

사실적인 일러스트는 디지털 서비스가 갖는 맹점을 극복하는 데도 도움을 준다. 디지털은 '가상'이라는 어쩔 수 없는 한계가 있지만 사실적인 일러스트를 통해서 사용자들이 미리 셈해보고 짐작할 수 있게 도와줄 수 있다.

사실적인 일러스트를 통해 사용자의 정보 이해에 도움을 주는 예시

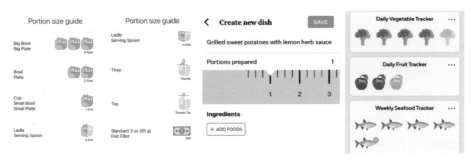

출처: Noom, Lifesum

위 예시들은 주먹, 손가락, 자, 집, 사람 등의 이미지를 통해서 제품의 실제 크기나 맥락을 짐작해볼 수 있게 하고 있다. 정교한 측정과는 거리가 있지만, 어느 정도 머리 속에서 가늠해볼 수 있게 도와준다.

사실적인 시각적 형태가 정보에 대한 이해를 돕지 못하고 오히려 UI의 효율성만 떨어뜨리는 경우도 있다. 대상의 형태가 다른 것들과 명확하게 분간하기 어려운 특성을 지녔을 경우에는 차라리 그 메타포(Metaphor, 비유)를 일러스트로 표현하는 것이 더 낫다.

소금, 설탕, 각종 향신료 등을 실제 이미지로 표현한 예시

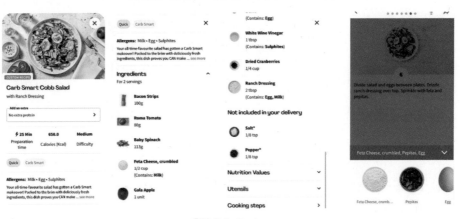

출처: Hello Fresh

색상은 특정한 문화적 코드를 반영한다. 문화권마다 약간의 차이가 있기는 하지만 디지털 서비스에서 통용되는 규칙은 '파란색=정보, 노란색=주의, 빨간색=실패, 초록색=성공'이라는 코드다. 이 색상 규칙을 잘 활용하면 색상만으로도 사람들에게 빠른 피드백을 전달할 수 있다.

색상이 갖는 문화적 코드는 다이얼로그에서 주로 사용된다

출처: Jeamine at Black Box

색상은 화면 내에서의 강조나 리듬감, 구분 등을 표현하는 데도 큰 역할을 한다. 색상은 눈에 작용하는 힘이 크기 때문에 함부로 사용해서는 안 되지만, UI 내 개별 요소 간의 관계나 화면의 중요 부분(Focal point)을 나타내는 데 중요한 역할을 한다.

UI 설계에 색상을 적용한 예시

출처: 라이트브레인

그래프는 데이터 현황을 손쉽게 조망할 수 있게 해주지만, 지나치게 복잡할 경우 오히려 정보 이해를 방해한다. 디자인 기교로 인해 복잡하게 느껴지면 이해 가능성이 떨어지기 때문에 차라리 선, 면, 원, 도형 등에 기초하여 단순하게 보여주는 것이 좋다. 데이터 현황 이외에 비교, 비율, 변화 추이 등도 나타내고자 한다면 색상, 그러데이션(Gradation, 농담 표현), 음영 등을 넣을 수 있지만, 그것이 과하면 오히려 앞서 말한 부작용을 낳을 수 있다.

그래프는 데이터 현황 파악이 목적이기 때문에 복잡하지 않은 것이 좋다

출처: 테슬라, Mint

UI 요소

입력/선택 요소

입력상자(Form)

입력상자(Form)는 가로가 긴 직사각형 형태를 기준으로 여러 가지 변형이 있을 수 있으며, 입력 상태에 따라서 색깔이나 상태 정보 표시가 다를 수 있다. 사용자들은 이런 작은 단위에서부터 UX를 체감한다.

입력상자의 기본 형태

입력상자는 기본적으로 레이블, 입력 칸(Form field), 예시(Placeholder), 안내, 교정(Forgiving input) 등으로 구성된다. 입력 칸의 테두리 또는 칸(field) 내부 색상을 이용하여 여러 가지 상태를 사용자에게 전달할 수 있다. 모든 입력상자는 위에 레이블, 아래에 이용 안내나 에러 메시지(Forgiving Input)가 표시돼야 한다. 레이블이 입력 칸의 아래에 오고 이용 안내가 입력 칸의 위에 있는 것은 시각적 계층구조(Visual Hierarchy) 면에서 바람직하지 못하다. PC에서는 에러 메시지를 입력상자 아래가 아니라 오른쪽에 표시하기도 한다.

입력상자는 비워둬서는 안 되며, 그 안에 입력 예시(Placeholder)를 표기하는 것이 좋다. 선택상자(Drop down selector)나 피커(Picker)는 비워두는 경우도 종종 있다. 그러나 기본 입력상자는 비워둬서는 안 된다. 어떤 입력 예시를 넣을지 고민하는 것이 이 지점에서 중요한 UX 품질이 된다(UX Writer들이 주로 하는 일 중 하나다).

입력상자 크기 주의

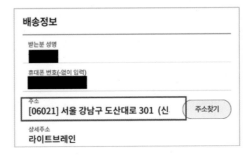

입력상자는 크기에 유의해야 한다. 입력상자의 크기가 너무 작으면 입력한 글씨가 잘리고, 너무 크면 입력하는 행위에 불안감을 줄 수 있다. 입력상자는 색깔을 통해 현재 상태를 표현해야 한다.

- 회색 테두리에 흰색 채우기 & 회색 글씨: Default

- 회색 테두리에 회색 채우기 & 회색 글씨: Disable

- 파란색 테두리에 흰색 채우기: 활성화 (Hover, Focus, Typing)

- 회색 테두리에 흰색 채우기 & 검은색 글씨: Filled

입력상자 기본 형태

Disable

Input placeholder

Hover

Input placeholder

Default

Input placeholder

Focus

|Input placeholder

Filled

Input placeholder

Typing

Text |

출처: Fabio Melhado

디지털 서비스에서는 'Blue=정보, Green=성공, Red=실패, Yellow=주의'라는 스테레오 타입이 존재한다. 모든 입력상자가 이 4가지 테두리 색깔을 지닐 필요는 없으나, 어떤 입력상자는 이게 필요한 경우가 있다.

- 인증 관련된 입력상자: 휴대폰 인증번호 입력, 비밀번호

- 정합성 체크가 필요한 입력상자: 전화번호, 주민번호, 면허증번호, 카드 번호

- 길이/형식이 제한된 입력상자: 이름 한 글자 이상, 아이디 n글자 이상 등

입력상자 상태 표시

출처: Fabio Melhado

단순 입력이 아닌, 검색과 같은 구체적인 기능을 수행하거나 입력과 선택이 동시에 가능한 경우에는 입력상자 내에 어포던스를 배치한다. 입력상자 왼쪽에 배치하는 기호는 해당 입력상자의 성격을 암시할 뿐 행동을 유도하지는 않는다. 그래서 어포던스는 보통 입력상자 오른쪽에 배치하는데, 이 어포던스는 행동이 가능하며 보통 선택이나 불러오기일 때가 많다. 기호와 어포던스 둘 다 사용하는 경우도 있다.

기호나 어포던스가 포함된 입력상자

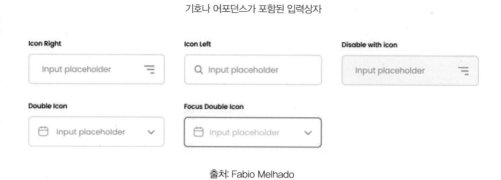

출처: Fabio Melhado

댓글 작성 등에 흔히 사용되는 텍스트상자는 입력상자와 UX 규칙이 거의 동일하다.

텍스트 상자

Text Area

Input placeholder

Disable Text Area

Input placeholder

HoverText Area

| Input placeholder

출처: Fabio Melhado

선택상자(Drop down Selector)

선택상자는 콤보 박스 또는 셀렉트 박스라고 부른다. 기본적인 형태는 앞에서 살펴본 입력상자(Form)와 큰 차이가 없다. 다만 입력 칸 선택 시 키패드가 열리는 대신 선택 가능한 옵션들이 펼쳐진다(Drop down)는 점이 다르다. 기본적인 규칙도 입력상자와 크게 다르지 않다.

선택하는 옵션이 단일인지, 복수인지에 따라서 규칙이 조금 달라지는데, 단일 선택상자는 옵션 선택 후 스스로 닫히고, 복수 선택상자는 (몇 개를 선택할지 예측할 수 없기 때문에) 선택 후에 사용자가 직접 닫아야 한다. 단일 선택상자는 선택 후 선택된 옵션을 표시하지만, 복수 선택상자는 선택 후 숫자만 표시하거나 아예 표시하지 않는 경우도 있다.

선택상자는 선택하는 옵션이 단일인지, 복수인지에 따라서 규칙이 조금 달라진다

Default dropdown

Input placeholder ∨

Select

Select ∧

Example 1
Example 2
Example 3
Example 4
Example 5

Hover dropdown

Input placeholder ∨

Multiselect with checkboxes

Select ∧

☐ Example 1
☑ Example 2
☐ Example 3
☑ Example 4
☑ Example 5

Disable dropdown

Input placeholder ∨

Select

Select ∧

Example 1
Example 2 ✔
Example 3
Example 4
Example 5

출처: Fabio Melhado

화살표는 선택에 대한 어포던스를 나타낸다.

- 아래로 향한 화살표: 선택 가능하다, 펼칠 수 있다

- 위로 향한 화살표: 선택이 끝났다, 닫을 수 있다

선택상자는 열리지 않은 상태와 열린 상태 두 가지가 존재하지만, 선택 옵션이 많거나 옵션들을 눈에 띄게 하고자 할 경우에는 처음부터 열린 상태로 보여주는 경우도 있다.

PC와 모바일은 여러 면에서 UX/UI 규칙이 다른데, 모바일을 기준으로 하면 옵션이 5개 이상일 때만 선택상자를 사용하고, 5개 이내일 경우에는 (감추지 않고) 펼쳐둔다. 펼쳐 놓는 경우에는 시선 흐름상 위에서 아래로 나열하는 것이 좋다.

모바일에서의 선택상자 규칙

라디오(Radio) 버튼과 체크박스(Checkbox)

라디오 버튼과 체크박스는 제시된 옵션 중 하나만 선택(라디오 버튼)하거나 동시에 여러 개를 선택(체크박스)할 때 사용된다. 라디오 버튼은 체크박스와 달리 미리 기본값이 설정되어 있을 때도 있다. 마치 매장에 방문했을 때 경험 많은 점원이 '저라면 이것을 선택할 것 같은데, 이 중 어떤 것을 원하시나요?'라고 묻는 것과 마찬가지다. 사용자들이 가장 많이 선택하는 옵션은 미리 선택되어 있는 것이 UX 면에서 바람직하다. 이로 인해 행위가 줄어들 뿐 아니라, 고민의 여지까지 줄여주기 때문이다.

미리 기본 옵션(Good Default)이 선택되어 있는 예시

출처: 배달의 민족, DoorDash

라디오 버튼과 체크박스의 선택 영역은 사용자들이 어디를 눌러도 쉽게 선택되게 넓게 잡는 것이 바람직하다. 사용자들은 라디오 버튼이나 체크박스가 포함된 행(Row) 전체를 선택 영역으로 생각하기 때문이다. 어떤 서비스에서는 이 점이 지켜지지 않아서 애써 라디오 버튼 또는 체크박스를 눌러야 하는 불편함이 있다.

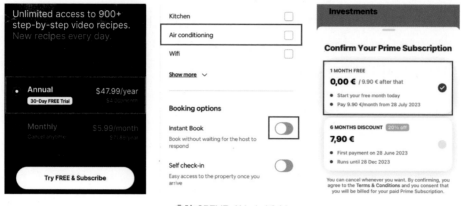

출처: CREME, Airbnb, Vivid

선택 옵션은 크기 및 개수에 따라 가로 배열, 세로 배열, Z자 교차 배열 등이 있을 수 있다.

선택지 배열 방식

출처: Gopuff, Gentler Streak, Binance

최근에는 선택할 수 있는 옵션이 적은 경우에는 라디오 버튼/체크박스보다 칩(Chips, 하나씩 고를 수 있는 형태)으로 나타내는 경우가 많아지고 있다. 칩은 더 단순하고 직관적이라는 장점이 있다. 하지만 선택 옵션이 7개 이내인 경우에만 적용하는 것이 바람직하다.

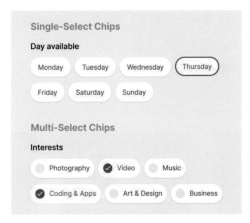

출처: UX Movement

슬라이더(Slider)

슬라이더는 특정 범위 내에서 원하는 값을 선택할 때 좋은 UI 요소다. 범위가 정해져 있기 때문에 사용자는 본인이 선택할 수 있는 범위(어디~어디)뿐만 아니라 몇 단위로 선택할 수 있는지에 대한 척도(1~3, 1~5, 1~10)도 쉽게 확인할 수 있다.

슬라이더는 특정 범위 내에서 사용자가 원하는 값을 선택하도록 돕는 선택 요소다

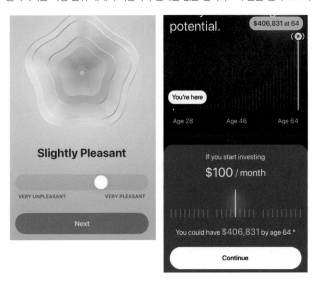

출처: Mental health feature in Health app on iOS 17, Bloom

구글 머티리얼 디자인에 따르면 좋은 슬라이더는 특정 범위 값에서 작동해야 하며, 즉시 조작 결과가 반영되고, 그 결과가 사용자의 의도를 반영하는 데 유용해야 한다고 한다. 한마디로 말해 슬라이더는 특정 구간 범위 내에서 원하는 값을 선택할 때 그 작동 방식이 사용자 경험에 부합해야 한다.

구글의 슬라이더 디자인 원칙

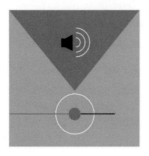

Adjustable

Sliders should be used for making selections from a range of values.

Immediate

When interacting with a slider, changes should be reflected back to a user immediately.

Accessible

Sliders should present the full range of choices that are available to a user.

출처: 구글 머티리얼 디자인

선택 점(thumb)은 사용자가 슬라이더 범위 내에서 값을 선택하기 위해 조작되는 점을 말한다. 선택 점은 현재 상태(어떤 값이 선택되었는지)와 앞으로 일어날 변화를 동시에 보여준다. 보통은 시작점에 해당하는 '0'에 선택 점을 기본으로 두는데, '0'이 제일 왼쪽일 경우(0에서 +로만 증가)도 있고, 가운데일 경우(0에서 −나 + 둘 다 가능)도 있다. 좀 더 정교한 선택 범위일 경우에는 선택 점 위에 현재 값을 표시하거나 구분 값(tick mark)으로 전체 트랙을 구분하기도 한다.

슬라이더는 '반응성'이 중요하다. 슬라이더 조작 시 만족도가 떨어지기 때문이다. 반응성과 더불어 '행위유도성(Affordance)'도 중요하다. 슬라이더 조작 시 사용자 경험을 감안하여 선택 점(thumb)과 트랙 디자인에 특징을 부여하면 더 좋은 UX가 된다.

UX/UI 디자인 완벽 가이드: UI, 인터랙션, 프로토타입 편

선택 점(thumb), 구분 값(tick mark), 트랙(track)

출처: How you feel

슬라이더는 조작과 무관하게 단순히 진행 상태를 표시하는 데도 쓰인다. 다음 그림의 왼쪽 예시는 슬라이더의 형태를 띄고 있지만 사실은 조작이 불가능하다. 단지 현재 상태(status)를 안내하는 것에 불과하다. 슬라이더가 단독으로 사용되지 않고 다른 UI 요소와 결합되어 사용되는 경우도 있다. 오른쪽 예시는 슬리이더와 그 아래 4가지 선택 옵션(Payment Plan)이 상호 연동된다. 먼저 슬라이더에서 금액(100$)을 선택한 다음, 4가지 옵션 중에 하나를 선택하도록 되어 있다.

슬라이더처럼 보이는 UI와 다른 UI 요소와 결합된 슬라이더 예시

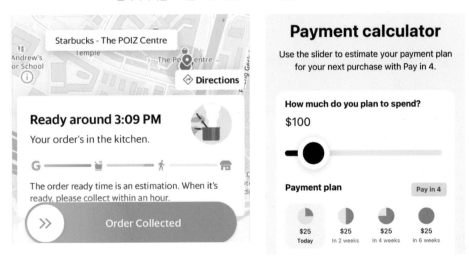

출처: Grab, Klarna

듀얼 슬라이더는 하나의 점이 아니라, 하나의 구간을 선택할 수 있는 슬라이더다. 트랙이나 구분 값은 동일하지만, 선택 점이 2개(최솟값과 최댓값)인 게 다르다. 슬라이더 트랙 내에서 사용자가 최소부터 최대에 이르는 특정 범위를 선택할 수 있다. 호텔이나 항공편 예약 시 가격대나 출발/도착 시간대를 설정할 때, 원하는 조건의 상품을 찾기 위해서 범위를 지정할 때 주로 사용된다. 듀얼 슬라이더 내에 정보 분포를 의미하는 그래프를 함께 나타내거나 정보가 없는 구분 값이나 현재 선택 불가능한 범위는 비활성화(disable)해서 보여주는 경우도 있다.

듀얼 슬라이더는 선택 점이 하나 더 추가된 것에 불과해 보일 수도 있으나, 더 복잡한 양태를 보이기도 한다

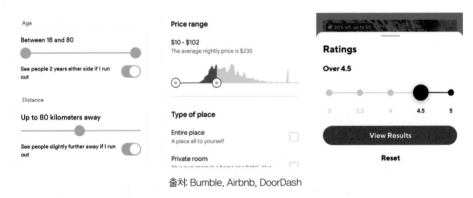

출처: Bumble, Airbnb, DoorDash

슬라이더는 보통 수평적인 형태를 취하지만, 시간과 관련한 슬라이더는 트랙이 수직적으로 되어 있는 경우도 있다. 이것은 모바일 기기의 특성상 수평보다는 수직이 더 길기 때문이기도 하고, '시, 분' 단위의 시간을 표시할 때에는 수직적으로 나열할 때가 많기 때문이다.

트랙이 수직으로 된 슬라이더 예시

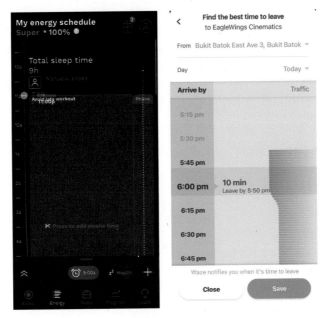

출처: Rise, Waze

원형 슬라이더는 시간 선택에서 주로 사용된다. 스크린이 사각형 평면이라는 점에서 원형으로 된 슬라이더는 선택 값(thumb)을 조작하는 게 다소 어렵지만, 시간을 연상시킨다는 점에서 상징성이 높다.

다양한 형태의 원형 슬라이더 예시

출처: Alan Mind, Apple Health, Loona, Lifesum

피커(Picker)

날짜나 시간을 선택할 때 사용되는 피커는 얼핏 단순해 보일 수 있으나, 생각보다 까다로운 선택 요소다. 사용자가 선택하는 날짜/시간의 범위, 날짜/시간의 형태, 날짜와 시간의 관계에 따라 고려해야 할 변수가 많다. 가령 긴 기간에 걸쳐서 날짜를 선택할 때는 직접 입력이, 1년 이내인 경우에는 캘린더가, 2~3달 안팎인 경우에는 'date picker'가, 일주일 이내인 경우에는 날짜를 직접 노출하고 선택하도록 하는 것이 좋다. 이처럼 피커는 다양한 변수를 고려해야 하기 때문에 어느 것이 무조건 좋거나 나쁘다고 말하기 어렵다.

다양한 형태의 피커 예시

출처: UX Movement

피커는 가급적 단순하면서 쉽게 그 쓰임새를 유추할 수 있어야 한다. 사용자가 날짜/시간을 선택하는 것은 해당 화면에서 그다지 중요하지 않은 경험일 가능성이 높기 때문이다. 그래서 해당 시점의 맥락을 잘 고려하지 못한 피커는 사용자를 혼란스럽게 만들고, 선택을 망설이게 만들며, 더 많은 행동을 요구하기 때문에 큰 불만을 야기할 수 있다.

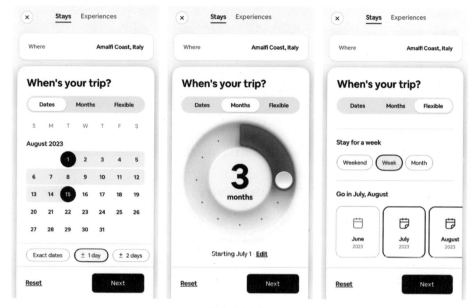

예시의 에어비앤비는 날짜/시간 선택의 맥락을 구체적인 날짜 지정(Dates), 월 단위 기간 선택(Months), 자유로운 선택(Flexible) 3가지로 구분했는데, 이것은 에어비앤비 사용자들의 이용 맥락에 부합하는 것이다. 더불어 3가지 날짜/시간 피커가 단순하고 효율적일 뿐만 아니라 보조적인 기능(예: Dates에 1일 추가, 2일 추가 버튼)도 잘 갖춰져 있다.

정기 배송 선택 시 3일 이내의 날짜와 시간을 시간대별로 선택하게 되어 있는 Gopuff의 피커 예시

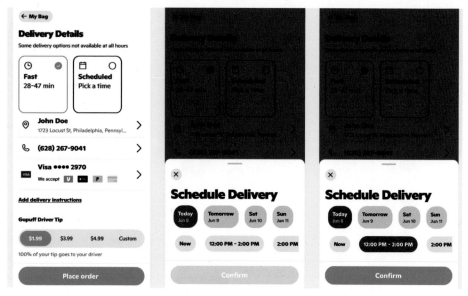

출처: Gopuff

어떤 서비스에서는 사용자가 이용 가능한 시간 제한이 존재하는데, 이런 서비스에서는 피커가 제한된 시간 범위 내에서 선택 가능한 옵션을 직관적으로 안내하기도 한다. 이것을 날짜 또는 시간 칩(Date chips, Time chips)이라고 부른다. 날짜/시간 칩은 비교적 짧은 기간 내에서 사용할 수 있으며, 직접 보고 선택하기 때문에 더 직관적이고 서비스의 맥락(예: 예약 마감 시간, 휴무일, 단축 근무)을 반영할 수 있다.

날짜 또는 시간 칩

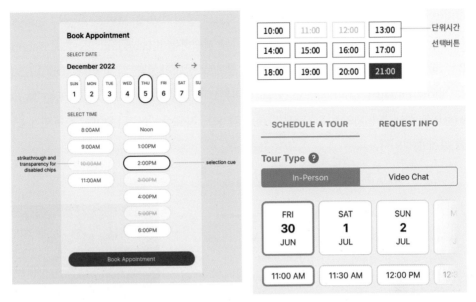

출처: UX Movement

토글(Switch, Toggle)

토글 버튼은 기능의 실행 여부를 결정하는 가장 기본적인 입력/선택 요소다. 동일 버튼의 상태 변화(ON→OFF, OFF→ON)을 통해서 사용자는 매우 낮은 인지적 부하로 특정 기능이나 설정을 마음대로 조절할 수 있다.

전등 스위치와 디지털 서비스에서의 토글 버튼

출처: The Spruce / Kevin Norris (왼쪽 이미지)

단순한 상태 변화가 아니라, 두 가지 요소 중 하나를 선택하는 것은 토글 버튼이 적합하지 않다. 다음에 예시로 든 오페라와 듀오링고의 설정 화면을 보면 단순 상태 변화에는 토글 버튼을 썼지만, 두 가지 요소 중 하나를 선택하는 것(Standard 또는Fast Action Button, All words 또는New words)은 칩으로 선택하게끔 되어 있다. Duolingo는 'Show Pinyin pronunciation'을 토글 버튼으로 켜고 나서 'All words' 또는 'New words'를 선택하게 되어 있다. 다시 말해 선택 모드 자체를 ON 또는 OFF할 수 있게 UI를 설계한 것이다.

주의력이 비교적 요구되는 요소에 대해 아이콘이나 레이블을 토글화한 예시

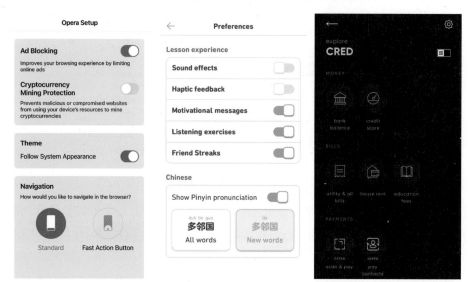

출처: 오페라, 듀오링고, CRED

아이콘 선택을 토글과 동일한 기능(ON→OFF, OFF→ON)으로 대체하는 경우도 있다. 한 번 누르면 활성화, 다시 누르면 비활성화되는 것이다. 비교적 높은 주의력이 요구되는 선택 요소에 대해 이 방식을 사용한다. 앞에서 예시로 든 CRED는 활성화된 기능과 비활성화된 기능을 'OFFER'라는 표시를 통해 구분하고 있다.

토글은 다른 선택을 활성화하는 1차 관문 역할을 하기도 한다. 이 경우 먼저 토글 버튼을 ON으로 활성화해야만 다른 선택이 가능해진다.

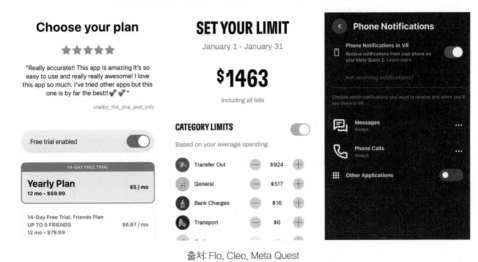

출처: Flo, Cleo, Meta Quest

토글이 활성화되어 있을 때는 유채색 중에 해당 서비스의 컬러 시스템에 부합하는 색상을 사용하면 된다. RED 계열 색상은 안 된다는 특별한 제약이 있는 것은 아니다. 그러나 토글이 비활성화되어 있는데 유채색을 사용하거나 활성화되어 있는데 무채색(짙은 회색, 검정색)을 사용하는 것은 혼동을 초래할 수 있다.

비활성화된 토글에 유채색을 사용하면 안 되며, 활성화된 토글에 무채색을 사용해서도 안 된다

출처: BlaBlaCar, Afterpay, Fable

입력 칩(Input Chips)

사용자로부터 직접 입력을 받는 대신에 '예상되는' 입력 값을 제시하고 그중 하나를 선택하게 할 때 사용된다. 입력 칩은 입력 범위가 한정되어 있고, 그 양태가 복잡하지 않은 경우에 '직접 입력에 따른' 인지적인 부하(Cognitive Load)를 줄여줄 수 있다.

입력 칩 예시

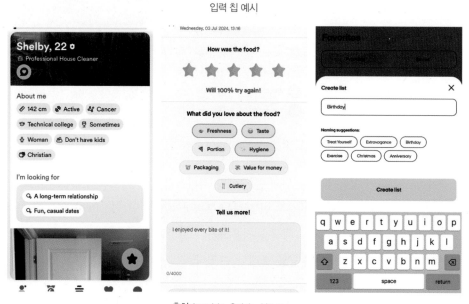

출처: bumble, Gojek, Afterpay

다만 범위를 한정하기 어렵고 여러 가지 양태가 나타날 수 있는 상황이라면 입력 칩을 사용하는 것이 오히려 UX를 헤칠 수도 있다. 이때는 직접 입력과 입력 칩을 같이 배치하여 사용자에게 선택권을 제시(본인이 직접 쓸 것인지, 간단하게 선택할 것인지)할 수 있다.

Message Peter Parker   ×

Ergonomic Office Chair
$195
                                                              — Clicking a chip
I'm interested in this item.   Is this item still available?

What condition is this item in?   Do you deliver?

Message   Inputs prewritten
Is this item still available?| message

                                    Cancel   Send Message

출처: UX Movement

실행 요소

버튼(Button)

버튼은 특정한 행동을 실행하기 위해 사용되는 도구로, 실행뿐만 아니라 입력/선택 목적으로 사용되는 경우도 종종 있다. 좋은 버튼은 쉽게 인지 가능하고, 사용자들이 망설임 없이 그 위치를 찾을 수 있으며, 그 기능을 명확하게 유추할 수 있어야 한다.

구글의 버튼 디자인 원칙

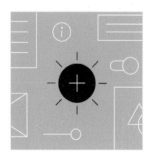
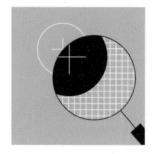
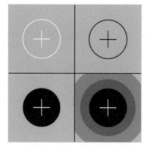

Identifiable

Buttons should indicate that they can trigger an action.

Findable

Buttons should be easy to find among other elements, including other buttons.

Clear

A button's action and state should be clear.

출처: 구글 머티리얼 디자인

버튼은 입력상자(Form) 못지않게 자주 사용하는 UI 기본 요소다. 워낙 기본적인 요소이다 보니 HCI(Human Computer Interaction)에서 오래전부터 다뤄왔던 단골 메뉴이고, 많은 UXer들이 UX와 UI를 구분하는 데 버튼을 예시로 들기도 했다.

쉽게 인지 가능하고 위치/기능을 찾는 데 어려움이 없으면 좋은 버튼일까?

행위 유도(Affordance)   상태(Signifier)

출처: H Locke

모바일 서비스에서의 버튼은 한 손으로도 무리 없이 누를 수 있어야 하기 때문에 그에 맞게 크기나 위치가 맞춰졌다. 너무 작으면 눈에 안 띄거나 누르기 어렵고, 너무 크면 UI 공간 효율성을 저해하거나 다른 콘텐츠의 주목도를 지나치게 빼앗는다.

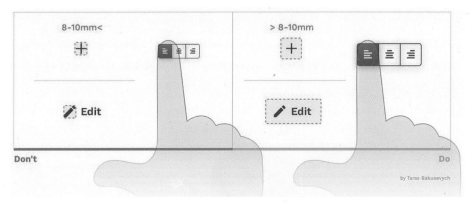

출처: Taras Bakusevych

목적에 따라 주활동 버튼, 보조활동 버튼으로 구분하기도 하지만, 형태에 따라서 토글, 푸시, 헬프, 라디오 버튼 등으로 구분하기도 한다. 동일한 목적이나 형태의 버튼도 색상을 다르게 부여하거나 안에 들어가는 표식(i, ?, !)을 다르게 해서 버튼의 역할을 구분하기도 한다.

iOS에서 쓰이는 여러 가지 버튼

출처: 애플 iOS guidelines

버튼은 그 주목도나 순서에 따라 주활동 버튼(Primary, Call to action Buttons), 이차적 버튼(Secondary Buttons), 제3의 버튼(Tertiary Buttons)으로 구분한다. 주활동 버튼과 이차적 버튼은 긍정과 부정의 의미로(예: 확인, 취소) 함께 사용되는 경우가 많다. 제3의 버튼은 이차적 버튼이 굳이 필요 없는 상황에서 다른 링크 연결을 제시하거나 보조적인 정보를 제시할 때 사용된다.

주목도/순서에 따른 버튼 구분

출처: 애플 iOS guidelines, Lauren Waage

주활동 버튼은 UX 여정상 주활동을 마무리 짓거나 특정 작업(Task)를 완료하는 중요한 버튼이며, 사용자의 주목도를 높이기 위해서 다른 버튼보다 시각적으로 강조해 표시한다.

주활동 버튼의 강조

화면 내에서 주활동 버튼이 차지하는 비중이 워낙 높기 때문에 제일 하단에 떠 있는 형태(Floating)로 고정하는 경향도 늘고 있는데, 이것은 UX 측면(화면 위치에 상관없이 사용자의 주목도를 꾸준히 높일 수 있다)에서도 바람직하다.

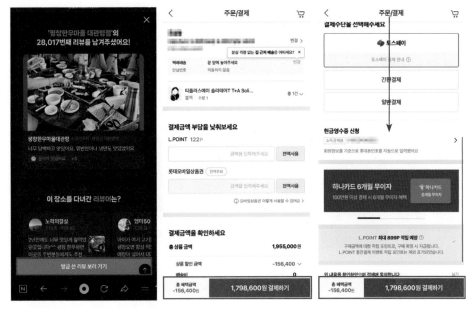

출처: 네이버, 롯데온

버튼은 형태에 따라 구분되기도 한다. 주변색과 동일한 색상으로 두고 테두리만 두른 '고스트 버튼(Ghost Buttons)', 버튼 형태 없이 텍스트만으로 된 '텍스트 버튼(Text Buttons)', 버튼 형태 없이 이미지만으로 된 '이미지 버튼(Image Buttons)' 등이 있다.

형태에 따른 버튼 구분

Ghost Buttons

Text Buttons

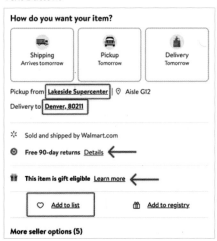

출처: Lauren Waage

111

버튼은 워낙 기본적인 UI 요소이고, 화면 어디에서나 활용되다 보니 형태나 위치가 특정 용도에 맞게 고착화된 경우도 많다. 가령 플로팅 버튼(Floating Action Buttons)은 현재 화면에 대한 보조적인 용도로, 아이콘 버튼(Icon Buttons)은 특정 정보에 대한 보조 용도로 활용된다.

용도에 따른 버튼 구분

출처: Lauren Waage

플로팅 버튼(Floating Action Button)은 부가 활동 기능 수행, 옵션 선택, 필터/정렬, 주 활동 보조 등을 위해 배치된다. 한 손만으로도 쉽게 조작 가능하도록 주로 하단 중앙이나 우측에 배치되며 선택된 수량, 옵션, 위치 정보 등을 숫자로 드러낼 때도 있다.

플로팅 버튼 예시

출처: Klook, Bestbuy, HelloFresh, Gopuff

버튼 실행을 통해 이전 화면에서 다음 화면으로 이어줄 때가 많은데, 이때는 두 화면 간의 관계를 감안해서 버튼의 위치나 레이블을 설계하는 것이 좋다. 특히 버튼 레이블은 사용자가 화면 내에서 가장 주목하는 것이기 때문에 매우 중요하다.

버튼 레이블은 가급적 서술형으로 쓰는 것이 좋다

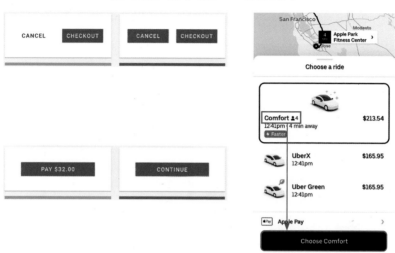

출처: Sophie, Uber

대부분의 버튼은 긍정과 부정으로 사용자에게 선택을 제시하지만, 간혹 긍/부정 버튼 조합이 아닌 여러 가지 옵션을 제시하는 경우도 있다. 사용자에게 두 가지 이상의 선택지를 제시할 때 주로 사용되며, 어느 하나에 강조를 두기도 하지만, 그러한 서비스 주도권이 사용자의 편향된 선택을 강요할 염려가 있을 경우에는 동일한 형태로 설계하는 것이 좋다.

사용자에게 구체적인 선택을 제시하는 버튼 예시

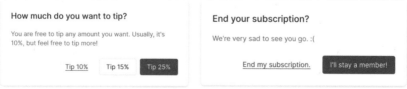

출처: Karim Maassen

다이얼로그

모달(Modal, 팝업창)

흔히 팝업창이라고 부르는 모달은 확인, 에러, 경고, 안내, 배너 등을 의도적으로 주목시키고자 할 때 사용한다. 모달은 공간적으로 원래 화면 위에 떠 있는 형태로 쇼핑몰 출입구에 붙어 있는 안내 문구와 유사하게 사용자가 볼 수밖에 없도록 만든다. 사용자는 모달에 적어도 하나의 액션을 해야만 원래 화면으로 돌아갈 수 있다.

모바일에서의 기본적인 모달 예시

출처: WhatsApp, Thrive market

모달은 단순한 행동(예: 동의/비동의, 확인/취소, 확인)을 요청하는 게 일반적이지만, 어떤 서비스는 복잡한 행동을 요구할 때도 있다. 다음에 예시로 든 Pocket(왼쪽)은 선호하는 주제를 골라달라는 요청을 모달로 보내고 있는데, 서비스에 처음 진입했을 때나 사용자가 특정 액션을 취하고자 할 때(오른쪽 유튜브의 신고(Report comment)) 허용될 수 있다.

다소 복잡한 행동을 요구하는 모달 예시

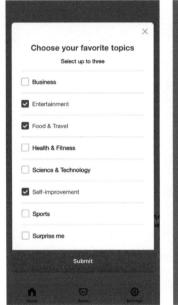

출처: Pocket, 유튜브

앞서 버튼에서도 얘기한 바와 같이 모달에 들어간 버튼의 레이블은 일반적인 것(확인, 취소)보다는 구체적인 행동을 나타내는 것이 더 좋다. 일반적인 레이블은 서비스 이용 중에 부지불식 간에 잘못 누를 수도 있고, 안내문을 주의 깊게 봐야만 정확한 행동을 고를 수 있지만, 구체적인 행동을 포함한 서술적인 버튼 레이블은 그 자체만으로도 어느 정도 행동을 결정할 수 있기 때문이다.

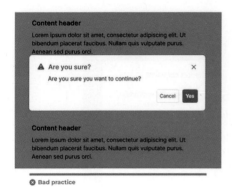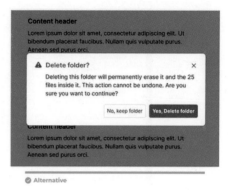

출처: Andrew Coyle

화면 내 콘텐츠와 긴밀하게 결합된 정보성 경고(Information alerts)나 알림(Notifications)은 굳이 모달로 표시할 필요가 없으며, 맥락도 끊기기 때문에 화면 내에서 보여주는 것이 더 좋다.

정보성 경고(Information alerts)나 알림(Notifications)은 화면 내에서 보여주는 게 좋다

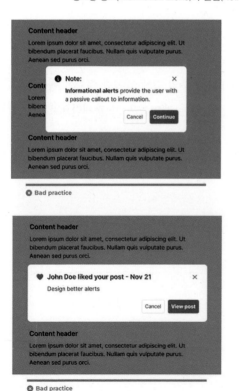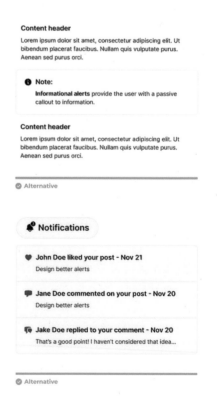

출처: Andrew Coyle

시트(바텀 시트, Bottom Sheet)

시트(iOS) 또는 바텀 시트(Android)는 화면 하단에 떠서 화면 내 행동을 뒷받침할 때 사용된다. 시트는 한 손으로 조작 가능하며, 모달과 달리 본 화면을 완전히 가리지 않고 상호 보조적으로 기능한다.

시트는 한 손으로 쉽게 조작이 가능하다

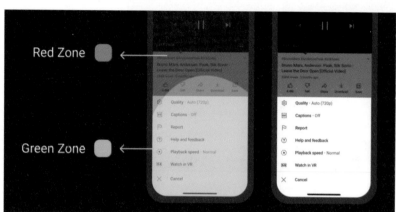

출처: UI Blogger

본 화면이 회원가입 양식이었다면 시트는 휴대폰 인증을 하고, 본 화면이 동영상 플레이였다면 시트는 자막이나 속도 조절 역할을 하는 식이다. 이렇게 본 화면과의 상호 보조에 따라서 우리는 시트의 크기를 유연하게 조정할 수 있다. 시트 안에 들어가는 콘텐츠나 본 화면과의 역할 분배에 따라서 창의 크기를 자유롭게 조정할 수 있는 것이다.

시트는 크기를 유연하게 할 수 있다

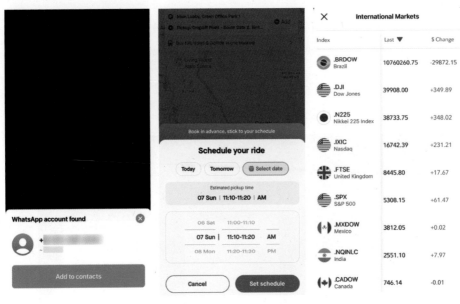

출처: WhatsApp, Gojek, Fidelity

위 예시는 여러 가지 크기의 시트를 보여준다. 시트를 동일한 크기가 아닌 2~3개의 크기로 만든 다음 사용자 조작에 따라서 최소, 중간, 최대(Full screen overlay) 크기로 변화시킨다. 사용자들은 최소 크기의 시트에서 꼭 필요한 정보를 확인하고, 중간 크기의 시트에서는 본 화면과 비교하면서 정보를 확인할 수 있으며, 최대 크기의 시트에서는 전체 화면에 걸쳐서 정보를 확인한 다음 닫기(x)를 눌러서 본 화면으로 다시 돌아갈 수 있다.

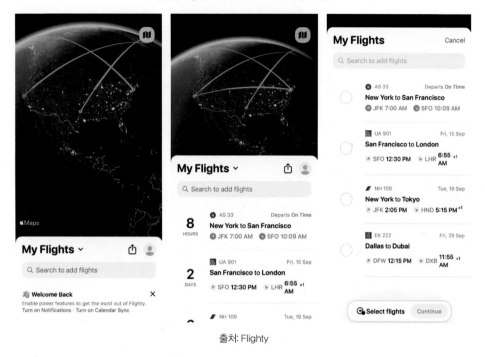

출처: Flighty

모달은 인터랙션이 제한적인 반면, 시트는 본 화면과 거의 다를 바 없이 다양한 인터랙션이 가능하다. 스와이프를 통해 정보 카드를 수평적으로 조회할 수도 있고(Carousel), 시트 위에 다시 시트를 띄우거나 로딩, 완료 메시지 등을 띄울 수도 있다.

시트는 그 안에서 풍부한 인터랙션을 구현할 수 있다

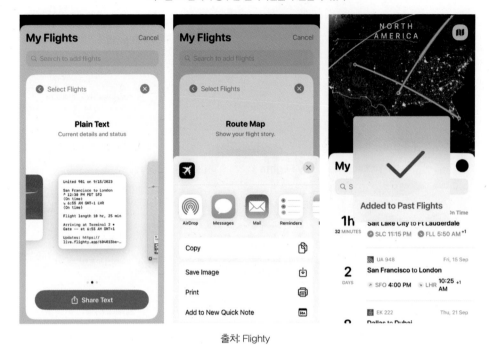

출처: Flighty

스낵바/토스트

스낵바(Snackbar) 또는 토스트(Toast)라고 불리는 피드백 방식은 모달과 달리 작고 간결하며, 사용자 행동과 관계없이 잠깐 나타났다가 사라지는 다이얼로그다. 토스트는 안드로이드에서만 사용하는 용어로 스낵바와 거의 차이가 없다고 봐도 된다.

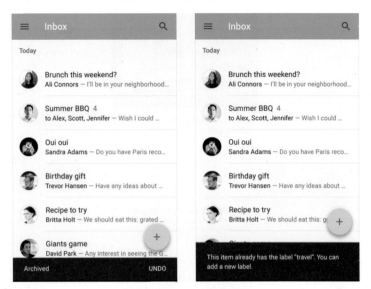

출처: 구글 머티리얼 디자인

스낵바의 장점은 화면 내 사용자 행동에 대한 피드백을 작고 간결하게 전달한다는 데 있다. 또한 사용자의 이차적인 행동을 요구하지 않고, 잠깐 시간이 흐른 뒤 스스로 사라지기 때문에 사용자 입장에서 볼 때 그다지 귀찮지 않게 느껴진다. 행동하기 전에 사용자에게 재확인을 받는 모달과는 성격이 다르다.

스낵바는 일단 사용자가 요청한 행동을 수행하고 그것을 취소할 것인지 물어본다

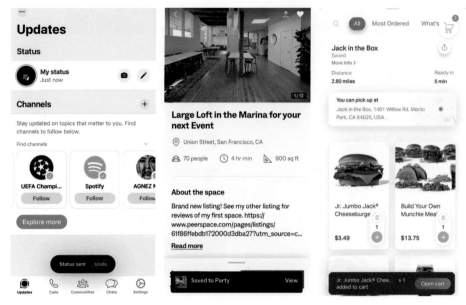

출처: Whatsapp, Peerspace, Natural AI

스낵바는 사용자 행동에 대한 피드백을 보내기 위해 생겨났지만, 최근에는 서비스의 상태를 알리는 데도 활용된다. 일반적인 알림 메시지와 유사해 보일 수 있으나, 알림은 사용자가 권한을 허용해야만 오는 데 비해 스낵바는 사용자 권한 없이도 덜 민감한 내용을 가볍게 다룬다.

서비스 상태 알림에 사용되는 스낵바 예시

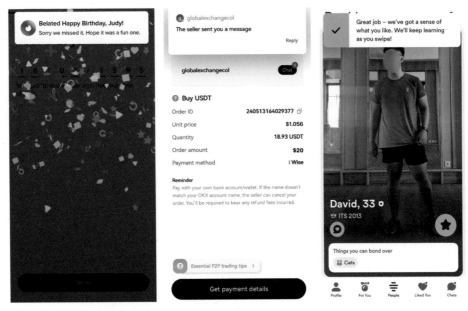

출처: Tinder, OKX, Bumble

스티키 노트(Sticky note, 툴팁)

흔히 '툴팁'이라고도 부르는 스티키 노트는 스낵바와 모달의 중간에 해당하는 다이얼로그다. 다시 말해 요구되는 주의력이 중간이며, 반드시 봐야 하는 내용은 아니지만 무시해도 상관없는 안내나 알림을 주로 다룬다.

안내나 알림을 다루는 스티키 노트 예시

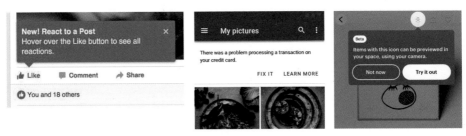

출처: 페이스북, 구글

스티키 노트는 화면 전체에 대한 안내/알림보다는 화면 내 UI 요소들, 예를 들어 버튼이나 입력 창과 같은 것에 대한 안내를 할 때 주로 사용된다. 꼭 필요한 시점에 나타나는 알림은 사용자에게 수용될 가능성이 높다. 처음부터 노출되어 있는 알림보다 특정 행동을 했을 때 나타나는 알림이 더 주의력이 높다.

기본적으로는 안내가 나타나지 않다가 i 버튼에 마우스를 갖다 대면 스티키 노트가 나타나는 예시

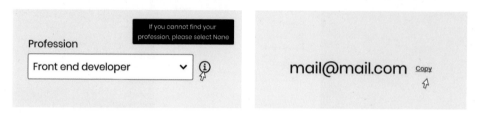

출처: Edward Chechique

긴 텍스트, 더군다나 안 읽어도 그만인 안내성 텍스트는 사용자들이 무시할 수 있으므로 가급적 그림과 같은 시각적 정보를 스티키 노트 안에 포함하는 것이 좋다.

텍스트만 있는 스티키 노트와 이미지를 포함한 스티키 노트의 비교

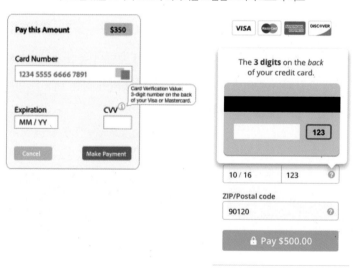

출처: The Branding Store

일반적인 상황보다 더 주의력을 높여야 한다면 색상 등을 차별화하여 한눈에 주목할 수
있도록 강조하는 것이 좋다.

짧은 시간만 표시되지만 주목도가 높은 스티키 노트 예시

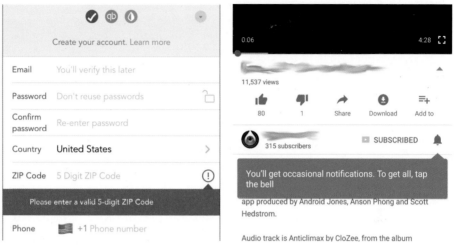

출처: Intuit, 유튜브

간혹 모달과 비슷한 역할을 하는 스티키 노트를 사용해야 할 때도 있다. 특정한 UI 요소
에 대해서 안내와 더불어 사용자의 선택을 요청하는 경우가 그렇다. 사용자는 (모달에서
처럼) 자신의 선택을 긍정 또는 부정으로 표현할 수도 있고, 필수가 아니라면 '앞으로 이
런 유형의 안내는 보여주지 말 것'과 같이 설정할 수도 있다.

사용자가 자신의 반응을 표현할 수 있는 버튼이 배치된 스티키 노트 예시

출처: Etsy, Github

좋은
UX/UI의 조건

좋은 UX를 위해서

좋은 UI를 설계하기 위해서는 그것이 담기는 디지털 환경을 명확하게 이해해야 한다. UI는 결국 디지털 환경에서 제공되기 때문이다. 무한한 자유와 상상을 꿈꾼다고 해도 사용자들의 경험은 정해진 방식에 맞춰질 수밖에 없다. 현재까지 살아남은 UX/UI 방식들은 디지털의 기술적 한계 속에서 사람들이 그것에 만족해 왔기 때문이다.

지금까지 살아남은 UX/UI 방식은 사용자 경험에 잘 밀착되어 있다. 그러한 서비스의 제공자들은 사용자 동기를 더 잘 이해하고 북돋웠으며, 사용자들의 행동이 최대한 효율적이고 매끄럽게 이어지도록 만들었고, 서비스를 경험하는 과정에서 나타나는 이용 맥락을 효과적으로 잘 반영했다.

사용자 경험의 구조

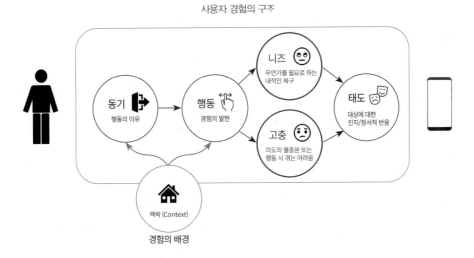

UX 디자인은 2010년대에 접어들면서 급속도로 퍼져 나가기 시작했다. 좋은 UX를 제공하는 것이 서비스의 성공을 가져온다는 것을 모두가 알게 됐기 때문이다. 많은 기업이 서비스의 시각으로 바라보던 문제를 사용자의 시각으로 바라보기 시작했다.

사용자 중심으로의 관점 변화

서비스			사용자	Check Point
여기를 봐주세요	자극	지각	어? 이게 뭐지?	시선 주목
이 상품은 말이죠	설명	이해	아. 그거네	스캐닝, 이해가능성
이 점에 주목하세요	차별화	흥미	뭐가 다르지?	특징, 신뢰, 실생활 연관성
꼭 지금 하셔야 합니다	설득	결정	어떤 이득이 있을까?	혜택, 가격, 할인, 구매 정당성
옵션을 선택해주세요	옵션	비교	어떤 옵션을 선택해야 할까?	지표, 항목, 결제수단
전화번호, 배송, 가입 안내	안내	행동	어떻게 사야하지?	실행, 주문 방법

구태의연하고 뻔한 UX/UI는 사용자로부터 외면 받기 시작하고 그 기업/브랜드의 평판을 깎아내렸으며, 반대로 밝고 긍정적인 경험을 선사하는 기업/브랜드는 전체적인 평판까지 올라가는 현상이 나타났다.

자극 없는 디자인은 평범한 경험이 아닌, 부정적 경험을 자아낸다

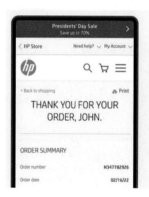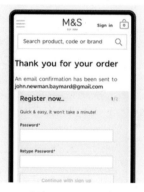

출처: HP, M&S, Kohl's

이미지나 언어를 활용하여 밝고 긍정적인 경험을 선사하는 사례들

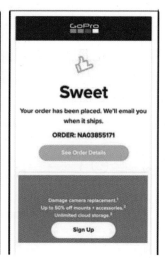

출처: Disney, Domino pizza, GoPro

이렇게 UX 디자인이 자리를 잡아가면서 어떤 이들은 '리서치 지상주의'에 빠지기도 했다. 이는 좋은 UX는 결국 해당 서비스 사용자로부터 얻지 않으면 안 된다는 주장이다. 그러나 사용자 경험에 대한 깊은 이해가 전제되지 않은 리서치는 맹목적인 절차에 불과하다.

중요한 것은 좋은 UX이지, 좋은 리서치가 아니다. 물론 '좋은' 리서치가 좋은 UX를 위한 충분조건이 될 수는 있으나, 그 외에도 다음 사항을 반드시 확인해야 한다.

- 어떤 것들이 UX/UI에 영향을 줄까?

- 어떻게 하면 이용 동기를 높일 수 있을까?

- 어떻게 하면 사용자들의 행동을 잘 뒷받침할 수 있을까?

UX 영향 요소

디지털 서비스에서 사람들의 경험에 영향을 미치는 요소에는 어떤 것들이 있을까? 서비스가 사용자 경험에 영향을 주기 위해서는 니즈와 고충은 물론, 동기, 행동, 맥락, 가치를 두루 고려해야 한다.

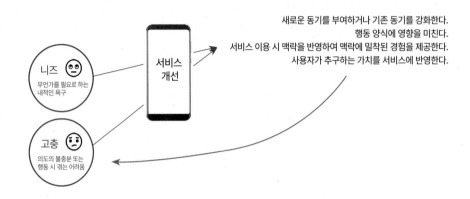

고충이나 니즈는 서비스 경험 과정에서 발생하는 결과이며, 이는 다시 서비스 개선의 근거(Input)로 작용한다. 서비스 개선 결과는 사용자 동기, 행동, 맥락, 가치에 다시 영향을 미친다. 서비스 운영/개선 과정에서 이러한 순환 과정이 건강하게 자리잡으면 수준 높은 UX가 자연스럽게 자리 잡게 된다.

여러분도 특정 앱을 사용한 경험을 떠올려 보기 바란다. UX가 좋은 점은 자신의 경험을 떠올리면 남들의 경험도 대체로 유추해볼 수 있다는 점이다. 경험은 사람마다 달라지기도 하지만, 보편적으로 작용하는 게 더 크기 때문이다. 여러분도 본인의 경험을 떠올리면서 책을 읽어 나가기 바란다.

기기/채널의 영향

동일한 서비스라도 어떤 기기/채널에서 접근했는지에 따라 경험이 달라진다. 기기/채널에 따라 UX가 달라지기 때문에 UI도 크게 달라진다. 단지 스크린 크기의 변화와는 차원이 다른 문제다. 가장 대표적으로 PC와 모바일을 생각해볼 수 있다. PC에서는 두 개 이상의 옵션을 화면 이동 없이 쉽게 비교하는 것이 가능하지만, 모바일에서는 스크린 폭의 제한으로 화면 이동이 불가피하거나 부자연스러운 경험을 하게 된다.

옵션 선택 시 PC와 모바일의 경험 차이

출처: 애플, 티맵

PC는 폭이 넓기 때문에 왼쪽과 중앙/오른쪽 영역을 분할하여 동일 조건의 여러 결과를 쉽게 비교할 수 있는 데 반해, 모바일은 위쪽과 아래쪽으로 구분되기 때문에 한눈에 비교하기 위해서는 정보를 제한하거나 숨겨야 한다. 이에 따라 PC에서의 UI는 수평적인 영역 구분과 역할 분배, 각 영역별 적합한 정보 배치가 UI 설계의 핵심인 데 비해, 모바일에서는 한 화면(눈에 보이는 영역, fold) 내에 보이는 정보를 어떻게 제한할지, 밑으로 내려갈(스크롤) 때의 UI변화, 정보 숨기기, 숨긴 정보 호출을 위한 인터랙션 정의 등이 중요하다.

PC와 모바일의 내비게이션 비교. 모바일은 다양한 변화가 존재한다

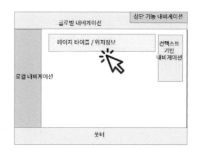
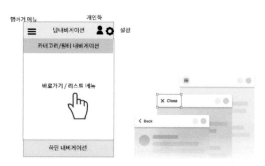

모바일에서의 UX/UI 설계는 PC보다 훨씬 더 복잡하고 난이도가 높다. PC는 고정된 스크린 내에서 영역을 잘 분배하는 것이 UI 작업의 대부분이지만, 모바일은 동일한 스크린 영역에서의 여러 가지 변화(스크롤, 숨기기, 나타내기, 겹치기)를 염두에 두지 않으면 안 된다. 스크린 크기는 더 작지만 UI 설계는 더 복잡할 수밖에 없다. 복잡할 수밖에 없지만, 사용자가 자연스럽게 이용할 수 있어야 한다. 스마트폰의 등장 이후 UX가 더 빠른 속도로 발전한 데에는 이러한 이유가 있다.

서비스 복잡도의 영향

복잡한 서비스와 단순한 서비스는 사람들이 기대하는 경험의 성격이 많이 다르다. 단순한 서비스는 원하는 정보를 빠르게 찾고 확인하는 데 초점을 맞추기 때문에 UX/UI도 빠르게 정보를 전달하는 데 초점을 맞춘다. 반면 복잡한 서비스는 원하는 정보를 찾고, 새로운 정보에 관심을 기울이며, 정보 저장/공유/교류, 가입/인증/권한, 외부 채널과의 연계 등에 대해서도 관심을 기울이는 등 경험이 복잡다단하게 구성된다.

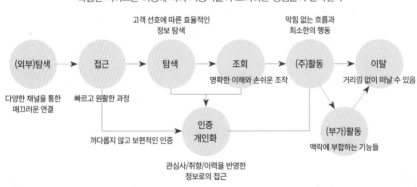

복잡한 서비스는 여정에 따라 사용자들이 고려하는 경험들이 달라진다

이에 따라 UX/UI도 쉽게 이용 가능한 탐색 체계, 빠르게 학습할 수 있는 일관성, 유연한 구성, 정보 간 유기적인 연계 등을 두루 고려해야 한다. 복잡한 서비스, 예를 들어 금융이나 종합 쇼핑몰은 단순한 서비스보다 고려해야 할 정책적, 기술적, 기능적, 운영적 항목이 매우 많다. 이를 위해 UX 거버넌스(Governance)를 세우거나 통일된 디자인 시스템(Design System)을 갖는 것이 중요하다.

복잡한 서비스 예시, 종합 쇼핑몰

출처: 롯데온

이용 빈도의 영향

어떤 서비스는 제공하는 콘텐츠의 성격상 이용 빈도가 상대적으로 높고, 어떤 서비스는 이용 빈도가 낮다. 물론 사람에 따라서도 서비스별 이용 빈도가 다를 수 있다. 통신이나 카드 서비스를 매일같이 사용하는 사람도 있고, 한 달에 한두 번 쓸까 말까 한 사람이 있는 것처럼 말이다. 금융을 예로 들어본다면 은행이나 증권 앱은 사람들이 수시로 이용하는 데 비해, 보험 앱은 그 성격상 이용 빈도가 낮다. 매일 입출금 거래를 하거나 계좌, 종목 시세, 투자 현황을 확인하는 사람은 많이 있어도 매일 납입하는 보험금을 확인하거나 청구하는 사람은 거의 없기 때문이다.

이용 빈도가 높으면 높을수록 숙련도가 증대되는 것은 당연한 사실이다. 이용 빈도는 서비스 애착이나 참여(Engagement)를 높이는 효과도 있다. 그러나 단점도 있는데, 경험이 고착화되기 때문에 자신이 평소 보던 메뉴와 화면만 다시 찾는 경향이 높다. 장시간 서비스를 자주 이용하면서 학습 및 적응 속도가 빨라지지만 특별히 이득이 없는 한 보던 것 외에는 관심을 두지 않게 된다.

이용 빈도에 따라서 달라지는 사용자 경험들

이용 빈도가 높은 서비스의 UX/UI는 고려할 요소가 많고, 정보 배치 시 우선순위를 상시적으로 염두에 둬야 해서 훨씬 더 까다롭다. 이용 빈도가 높을수록 맞춤화 및 개인화도 중요하다.

이용 빈도가 높은 정보는 쉽게 접근 가능해야 한다

출처: 애플, 키움증권, KB국민은행

수행 능력의 영향

서비스에 따라 수행 능력이 낮은 사용자를 감안해야 하는 경우도 있다. 수행 능력이 높은 사람도 있고 낮은 사람도 있겠지만, 이런 경우에는 수행 능력이 낮은 사람 쪽에 기준을 맞추는 것이 바람직하다. 이럴 때는 UX/UI도 보편적인 사용성, 다시 말해 더 쉽고 직관적으로 이해 가능하도록 만든다. 더 나아가 수행 능력이 낮은 사람이 쉽게 학습하고 적응할 수 있도록 UI의 통일성을 높이고, 한 화면(fold)에 표시되는 정보 밀도를 낮추며, 정보 표현 형태도 단순한 형태를 사용한다. 복잡한 인터랙션이나 숨겨진 인터페이스를 삼가며, 언어나 시각적 표현도 친근하고 쉬워야 한다. 한마디로 단순해야 한다. 함축적인 해석이 필요하거나 사용자의 성향이나 맥락에 따라서 정보가 반응적으로 나타나는 UX/UI는 지양하기 때문에 재미 요소가 줄어드는 것은 어쩔 수 없다.

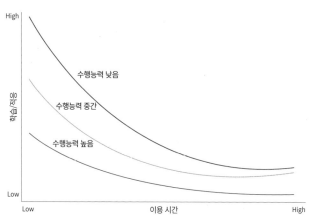

수행 능력이 낮은 사용자는 학습/적응에도 오랜 시간이 걸린다

반면, 디지털에 익숙한 젊은 세대를 대상으로 하는 서비스는 그 반대의 콘셉트를 취할 수 있다. 수행 능력이 부족한 사람에게는 다소 어렵더라도 여러 가지 변화와 각자의 취향에 따라 다이내믹하게 반응하는 UX/UI를 추구할 수 있다.

시니어를 대상으로 한 리서치 모습과 모바일 서비스 예시

출처: Smashing Magazine, Tateda

관여도의 영향

관여도란 어떤 제품/서비스에 사람들이 시간과 노력을 기울이는 정도를 말한다. 사용자는 어떤 서비스에는 시간과 노력을 많이 기울이지만, 어떤 서비스에는 그렇지 않다. 관여도가 높은 서비스는 디테일(detail, 세부적이고 꼼꼼한 것)에서 승부가 날 때가 많다. 똑같은 정보도 좀 더 사용자 친화적으로 표현하거나 인터랙션 관점에서 사용자를 배려한 요소를 안배할 경우 서비스 만족도가 훨씬 더 높아질 수 있다. 이와 반대로 관여도가 낮은 서비스는 정보를 정확하고 빠르게 전달하는 것 더 중요하다.

사람들은 세부적인 것에 관심을 기울이지 않을뿐더러 서비스에 대한 요구 자체가 높지 않다. 관여도를 높이고 싶다면 낮은 관여도를 끌어올리기 위한 UX/UI와 관여도가 높아진 사용자를 위한 UX/UI를 같이 구비해야 한다. 다만 서비스 성격상 다른 대안이 많이 존재하고, 사용자가 굳이 자신의 시간과 노력을 기울일 여지가 적은 서비스는 현실을 직시하고 초점을 다른 데에 맞출 필요가 있다.

관여도 = 관심도 + 중요성 지각 정도 + 관련성 지각 정도

출처: Retail Gazette

관여도는 이용 빈도와 높은 상관관계에 있다. 서비스 성격상 이용 빈도가 높을 필요가 없는 서비스라면 관여도 또한 높지 않을 확률이 높다. 그러나 이용 빈도가 높은 군에 속하는 서비스의 사용자 관여도가 낮다면(이것은 UX 리서치를 통해 확인 가능하다) 해당 서비스의 동기 부여 장치가 부족한 탓이다.

이마트몰의 함께 장보기와 배송시간 선택, 네이버쇼핑의 배송시간 안내

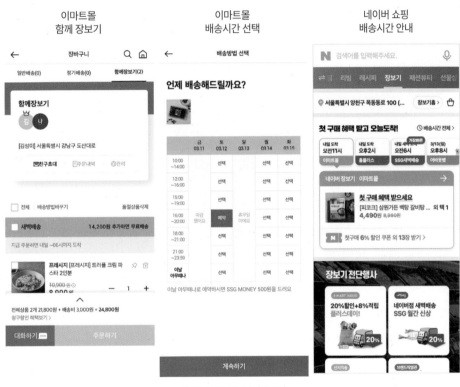

출처: 이마트몰, 네이버쇼핑

맥락의 영향

맥락은 내적인 동기를 형성할 뿐만 아니라, 날씨나 장소, 시간과 같은 외적 요인으로써 행동에도 큰 영향을 미친다. 맥락을 모른 채 누군가의 경험을 이해하는 것은 불가능하다. UI 설계는 '재료 준비, 콘텐츠 가공, 구성, 배치, 형태'만 알면 설계할 수 있지만, UX/UI 설계는 매우 복잡한 고차원 방정식이라고 말한 것도 맥락의 영향이 크다.

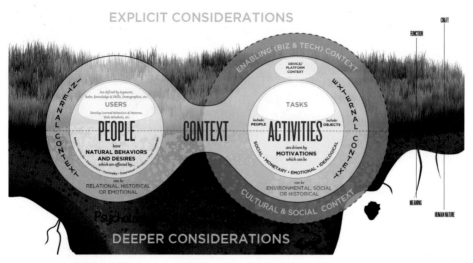

출처: Stephen P. Anderson

디지털 서비스에서의 맥락은 곳곳에 숨어 있다. 현재 보던 페이지가 맥락이 될 때도 있고, 상품을 비교하거나 결제카드를 변경하는 과정이 맥락으로 작용할 때도 있다. 맥락은 일시적으로 해당 경험을 좌지우지하는 환경적 요인이 된다.

어느 UI 요소, 예를 들어 날짜를 선택하는 피커가 있다고 가정하자. 해당 화면에 어떤 피커를 그려 넣는 게 가장 좋을까? 그것을 확신하기 위해서는 사용자가 해당 시점에서 날짜를 선택하는 맥락과 날짜 선택의 범위, 날짜/요일/시간 간의 관계 등을 반드시 알아야 한다. 단순하게 캘린더나 년/월/일 선택 폼(Drop-down selector)을 적용하면 되지 않을까, 라고 얘기할 수 없는 것이다.

A와 B, 둘 중 어떤 형태의 피커가 더 적합할까? (정답: 맥락에 따라 다르다)

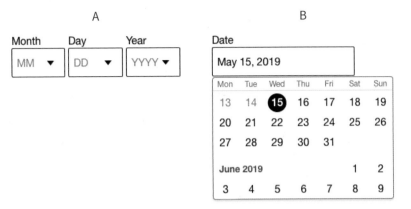

출처: Erik D. Kennedy

결론

기기/채널에 따라 UX가 달라지기 때문에 각 기기/채널마다 '별도의' 접근 방식을 취해야 하며, 이것은 다시 디지털 서비스 UX 전략에 대한 일환이 돼야 한다. 아직 반응형 웹을 통해 운영 효율성만 추구하는 기업이 많은데, 반응형 웹은 운영 효율성은 꾀할 수 있을지는 몰라도 기기/채널의 특성은 불가피하게 양보해야 한다. 좋은 UX를 전달하는 게 목표인가? 아니면 운영 효율성을 추구하는 게 목표인가?

서비스 복잡도, 이용 빈도, 사용자 수행 능력을 종합적으로 고려해 봤을 때 여러분의 서비스는 어디에 해당하는가? 먼저 서비스의 태생적인 성격을 확인해볼 필요가 있다. 제공해야 하는 콘텐츠가 많아서 복잡하다, '서비스 성격상 이용 빈도가 높은 편이다. 일반 대중을 상대하기 때문에 수행 능력 기준을 낮게 잡아야 한다'와 같이 태생적인 성격을 확인한 다음 현실을 점검해보라. 복잡한 서비스임에도 무리하게 단순한 서비스를 쫓고 있는 것은 아닌지, 이용 빈도가 낮을 수밖에 없는데 높은 서비스처럼 대응하고 있는 것은 아닌지(혹은 그 반대인지), 일반 대중을 상대하는 데 UX가 다소 어렵지는 않은지.

이용 빈도나 관여도는 통계와 경쟁 분석을 통해 쉽게 확인이 가능하다. 고객당 방문 빈도나 방문 후 체류시간, 상품 가입/신청 등의 전환율(Conversion rate) 등은 그 자체만으로는 판단을 내리기 어렵다. 경쟁사와 비교를 해야만 정확한 확인이 가능하다.

맥락은 현재 제공하고 있는 UX/UI를 세부적으로 들춰보거나 UX/UI 표준 문서인 디자인시스템(혹은 UX/UI 가이드라인)을 통해 점검할 수 있다. 맥락에 부합하는지 또는 부합하지 않는지를 1차적으로 판단하는 것은 UX 전문가가 할 수 있지만, 그 과정에서 쉽게 판단을 내리기 어렵다면 UX 리서치가 필요하다. 현재의 UX/UI가 얼마나 맥락을 잘 고려하는지를 정성적으로 알고 싶을 때는 사용성 테스트(UT, Usability Test)보다는 심층 인터뷰(IDI, In-Depth Interview)나 관찰조사(Observation)가 좋다.

동기 부여

똑같은 유형의 서비스인데 왜 어떤 서비스는 경쟁사들에 비해 이용 빈도가 더 높을까? 왜 어떤 서비스는 경쟁사들에 비해 사용자들의 관여도가 높을까? 의외로 많은 UX 담당자들이 만족도, 고충(Pain Points), 행동(Log data analysis)에는 신경 쓰면서 사용자의 이용 동기를 끌어올리는 방안에 대해서는 무지하거나 아예 신경조차 쓰지 않는 경우가 많다.

일시적으로 사용자의 주의력을 끄는 경험 요소는 이후에도 막연한 기대감을 품게 만든다

출처: Discord, Asana, OpenPhone

동기는 서비스를 찾는 이유를 말한다. 배가 고파서 배달 앱에 들어간다든가, 투자 정보를 알아보기 위해서 금융 앱을 설치한다든가, 오후에 비가 올 확률을 알기 위해서 날씨 앱에 접근하는 것과 같이 동기는 모든 경험의 시작이라고 볼 수 있다.

동기와 행동 간의 관계

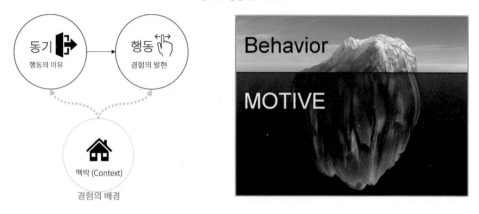

출처: Ron Hurst (오른쪽 이미지)

동기 부여의 중요성

동기는 행동으로 나타난다. 동기가 부여되면 사람들은 서비스를 방문하고, 서비스에서 더 많은 시간을 보내고, 상품을 구매하거나 가입/신청/예약/참여할 수 있다. 행동이 계속 반복되면 습관이 형성되고, 한 번 형성된 습관은 다른 이유가 개입하지 않는 한 반복해서 행해진다. 물론 이것은 상품/콘텐츠의 가치가 그만큼 매력적이어야지 가능한 일이다. 그런데 똑같은 상품/콘텐츠임에도 어느 서비스에서는 사용자들이 행동하고, 어느 서비스에서는 행동하지 않거나 처음에만 반짝 반응을 보였다면 동기 부여가 성패를 갈랐다고 볼 수 있다.

토스의 키워봐요 적금, 고양이 키우기

출처: 토스

많은 금융권이 사용자들의 이용 빈도와 관여도를 높이기 위해서 다양한 시도를 벌이고 있지만, 비슷한 콘텐츠와 홍보에만 초점을 맞춘 마케팅, 특색 없는 UX/UI 등으로 대부분은 사람들의 관심을 끌지 못하고 있다. 이에 비해 토스는 10원, 50원 단위의 작은 보상을 통해서 사람들의 꾸준한 방문을 유도하고, 한 번 방문한 이후에도 쉽고 재미있게 참여할 수 있는 다양한 콘텐츠를 구비하여 이용 빈도와 관여도를 지속적으로 높이고 있다. 오픈뱅킹으로 군이 시중은행의 앱을 방문하지 않아도 토스나 카카오뱅크에서 계좌 확인이나 거래를 할 수 있게 되었으며, 마이데이터에 의해 전 금융권의 정보를 불러올 수 있게 되면서 토스의 이러한 '동기 부여' 사례는 더 큰 주목을 끌고 있다.

동기 부여 측면에서는 단연코 듀오링고가 슈퍼스타다. UX 공부를 위해 써보길 권한다

출처: 듀오링고

기본 원리, 위협과 보상

인류는 아주 오랜 원시 수렵 시대를 거치면서 위협과 보상이라는 2가지가 심리적인 기제(driver)가 강하게 자리 잡았다. 짐승이나 갑작스러운 날씨 변화 등의 외부 위협에 반응하고, 자신이 잘한 행동에 보상을 주어 다음에도 똑같은 행동을 하게끔 진화되어 온 것이다. 따라서 사람들의 이용 동기를 높이기 위해서는 위협과 보상이라는 기본 원리에서 출발해야 한다.

호텔 요금제 표시와 나이키 런클럽의 배지

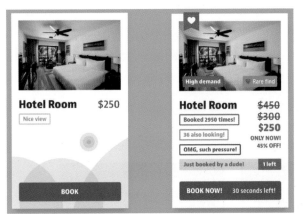

출처: David Teodorescu by UX Collective, 나이키

그림의 왼쪽 예시에서 최종 가격만 '깔끔하게' 표시한 UI와 여러 번의 가격 변화와 태그를 덕지덕지 붙인 UI 중에서 어느 쪽이 UX적으로 더 나아 보이는가? 동기 부여 측면에서는 두 번째 (복잡하고 지저분해 보이는) 예시가 무조건 낫다. 첫 번째 예시는 깔끔하고 담백하지만 동기 부여가 상대적으로 부족한 데 비해, 다소 지저분해 보이기까지 하는 두 번째 예시는 위협(지금 이 가격을 놓치면 나중에 후회할 거야. 객실도 하나밖에 안 남았잖아)과 보상(인기있는 객실, 좀처럼 구하기 힘든 것을 지금 네가 구할 수 있어)이 잘 섞여 있기 때문이다. 오른쪽의 나이키 런클럽 배지는 좀 더 쉽게 보상의 중요성을 설명해 준다. 배지를 모은다고 금전적 이득이 생기지는 않지만, 남들에게 자랑할 수 있고(인정 욕구), 스스로도 성취감을 느낄 수 있다(성취 욕구).

동기 부여는 일시적인 자극을 통해서 행동을 이끌어내거나 장기적인 설득을 통해서 행동 양식을 변화시킨다

동기를 부여하거나 강화하는 것은 기본적으로 사람들의 관여도를 높이는 것이다. 사람들의 관여도를 높이기 위해서는 행동이 이어질 정도의 강한 자극을 주거나 이전과는 다른 행동 양식을 선택하도록 설득해야 한다. 자극은 시상하부를 통해 도파민이나 세로토닌과 같은 호르몬이 분비되어 우리 뇌의 변연계와 전전두피질에서 대상에 주의력을 할당하는 것을 말한다. '오, 이것 봐라, 이게 뭐지? 흥미로운데?'라고 하는 결과로 이어진다. 설득은 자극보다 더 고차원 방정식에 해당한다. 기존 행동 양식의 변화에 따른 손실, 새로운 행동 양식이 주는 이득, 변화를 방해하는 요소, 변화를 촉진해줄 수 있는 요소 등을 복합적으로 고려하기 때문이다.

동기는 일시적 자극을 통해서 서비스에서 원하는 행동을 이끌어내는 것과 지속적으로 사용자를 설득하는 영역이 있다

출처: 토스

시중은행이나 증권사의 앱을 쓰다가 토스로 갈아탔던 경험을 떠올려보라. 나 같은 경우에는 토스증권이 그 전까지 사용하던 증권 앱에 비해서 접근성이 편하고 계좌 간 자금 이동이 용이하며, 개별 종목/ETF에 대한 정보 파악이 빠르다는 점에 먼저 주목했다. 그러나 수수료(기존 증권 앱은 거래 수수료가 아예 없었다)나 익숙하지 않고 정교하지 못해 보였던 차트나 시세 창, 무엇보다도 기존 증권 앱에 만들어 놓은 관심종목이 선택을 망설이게 했다. 결과적으로 이득에 더 무게추를 두면서 손실을 각오하고 토스증권으로 갈아탔고, 관심 종목을 다시 설정하는 번거로움과 거래 시마다 수수료가 나가는 문제가 있긴 했지만 지금은 잘 사용하고 있다.

동기(설득) = 손실(위협) − 이득(보상) − 변화 방해 요소 + 변화 촉진 요소

자극은 일시적으로 사람들의 주의를 끌 수 있으나, 쾌락중추로 이어지거나 명확한 설득이 작용하지 못하다면 쉽게 소멸될 수 있다. 설득은 손실, 이득, 변화 방해 요소, 변화 촉진 요소 간의 복잡한 고차원 방정식이다. 손실은 우리를 위협한다. 사람들은 위협을 느낄 경우 그것과 싸우거나 도피한다(감당 못할 위협에는 얼어붙는 경우도 있다). 기존 증권 앱을 변경하려면 거래할 때마다 수수료를 다시 내야 하고 관심 종목도 다시 설정해야 하는 손실이 있었다. 이것은 내게 이런 위협을 속삭였다.

'그냥 기존 것을 써. 조금 불편하면 어때? 여긴 무료잖아? 이 많은 관심종목은 또 어떻게 옮길 거야? 생각만 해도 귀찮아.'

이득은 우리에게 보상을 준다. 보상은 당장 체감할 수 있는 것과 지속적으로 획득할 수 있는 것으로 나뉜다. 이득은 내게 이런 보상을 속삭였다.

'은행, ISA, 연금, 펀드 계좌와 증권 계좌 간에 자금 이체가 훨씬 간편해진다고 생각해 봐. 잠깐 봤지만 개별 종목 정보도 더 쉽게 파악할 수 있게 되어 있어. 앞으로는 매번 종목 정보만 확인하고 거래나 계좌 이체를 다른 데서 하지 않아도 돼. 게다가 AI가 내 관심 종목에 대한 최신 뉴스 리포트를 바로 알려준다니까.'

나는 변화 방해 요소(혜택, 개인화, 기타 금전적/정서적 요소)가 거의 없었고, 변화 촉진 요소(모든 계좌를 토스에서 관리 중이었음)가 많아서 보상이 위협을 누르고 기존 증권사 앱에서 토스증권으로 옮겼지만, 위협과 보상 간의 싸움은 사람마다, 상황마다 다를 것이다.

복잡하고 생각할 게 많은 UX는 사용자의 동기를 급격하게 뺏아간다

출처: 360 Clinician

희소성(Scarcity)

희소성(Scarcity)을 동기 측면에서 설명하면 '지금 또는 미래에 하게 될 후회에 대한 두려움'이라고 할 수 있다. 인간이 다른 동물과 다른 점은 미래를 미리 시뮬레이션한다는 데 있다. 희소성 있는 어떤 것을 '만약 놓친다면' 하게 될 후회는 인간들이 두려워하는 것 중에 하나다. 이것은 일종의 위협 심리를 자극하는 것이며, 디지털 서비스에서 동기 부여/강화를 위해 일반적으로 사용하는 방법이다.

홈 화면에 타임 특가, 특별 할인, 베스트 상품을 보여주는 것은 동기부여 측면에서 바람직하다

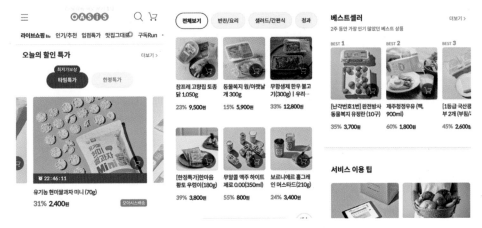

출처: 오아시스

위협 심리를 반영한 가장 좋은 예시는 홈 화면에서 접근하자마자 타임 특가, 특별 할인, 베스트 상품을 보여주는 것이다. 그렇게 하면 사람들은 다음과 같이 생각할 것이다. '지금 저 상품을 놓치면 반드시 후회할 거야. 인기 상품인데 나만 모른다?, 할인 시간이 얼마 남지 않았어. 서둘러야 해'.

홈 화면은 사용자가 서비스를 이용하기 시작한 시점에 접하게 된다. 이미 사고자 하는 상품이 명확한 사람들에게는 덜 하겠지만, 목적 의식이 아직 약한 사람들에게는 위협 심리가 서비스에 대한 관여도를 높이는 데 큰 효과를 발휘할 수 있다.

간단하지만 효과적인 자극, Scarcity

출처: Ryan Air

희소성(Scarcity)은 위협을 자극하는 데 매우 효과적인 방법이다. 희소성은 '희소 가치'라는 말이 있을 정도로 '놓칠까 하는 두려움'을 불러 일으킨다. 희소성을 이용한 동기 부여는 수량이 적을 때만 사용할 수 있는 것은 아니다. 시간이나 접근 기회, 우연성을 이용해서도 충분히 만들어 낼 수 있다.

- 시간: '타임 특가'와 같이 혜택이 제한된 시간 내에서만 주어진다는 희소성을 자극한다

- 접근 기회: 특정 권한 또는 회원 등급 이상에게만 기회가 주어진다는 희소성을 자극한다.

- 우연성 결합: 점심 주문 할인 룰렛, 사다리 타기와 같이 우연한 결과를 통해 희소성을 자극한다.

제한된 시간 내 목표를 제시하고 사용자가 그것을 달성하도록 독려하는 예시

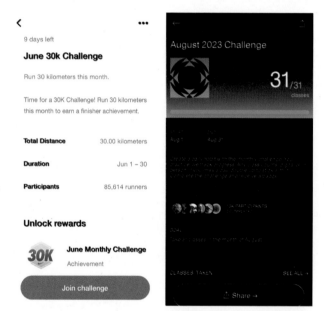

출처: 나이키, Open

예시로 든 나이키 런클럽은 월별 도전과제(Monthly challenges)를 통해서 사용자가 기간 내 목표를 달성하도록 독려하고, 목표 달성 시 받을 수 있는 리워드도 제시(보상)하며, 해당 도전과제에 참여한 다른 사용자들도 목표 달성 시 받는 리워드를 확인(경쟁 심리)할 수 있도록 했다. 앞의 그림에서 오른쪽의 Open이라는 온라인 교육 서비스는 제시한 목표(예: 8월 한 달 동안 31개 학습 수료)에 대해서 참가자들을 모집하고, 참여할 경

UX/UI 디자인 완벽 가이드: UI 편 '인터렉션, 프로토타이핑' 편

우 자신의 학습 현황과 해당 도전 과제에 참가한 다른 사용자들의 숫자, 목표를 달성한 사용자 명단을 확인(인정 욕구 자극)할 수 있도록 했다.

희소성을 이용한 동기 부여는 복잡하지 않으면서도 늘 통하기 때문에 기본적으로 알고 있을 필요가 있다. 그러나 희소성은 자극에는 효과적일지언정 설득에는 좀 부족한 면이 있다. 앞서 말했듯이 설득은 다소 복잡한 고차원 방정식이기 때문이다.

손실회피(Loss aversion)

대니얼 카너먼과 아모스 트버스키가 주창한 '행동경제학(Behavioral Economics)'은 단적으로 말해 위협과 보상이라는 기본 심리에서 출발해 사람들의 다양한 심리적 경향(bias)을 풀이한 것이다. 손실 회피(Loss aversion) 경향은 행동경제학 중에서도 가장 유명한 이론 중 하나이다.

손실 회피(Loss aversion)

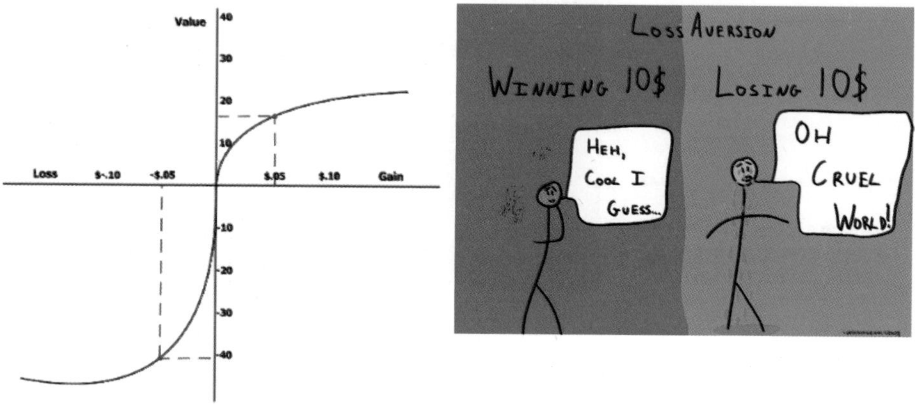

출처: Wikipedia, The Decision Lab

손실회피란 똑같은 가치를 지닌 재화라도 얻을 때에 느끼는 기쁨에 비해 그것을 잃을 때에 느끼는 슬픔이 더 크다는 뜻으로, 앞의 오른쪽 그림처럼 누군가 나에게 10달러를 준다고 했을 때의 기쁨의 정도보다 누군가 나에게서 10달러를 빼앗아 갈 때의 슬픔(손실감)의 정도가 훨씬 더 크다는 뜻이다. 이는 여러 가지 실험을 통해 증명되었음은 물론, 투자를 하고 있는 사람이라면 아마 익히 알 것이다.

손실회피는 대부분의 사람들에게 해당하는 보편적 심리적 경향으로, 이를 이용하면 UX/UI에서 설득이라는 복잡한 형태의 동기 부여를 할 수 있다. 미국의 식료품 쇼핑몰, Gopuff는 장바구니에 담긴 총액이 무료 배송 기준을 충족하지 못할 경우, 남은 금액에 해당하는 상품을 추천하여 '배송비라는 손실'을 회피하게끔 유도한다. 남은 금액에 해당하면서 사용자가 평소 관심을 가졌던 상품들을 보여줌으로써 설득의 효과를 더 높이고 있다.

배송비라는 현재의 손실을 회피하게 한 예시

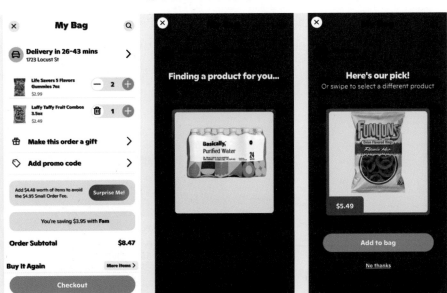

출처: Gopuff

사람들은 '사서 걱정한다'는 속담처럼 미래를 미리 시뮬레이션하는 데 익숙하다. 지금의 손실뿐만 아니라, 앞으로 예상되는 손실도 회피하려는 성향을 보인다.

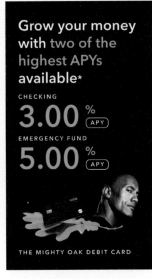
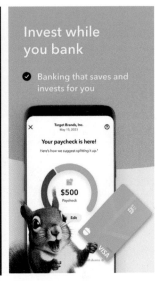

출처: acorns

위에 예시로 든 acorns(미국의 핀테크 서비스)는 처음 앱 설치 이후 온보딩 과정에서 '지금 투자하지 않으면 당신이 71세가 되었을 때 10만 달러를 놓칠 수 있습니다'라는 메시지로 사람들을 자극한다. 미래의 손실을 미리 생각하고 회피하게끔 한 것이다.

동기 부여(설득)를 강화하기 위해 역발상을 한 사례도 있다. 건강 관리 서비스인 Rise는 '잠을 얼마나 잤다'가 아닌, '잠을 얼마나 못 잤다. 그래서 어제 밤에는 이만큼의 잠에 대한 빚(Sleep Debt)을 졌다'고 얘기한다. 똑같은 수면 시간을 +가 아닌 − 개념으로 표시하여 손실회피 심리를 자극하는 것이다.

동일한 사실을 +가 아닌 −로 제시하여 손실회피 심리를 자극한 예시

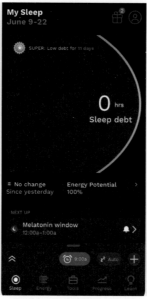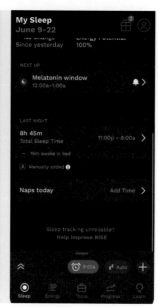

출처: Rise

'잠에 대한 빚(Sleep Dept)'이 일시적인 자극으로 그치지 않게 하기 위해 Rise는 그에 상응하는 'Energy Potential'도 함께 제공한다. 빚을 많이 질수록 Energy Potential이 떨어지는 것은 당연지사다. 이 2가지를 기준으로 수면을 보충해서 Energy Potential을 늘리거나 수면 품질을 높일 방안을 제공함으로써 설득을 위한 동기 부여 장치를 완성했다. 다소 복잡한 정보 표현과 재미 요소의 결여가 아쉽기는 하지만, 손실 효과를 이용한 접근 자체는 매우 뛰어나다.

프레임 효과(Framing Effect)

프레임 효과는 '정보를 어떤 방식으로 제시하는지에 따라서 사람들이 다르게 인식한다'는 것으로 행동경제학에서 파생되어 마케팅과 UX 디자인에서 폭넓게 활용되고 있다. 프레임 효과는 긍정적(이익) 또는 부정적(손실) 측면을 의도적으로 부각(Framing)시켜서 사용자(소비자)의 의사 결정을 촉진한다.

긍정 또는 부정적 측면 중 어느 하나를 강조하여 사람들의 행동을 유도하는 방식을 '위험 선택 프레이밍(Risky Choice Framing)'이라고 하는데, 이는 가장 많이 쓰이는 프레임 효과다. 항상 긍정적 측면을 부각시키는 게 유리한 것은 아니다. 사람들의 위험 회피 경향(Loss Aversion)을 자극하는 게 더 유리하다면 부정적 측면을 부각하기도 한다.

- 긍정적 위험 선택 프레이밍(Positive Risky Choice Framing): "멤버십을 구독하시면 음식 주문 시마다 3000원의 배달비를 할인해 드립니다"
- 부정적 위험 선택 프레이밍(Negative Risky Choice Framing): "멤버십을 구독하지 않으시면 음식 주문 시마다 3000원의 배달비를 내셔야 합니다"

긍정적 위험 선택 프레이밍(Positive Risky Choice Framing) 예시

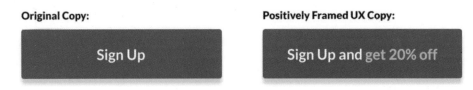

출처: Shirish Shikhrakar

속성 프레이밍(Attribute Framing)은 동일한 사실의 양면적 속성 중 하나를 부각해서 사람들이 다르게 인식하도록 만드는 방식이다. 가령 다음의 요거트 예시에서 보듯이 '지방 20% 함유'보다는 '80% 무지방'과 같이 똑같은 사실이라도 제품에 더 유리한 측면을 부각하는 것이다.

속성 프레이밍(Attribute Framing)을 이용한 요거트 예시

출처: Mohit Rajkumar

그 외에 행동 유도보다는 결과를 제시하여 사람들의 동기를 불러일으키는 목표 프레이밍(Goal Framing)도 있다. 목표를 제시하면 해당 목표가 하나의 프레임이 되어 현재의 행동에 영향을 미치는 것이다. 다음에 예시로 든 듀오링고와 눔(Noom)은 목표를 제시하고, 그 가운데 현재 현황을 제시하여 목표까지 도달하는 과정을 하나의 프레임으로 제시하고 사용자의 동기를 유발한다. 이렇게 목표 프레이밍을 이용하면 단순히 현재 현황만 제공했을 때보다 더 효과적이다.

목표 프레이밍(Goal Framing)을 이용하여 사용자에게 동기를 유발하는 예시

출처: Duolingo, Noom

디코이(Decoy, 사람들의 의사결정을 유도하는 매개체)를 넣어서 선택을 유도하는 프레임 효과도 있다. 예를 들어 30$ 상품이 주력일 때, 10$와 30$만 있을 때에는 30$가 비싸 보일 수 있으니까 50$라는 디코이를 넣어서 30$ 제품이 상대적으로 저렴하다고 느끼게 만드는 것이다.

마케팅에서 자주 사용되는 프레임 효과 에시. 디코이(비싼 가격)를 넣어서 가격 타협을 유도한다

출처: ThaiNguyen

보상 심리

보상 심리는 자신의 행동이나 노력, 기념일 등에 대해 주어지는 (스스로 생각해봐도) 받아 마땅한 이득을 말한다. 보상 심리는 내적 성취감이나 위로인 경우도 있고, 외적인 경쟁이나 사회적 비교, 인정 욕구와 관련된 경우도 있다. 보상 심리는 명확한 이유 없이 스스로가 만들어 내기도 한다(나를 위한 선물, 한 주간 수고했으니까 오늘은 플렉스). 하지만 서비스에서는 보상과 더불어 보상이 주어지는 이유가 같이 전달돼야만 효과(관여도)를 높일 수 있다.

사용자와 관련 없는(없다고 느껴지는) 보상은 낭비에 불과하다. 그럴 경우 보상 이유에 대한 설득력이 적고 관련성이 떨어져서 관여도를 형성시키지 못한다.

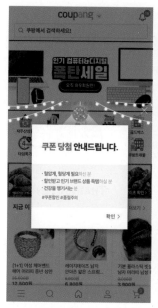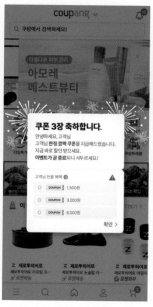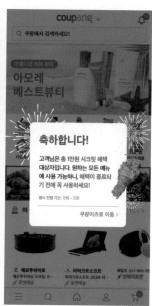

출처: 쿠팡

위의 예시는 다음과 같이 바꾸면 보상 심리를 자극하는 효과가 높아질 것이다.

지난 2주 동안 매일같이 방문한 고객님을 위한 쿠폰

모처럼 방문해 주셨네요. 기념으로 오늘 하루만 사용 가능한 쿠폰을 드립니다

한 달 구매 금액이 30만 원 이상인 고객님, 고객님을 위해 특별히 준비된…

배송지 정보를 추가로 입력해주시면 할인 혜택을 드립니다.

꼭 물리적인 보상이 아니라 사용자의 노력과 참여에 합당한 결과들을 제시하는 것도 보상이 될 수 있다. 패션 쇼핑몰인 iToo는 사용자가 자신의 체형 정보나 선호 스타일을 입력하면 거기에 맞는 비슷한 스타일을 추천해준다. 사용자들은 본인이 투여한 시간과 노력에 대한 보상을 개인화된 추천으로 돌려받는 것이다.

사용자가 정보 입력 후 그 결과로 개인화된 추천을 보상하는 예시

출처: iToo

인정 욕구

인정 욕구는 사람이라면 누구나 가지고 있는 기본적인 심리적 경향이다. 사람들은 사회적 비교 속에서 자신의 우월함을 드러내고 싶어 한다. 원시 사회에서는 자신이 얼마나 사냥을 잘하는지를, 중세 봉건 사회에서는 자신이 얼마나 신분이 높은지를, 근대에는 자신이 얼마나 많이 아는지를, 자본주의 사회에서는 자신이 얼마나 돈이 많은지를 자랑하고 싶어 한다. 문제는 이런 자랑은 '자랑 자체만 존재할 경우' 질시를 받고 부정적인 효과를 끌어내기 십상이라는 점이다.

연봉, 자산 등을 공개하고 공유하는 핀크의 리얼리, 부동산

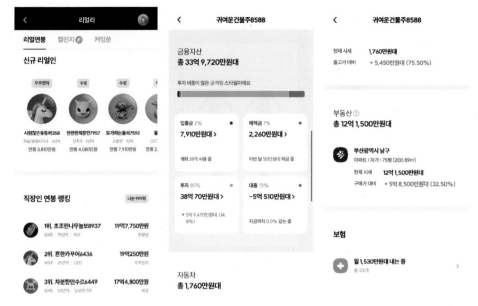

출처: 핀크

어떻게 하면 사람들의 인정 욕구를 서비스에 효과적으로 반영할 수 있을까? 앞서 살펴본 나이키 런클럽의 배지는 스스로에게는 성취감을, 타인으로부터는 인정 욕구를 자극한다. 한편으로는 상위에 랭크된 사람들을 보면서 자극받고 분발하기도 한다. 이 셋(성취감, 인정 욕구, 부러움)은 개별적인 동기 부여 요인이 되기도 하지만, 함께 연합하여 동기를 불러일으키는 선순환 구조를 만든다(객관적 사실〉부럽다〉분발한다〉성취감을 느낀다〉인정받고 싶다).

인정 욕구는 이처럼 단독으로 존재해서는 빛을 발하지 못하고(오히려 자랑질이라며 매도 당하거나 질시를 받을 수 있다), 사회적 관계 속에서 다른 요소들과 같이 작용해야만 높은 효과를 발휘할 수 있다. 운동 서비스 스트라바(Strava)는 다음과 같은 과정을 통해서 인정 욕구를 효과적으로 활용하고 있는 좋은 예시이다.

1. 가장 운동 성적이 좋은 사용자들의 순위표를 제공한다(객관적 사실).

2. 상위 랭크된 사용자들은 다른 사용자들로부터 부러움을 산다(부럽다).

3. 랭킹은 실시간 성적을 반영하므로 얼마든지 변경될 수 있다(분발한다).

UX/UI 디자인 완벽 가이드: UI 인터랙션, 프로토타이핑 편

4. 랭킹에서는 구체적인 기록 확인도 가능하며, 자신의 프로필에서 타인과 비교도 가능하다(성취감을 느낀다).

5. 타인과의 비교는 성적 외에 노력(Relative Effort)으로도 확인할 수 있다.

6. 상위에 랭크될 경우 자연스럽게 본인의 성적과 노력이 알려진다(인정받고 싶다).

성취감과 인정 욕구를 자극하는 서비스 예시

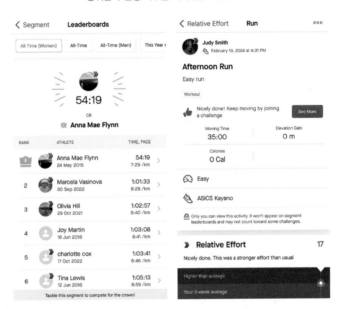

출처: Strava

레벨 업(Leveling up)

인정 욕구는 외적인 것이기 때문에 부정적인 영향을 조심해야 하지만, 성취감은 내적인 것이므로 그러한 염려를 할 필요는 없다. 성취감은 그 자체로 훌륭한 서비스 동기 형성 장치이지만 그것을 구현하는 방식과 단계가 매우 까다롭다. 성취감 구현 방식이 서비스 특성과 어울리지 않으면 동기를 불러일으키지 못한다. 가령 어떤 서비스에서는 레벨이, 어떤 서비스에서는 점수나 포인트가, 어떤 서비스에서는 캐릭터 키우기가 적합할 수 있다. 성취감 구현 방식을 선택한 다음에는 단계를 고려해야 한다. 단계가 너무 높거나 낮아도, 너무 촘촘하거나 듬성듬성해도 동기를 불러일으키지 못한다.

레벨 업 예시

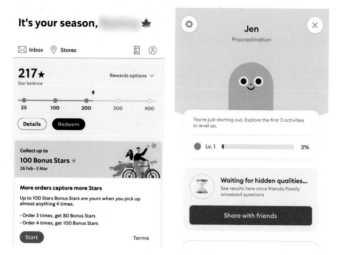

출처: 스타벅스, Ahead

스타벅스는 사용자의 활동을 별(star) 점수로 구현한 다음, 일정한 별 점수를 획득하면 보상을 받을 수 있도록 했다. 주문이나 결제와 같은 활동 외에 추가 보너스 별을 획득할 수 있는 이벤트를 제시하여 레벨 업에 대한 동기를 부여한다. 그에 비해 어헤드(Ahead)는 사용자가 정한 목표(활동)를 채우면 레벨이 올라가는 시스템이다. 100% 달성 시 다음 레벨로 승격된다. 레벨 업 자체가 서비스의 이용 목적은 아니지만 서비스 이용 동기를 강화하는 데 이용된다.

좀 더 자유로운 체계로 성취감을 구현하는 경우도 있다. 토스증권은 사용자의 투자 분야/성적에 따라 '자산가, 주식고수, 신데렐라' 등의 Level을 부여한다. 똑같은 내용의 글이라도 그 사람의 Level이 내용에 대한 신뢰성을 좌우하기도 한다. '케이뱅크'의 돈나무 키우기는 성장시킬 수 있는 애착의 대상(예: 나무)을 제공하고, 하루 단위의 활동(예: 물 주기)과 미션이 주어져 지속적 방문을 유도한다.

자유로운 체계로 성취감을 구현한 예시

출처: 토스, 케이뱅크

상호 협력과 호혜(Collaboration and Reciprocity)

디지털 서비스는 상호 협력과 호혜가 동기를 부여하기도 한다. 같이 모여서 문제를 해결하거나 정보를 공유하고, 내가 도움을 받을 때도 있지만 누군가한테 도움이 되기도 하면서 서비스가 발전한다. 같이 협력하면서 얻는 연대감과 공동체 의식은 사회적인 관계가 주는 안정감이라는 보상을 준다. 내가 서비스 내에서 외톨이처럼 존재하는 게 아니라, 누군가와 교류하고 도움을 주고받고 있다는 의식이 동기 부여가 되는 것이다.

스트라바(Strava)는 사용자 상호 간에 사회적 연결(Follow)이 가능하며, 커뮤니티(Club)를 통해 운동이라는 공동 관심사를 주제로 의견(Discussion)을 교류할 수 있는데, 누군가 운동 기록이나 코스를 올리면 사용자들 간에 자유롭게 의견을 주고받을 수 있으며 여기서 다시 사회적 연결이 이뤄지기도 한다.

상호 협력과 호혜 예시

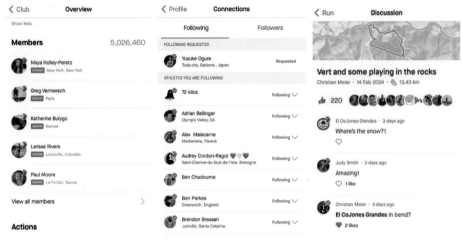

출처: Strava

행동 뒷받침

행동은 사용자와 서비스가 상호작용하는 직접적인 소통 수단이다. 사용자는 앱 실행, 홈
화면 스크롤, 검색어 입력, 목록 확인, 휴대폰 본인인증과 같은 보편적인 행동을 할 때도
있고, 비대면 실명인증(금융), 배송 주소 변경(커머스), 로밍 상품/기간 선택(통신)과 같
이 서비스 분야별로 특징적인 행동을 해야 할 때도 있다. 특징적인 행동은 구체적인 UX
를 파악해야만 제대로 된 판단이 가능하지만, 보편적인 행동 측면에서 좋은 UI는 다음과
같은 특징을 지닌다.

- 매끄러운 행동 전개가 가능하다.

- 꼭 필요한 최소한의 행동을 요구한다.

- 사용자의 고민을 미리 화면에 반영한다.

- 맥락에 잘 부합하는 적절한 UI 요소를 적용한다.

- 시각적 계층 구조가 무의식적으로 이해된다.

좋은 UI는 항상 사용자의 행동을 뒷받침해야 한다

출처: 라이트브레인 UX아카데미 24기 '캐치테이블' 조

좋은 UI는 위와 같은 5가지 특징을 통해서 사용자들이 다음 사항에 대한 별다른 고민 없이 이해하고 이용할 수 있다.

- 해당 화면의 역할 및 사용자에게 요구하는 바

- 화면 내 콘텐츠, 예상되는 이용흐름

- 화면 내 콘텐츠의 구성과 서로 간의 구분

- 화면 내 가장 중요한 정보 혹은 기능

- 숨겨진 정보, 기능, UI 레이어의 호출 방법

- 화면 내 상태 변화(transition) 방식

- 화면 내 UI 요소들의 기능, 사용자에게 요구하는 바

- 현재 위치 및 다른 위치/화면으로의 이동 수단

- 사용자에게 요구하는 행동, 사용자가 선택 가능한 옵션

위 내용을 특정 화면에 접근하면서 한 번에 인지할 필요는 없다. 처음에 보자마자 인지되는 것도 있고, 이용 중에 순차적으로 파악되는 것도 있다. 또한 위 내용은 일반적인 디지털 서비스 사용자를 기준으로 한 것으로, 수행능력이 떨어지는 디지털 취약 계층에게는 한 번도 가본 적 없는 곳의 지도처럼 완전히 다르게 인지될 수 있다. 또한 기기/채널에 따라 다른 양상을 보인다는 점도 염두에 둬야 한다. 일반적으로 스크린 크기가 큰 기기일수록 화면 간 이용흐름보다는 화면 내 이용흐름이 더 중요할 수 있고, 조회성 채널과 달리, 가입/신청에 초점을 맞춘 채널일수록 사용자에게 요구하는 행동의 비중이 훨씬 더 높다.

참고: 모바일에서의 기본적인 UI 단위

매끄러운 행동 전개

UI는 정보나 기능을 담는 그릇이다. 어떤 이들은 화면을 효율적으로 활용하는 데 초점을 맞추고 어떤 이들은 정보 간, 정보-기능 간 관계에만 초점을 맞추는 경우가 있다. UI는 레고 블록이 아니다. 그것을 사용하는 사람의 의도와 행동을 뒷받침해야 한다. 그러다 보면 공간 효율성이 떨어질 수도, 정보 간, 정보-기능 간 관계가 다소 어긋날 수도 있다. 단순히 보기 좋게 재료를 담는 게 목적이 되어서는 안 된다. 당장 UX 리서치를 통해 해당 화면에 대한 사용자 심성 모형(Mental model)을 밝히기 어려울 때에도 보편적인 화면이라면 사용자가 얼마나 매끄럽게 행동을 전개할 것인지를 고민한다.

정보, 기능, 정보–기능 그룹 간의 역할을 부여하고 이것이 어떤 식으로 전개되었을 때 사용자 행동이 가장 매끄럽게 이어질지를 고민한다. 재료를 쪼개거나 행동에 따라 반응이 나타나게 하는 것이 필요할 때도 많다. 이처럼 화면 간의 이동이나 화면 내 변화가 나타날 경우, 간단한 규칙을 부여하여 사용자가 쉽게 그것을 파악할 수 있게 하는 것이 필요하다.

- 기본적인 시선 흐름을 먼저 그어보고(말 그대로 스크린에 본인이 사용자라고 생각하고 해보라), 사용자 수행 능력을 감안하여 어떤 인터랙션과 레이어를 둘지를 고민한다.

- 순차적인 이용흐름은 하나의 방향으로 일관되게 흘러가는 것이 좋다.

- 뒤로 갈 때는 흘러간 방향의 반대 방향으로 돌아가게 한다.

- 사용자 고민이나 확인, 선택이 필요한 시점에서는 그것을 처음부터 노출하는 게 좋을지, 일단 숨겨 놨다가 특정 행동 시 반응으로 나타나게 할지를 고민한다.

- 꼭 하지 않아도 되는 보조적인 성격의 정보나 기능은 처음부터 노출하는 것보다는 반응적으로 표시되는 게 좋다.

- 사용자에게 피드백을 전달할 때에는 요구되는 주의력과 화면 내 콘텐츠와의 연관성을 고려하여 Modal(팝업창), Sticky(풍선 도움말), Toast popup(토스트 팝업), Bottom sheet(바텀 시트), 본문 내 표시 가운데 하나를 선택한다.

- 서로 다른 행동이 사용자 의도에 따라 분기되는 경우에는 방향, 시각적 형태, 인터랙션에 차이를 둔다.

간단한 규칙 부여를 통한 매끄러운 행동 전개 예시

출처: 카카오페이

카카오페이는 결제 화면에서 수평적으로 이동하는 제스처(스와이프)를 하면 결제 과정에서 같이 할 수 있는 행동인 적립, 쿠폰 등으로 이동할 수 있고, 위로 제스처를 하면 결제 수단 선택이 뜬다. 수평적인 상호작용은 이어지는 행동을, 수직적인 상호작용은 현재 기본값이 아닌 다른 대안을 제시하는 것이다.

최소한의 행동 요구

2010년대 이후 UX/UI 수준이 상향 평준화되면서 이제 사용자에게 한 번 더 버튼을 누르도록 하는 등의 군더더기가 많이 줄어들었다. 이제는 불필요한 행동을 빼는 것에서 더 나아가 맥락을 고려하여 사용자의 피로를 줄여주려는 노력도 많이 늘고 있다.

> *"UI 설계는 불필요한 요소들을 최대한 배제하고, 반드시 필요한 요소들만 사용하여 시각적인 잡음(noise)을 없애고 간결하고 명료하게 의미를 전달해야 한다."*
>
> *– 경제성의 원리(UI 3원칙 중 하나)*

행동에도 경제성의 원리가 접목된다. 불필요하다고 생각되는 행동은 (적어도 성격이 예민한) 사용자들을 성가시게 만든다. '사용자 행동의 경제화'는 설계 당시보다도 설계한 기본 초안(prototype)을 점검할 때 종종 이뤄진다.

- 해당 행동으로 인해 현재의 맥락(가입 신청, 업무 처리, 정보 탐색)이 끊기는 것은 아닌가?

- 불가피하게 현재의 맥락에 끼어들어야 할 경우, 빠르게 이전 맥락으로 돌아갈 수 있는가?

- 동일 기능에 대해서 2개 이상의 중복된 행동을 배치하는 게 과연 맞는가? (※ 때로는 중복이 필요할 때도 있다.)

- 단순한 행동에 이어 추가적인 행동을 즉시 요구하는 게 맞는가? (예: 즐겨찾기 이후에 해당 콘텐츠를 저장할 폴더를 선택하도록 물어보는 것. 이 경우, 일단 기본 폴더나 이전 선택 폴더에 저장한 다음, 추후 수정하는 게 더 좋을 수 있다.)

- 사용자에게 행동을 요청할 정도로 확인이 필요한가?

- 행동을 덜어냈음에도 사용자가 매끄럽게 행동을 전개하는 데 무리가 없는가?

중요하지 않은 확인은 선조치, 후취소가 더 낫다

출처: Andrew Coyle

안타깝게도 군더더기를 마치 좋은 UX인 것처럼 제시하여 사용자를 귀찮게 만들 뿐만 아니라, 오히려 모호성을 증가시키는 사례도 더러 찾아볼 수 있다. 다음 그림의 왼쪽에 있는 어느 카드사 약관 동의 화면은 위에 '요약동의서로 보기', '전체동의서로 보기', '선택동의서 모두 보기', '선택동의서에 모두 동의합니다' 등이 군더더기처럼 붙어 있어 UI 이해를 방해할 뿐만 아니라, 행동을 지나치게 늘리고 있다. 차라리 이 부분을 없애고 각 약관 및 필수 선택 사항들을 순차적으로 확인/동의하도록 하는 게 나아 보인다. 오른쪽의 스카이스캐너 '가격 변동 알림'은 토글 버튼만 있어도 될 것을, '가격 알림 추가해서 만들기' 버튼을 같이 노출함으로써 오히려 모호성만 더 늘리고 있다.

굳이 필요 없는 기능으로 오히려 UX를 저해하고 있는 예시

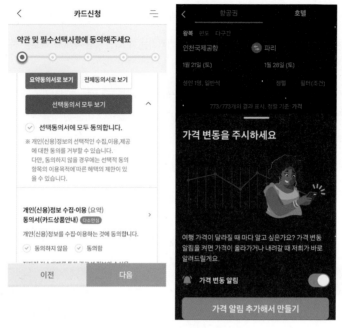

출처: 우리은행, 스카이스캐너

사용자 고민 선반영

UI는 사용자와 디지털 서비스가 상호 소통하기 위한 창구다. 사용자는 UI를 통해 서비스의 내용을 이해하고 자신의 의도를 반영하며, 그 결과를 확인한다. 이렇게 UI는 사용자와 서비스를 이어주는 가교 역할을 하는데(이를 '의사소통성'이라고 한다), 좋은 UI는 사용자가 할 법한 고민을 미리 화면에 반영한다. 친숙하지 않은 용어에 대한 이해 결여, 선택에 대한 갈등, 현재 행동이 나중에 미칠 영향에 대한 우려, 혹시 놓친 것이 있지는 않나 하는 망설임 등을 UI에 미리 반영하는 것이다. 이것은 UX 리서치를 하지 않으면 알기 어려운 내용도 있지만(고민이란 특정 맥락이나 의도, 장애 가운데 생기는 것이므로), 보편적으로 예상 가능한 부분도 적지 않다.

- 기본 제공되는 용어, 정보 내용, 도표, 그래프 등에 대해 누군가 어려워할 게 분명하다면 그것을 해소할 방법도 제시한다.

- 여러 대안 중에서 갈등이 예상된다면 기본값이나 남들이 가장 많이 한 선택이나 그(녀)가 이전에 했던 선택을 알려준다.

- 현재 행동이 나중에 미칠 영향을 염려할 경우, 그것을 자동으로 해소하거나 해당 시점에 가서 쉽게 알 수 있는 방법을 제시한다.

- 많은 정보 입력/선택이 수반되는 길고 복잡한 과정을 거쳤다면 최종 행동 전에 앞서 선택한 결과를 상기해 준다.

- 꼭 필요한 건지 의심할 게 예상된다면 왜 그것이 사용자에게 도움이 되는지 설명하거나 다른 선택지를 제시한다.

- 사용자에 따라 민감하게 반응할 수 있는 보안 문제에 대해서는 안심을 시키거나 단계적으로 스스로를 보호할 방법을 제시한다.

무료 이용 기간이 끝날 때 알림을 받을 수 있는 예시

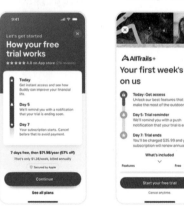
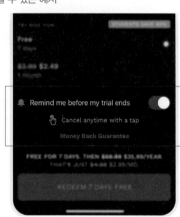

출처: All trails, Rise

위에 소개한 Rise는 무료 구독을 신청하는 시점에서 그 기간이 끝날 때 알림을 받을 수 있는 옵션을 제시한다. 너무 많은 구독 서비스가 무료 혜택을 제시하지만, 정작 사용자 는 그것이 자기도 모르게 유료로 전환될 것을 걱정할 수 있다는 점을 UX/UI에 반영한 예시다.

다음에 소개하는 여기어때는 로그인 시 최근에 로그인한 소셜 로그인을 표시해준다. 소셜 로그인을 도입하는 서비스가 많아지고 있어서 단번에 기억하기 힘든 고민을 해소해 준다. 그 옆의 어느 항공사 출발일 선택 UI는 구체적인 날짜와 시간을 직접 선택할 수도 있지만, 자주 사용하는 오늘(Today)과 내일(Tomorrow)은 하단에서 바로 선택하게끔 되어 있으며, 시간을 실제 운항시간에 맞게 표시하여 시간 선택 시 고민을 덜어주고 있다.

좋은 기본값을 통해 사용자의 고민을 UI에 선반영한 예시

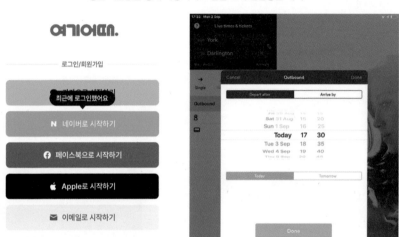

출처: 여기어때, Trainline

맥락에 부합하는 UI 요소 적용

UI 설계는 크게 어렵지 않은 일이다. 재료인 정보와 기능을 화면 내에 배치하고 각각에 알맞은 UI 요소를 적용하기만 되는 일이기 때문이다. 기기/채널에 따라 각자의 쓰임새가 정해진 UI 요소가 이미 다양하게 갖춰져 있기 때문에 설계자는 그중 하나를 고르면 된다. 문제는 어떤 UI 요소는 동일한 쓰임새라도 여러 형태가 있다는 점이다. 어느 게 가장 좋을까? 좀 더 좋은 UX를 추구하는 입장에서 UI 요소 적용 시 해야 할 고민은 무엇일까?

- 행동의 속성(attribute)을 고려한다. 사용자의 입력/선택에 전적으로 의존하는 행동인지, (검색어 추천, 비밀번호 정합성 교정과 같이) 서비스가 사용자를 도와줄 수 있는지에 따라서 UI 요소는 달라질 수 있다.

- 행동의 범위(scope)를 고려한다. 최솟값에서 최댓값이 존재하는지, 아니면 현재 맥락(예: 현 위치, 현재 시간, 등록된 장소)에서 주변 값들을 보여주면 되는 것인지 등을 고려한다.

- 행동의 단위(scale)를 고려한다. 가령 1~100까지의 숫자라고 해도 1단위로 이동할 수도, 10단위로 이동할 수도, '1, 50, 100' 3가지 선택지만 제시할 수도 있다. 어떤 단위가 가장 적합한지에 따라서 그에 상응하는 UI 요소도 달라질 수 있다.

- 행동 시 주의력을 고려한다. 주의력이 높은 행동은 당연히 해당 UI 요소의 주목도도 높아야 한다. 주의력이 낮아도 될 경우에는 이전/이후 UI 요소 간의 관계가 더 중요하다.

- 행동 시 인터랙션을 고려한다. '선택'에서도 눈에 보이는 것 중에 하나를 탭하기만 하면 되는 게 있고, 슬라이드, 스크롤, 범위 지정, 직접 입력도 있다. 가급적이면 이전/이후와 동일한 인터랙션이 이어지는 것이 더 좋다. 그러나 주의력이 높은 중요한 UI 요소라면 오히려 이전과 다른 인터랙션이 필요할 수도 있다.

맥락에 부합하는 UI 요소 예시

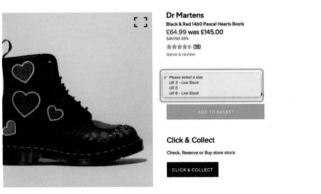

출처: 모 쇼핑몰, Waze

왼쪽 예시에서는 해당 상품에 대한 재고가 있는 사이즈만 선택지로 제시하고 있다. 남아 있는 사이즈가 많지 않기 때문에 한눈에 그것을 확인할 수 있도록 노출하고 있으며, 재고가 적은 사이즈는 'Low Stock'이라는 표시도 하고 있다. 오른쪽의 웨이즈(Waze)는 출발 시간 선택 시 교통 상황을 같이 보여줘서 선택에 도움을 준다. 정확하게는 출발 시간 선택 시 교통 Traffic을 같이 보여주기 위해서 이런 UI를 채택한 것이다.

직관적인 시각적 계층 구조

시각적 계층 구조(Visual Hierarchy)는 UI 설계에 있어 매우 중요한 개념이다. 눈은 무의식적으로 대상을 지각하고 대상 내에서의 관계를 파악하려는 경향이 있다. 간격이 떨어져 있는 것들은 따로, 간격 없이 붙어 있는 것들은 하나로, 간격이 붙어 있더라도 색상이 다르거나 선으로 둘러 쌓인 경우에는 그것을 다른 것과 구별한다. 간격(여백), 선, 색상, 모양, 크기 등을 이용하면 우리는 의도한 대로 사용자들이 그것을 인식하게 만들 수 있는데, 이것이 시각적 계층 구조(Visual Hierarchy)다.

시선 흐름이 위에서 아래로, 왼쪽에서 오른쪽으로 흘러가는 것이나 형태가 비슷한 여러 개 가운데 어느 하나만 눈에 띈다면 '현재 선택된 것이구나'라며 해당 정보를 무의식적으로 받게 된다. 이러한 원리는 20세기 초반 독일 심리학자들에 의해 주창되었다가(게슈탈트 원리), 편집 디자인, 광고 디자인을 거치면서 발전되어 왔다.

시각적 계층 구조가 잘 살아난 편집 디자인 예시

출처: designschool.canva.com

위 예시는 강력한 메시지 전달과 더불어 정보 계층이 사용자의 시선 흐름에 따라 의도대로(빨간색 선 참조) 흘러가는 것을 보여준다. 주제(Kafe, 커피잔)에서 구체적인 제목(Café Divan), 그에 대한 요약 설명(좌측 하단), 상세 설명(우측 하단)으로 시선 흐름이 이어지는데, 크기를 통한 강조와 선을 통한 구분, 글씨 크기를 통한 정보 계층 표현이 잘 살아 있다.

좋은 UI는 해석되는 게 아니라, 이해되는 것이다. 동일한 UI에 대해서 A는 이렇게, B는 저렇게 해석되어서는 안 된다. 모든 사람에게 동일한 이해를 전달하기 위해서는 지금 말하는 시각적 계층 구조가 매우 중요하다.

- (시각적으로) 가장 힘이 센 색상은 가장 중요한 UI 요소에 할당한다. (제목, 주활동 버튼)

- 특정 영역을 강조하고자 하는 목적이 아니라면 영역 구분 시에는 색상(유채색)보다는 무채색(회색~흰색 사이, Achromatic color scheme)〉 구분선〉 여백〉 모양 순서를 따른다.

- 여백은 너무 떨어져 있을 경우 시선 흐름이 표류할 수 있음에 주의한다.

- 구분선은 지나치게 많이 사용할 경우, 정보 인식을 방해할 수 있다.

- 그 외에 동일한 언이나 메타포(아이콘), 불릿을 사용하면 연속적인 리듬감을 만들어낼 수 있다.

다음 예시는 앞서 말한 영역 구분의 순서를 잘못 지키거나, 여백이 너무 붙어 있고 구분선을 잘못 적용해서 사용자들이 UI 이해를 쉽게 할 수 없는 예시다.

시각적 계층 구조가 잘못 적용되어 무의식적으로 이해하기가 어려운 UI의 예시

출처: 모쇼핑몰, Oportun

UX/UI
설계 원칙

이 장에서는 UX/UI 설계 시 알고 있으면 도움이 되는 20가지 UX/UI 원칙에 대해 살펴보고자 한다. '원칙'이란 말이 다소 고리타분하게 들릴 수 있으나 내용을 들여다보면 매우 실용적인 영감을 줄 것이다. 대부분 UI 설계자가 모르고 있다는 게 더 놀라운 'UI 설계 원칙', UI 설계 시 알면 큰 도움이 되는 'GUI 디자인 요소', 디자인을 전공하지 않은 사람이더라도 한 번쯤은 들어봤을 '게슈탈트 원리', 그 외에 HCI 분야에서 발전된 여러 가지 원칙을 살펴볼 것이다. 어떤 이들은 이 3가지 외에 행동경제학(Behavioral Economics)을 포함시키기도 하는데, '좋은 UX/UI의 조건' 챕터에서 이미 여러 가지 행동경제학의 원리(예: 손실 회피 경향)를 드러내지 않고 포함시켰다.

UX/UI 설계에 영감을 주는 4가지 주요 원천

UI 설계 원칙

UI 설계 시 반드시 따라야 하는 기본 원칙

게슈탈트 원리 사람들이 사물을 지각하는 원리

UX/UI

디지털 상호작용 시 지켜야 할 규율 HCI 원칙

GUI 디자인을 구성하는 7가지 기본 요소

GUI 디자인 요소

UI 설계 원칙

UI 설계는 해당 화면에서의 사용자 경험을 이해하고, 좋은 재료만 잘 준비되어 있으면 누구나 쉽게 할 수 있다. '사람들은 이것을 원해', '그러니까 콘텐츠를 여기에다가 이렇게 놓아야지'는 실패 확률이 매우 적은 논리이기 때문이다. 그러나 실패 확률이 적다고 해서 반드시 좋은 UX/UI라고 말할 수는 없다. 좋은 UX/UI가 넘쳐나는 시대에 '나쁘지는 않은 UX/UI'나 만들어서야 되겠는가? 안타깝게도 초보 UI 설계자가 아닌, 전문 디지털

에이전시조차도 '나쁘지는 않은 UX/UI'를 양산하고 있다. 오랜 경력과 좋은 UX/UI가 항상 일치하는 것은 아니다.

좋은 콘텐츠와 명확한 UX 위에 경제성, 조직성, 의사소통성 같은 UI 설계 원칙을 더하면 좋은 UX/UI 설계 지침이 된다.

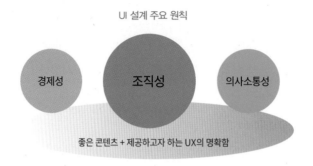

UI 설계 주요 원칙

경제성

UI는 '서비스와 사용자 간의 접점'이다. 서비스의 콘텐츠를 사용자에게, 사용자의 의도를 서비스에 중계하는 역할을 해야 한다. 중계를 잘 하기 위해서는 서비스의 콘텐츠와 사용자의 의도가 중심이 되어야지 UI 자체가 중심이 되어서는 안 된다. 다시 말해 UI에 군더더기가 있어서는 안 된다.

이를 '경제성'이라고 하며, UI 설계 시 불필요한 요소들을 최대한 배제하고, 반드시 필요한 요소만 사용하여 시각적인 잡음(noise)을 없애고 간결하고 명료하게 의미를 전달해야 한다는 의미다. 경제적인 UI 설계를 위해서는 최소한의 실마리로 효율을 높여야 하고, 해석에 어려움을 주는 애매한 부분을 없애야 한다.

경제성을 지키지 못한 UI 예시

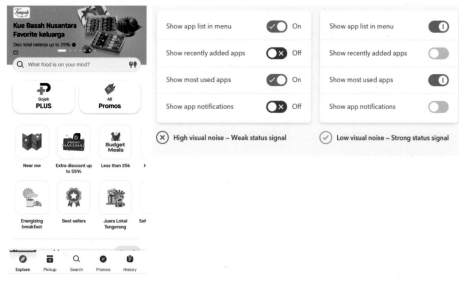

출처: Gojek, UX Movement

위 그림의 왼쪽 예시의 아이콘들은 시각적 복잡성이 다소 높아서 화면 전체를 인식하거나 시선이 자연스럽게 이어지는 데 방해가 된다. 아이콘 각각에 대한 이목을 끄는 것에는 효과적이지만, 전체 UI를 고려하면 바람직하지 못하다고 할 수 있다. 오른쪽 예시의 토글 버튼은 비활성화(disable) 상태에서 색상을 사용했는데, UI 요소에서 밝힌 바와 같이 비활성화 상태에서는 무채색인 회색(grey)을 사용하는 것이 바람직하다. 빨간색은 (비활성화가 아닌) 특정 문화적인 코드를 연상시킬 위험도 있다. 이렇게 사람들의 보편적인 인식에서 어긋난 UI는 인지적인 부하를 높이기 때문에 경제성이 떨어진다고 볼 수 있다.

경제성이 떨어지면 필요 이상으로 피로도가 올라간다. UI를 이해하고 행동하는 데 노력이 많이 요구되기 때문이다.

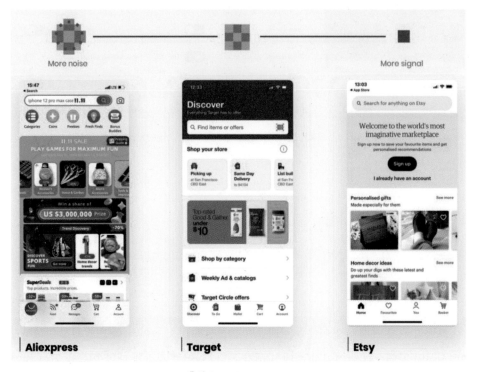

출처: Taras Bakusevych

경제성은 화면 내 콘텐츠 밀도가 가장 큰 영향을 주지만, 콘텐츠 구분, 강조, 색상 사용 (Color system)도 영향을 주는데, 위 예시 왼쪽의 알리익스프레스 홈 화면은 폴드 내에 너무 많은 콘텐츠를 욱여 넣고, 지나치게 많은 요소가 강조되고 있으며, 다양한 색상을 사용하고 있어서 경제성이 매우 떨어진다. 오른쪽의 엣시(Etsy)는 이와 정반대의 모습을 보여주고 있는데, 차분하고 여유 있는 느낌을 주는 것은 좋지만, 다소 지루하고 나른한 느낌 또한 전달하고 있기 때문에 경제성이 좋다고 하기 어렵다. '핵심 콘텐츠 2~3개만 눈에 띄게 하고자 한다'면 엣시의 방식을 채택할 수도 있다. 경제성은 군더더기를 없애라는 얘기이지 무조건 줄이라는 얘기가 아니다. 균형적인 면에서 봤을 때 가운데 타깃이 그나마 경제성의 원리를 적절하게 반영하고 있는 것으로 보인다. 디자인은 사용자의 기대에 맞춰 균형을 찾는 작업이다.

콘텐츠 밀도와 시각적 복잡성이 너무 높아도 안 되지만, 반대로 너무 낮아도 경제성은 떨어진다

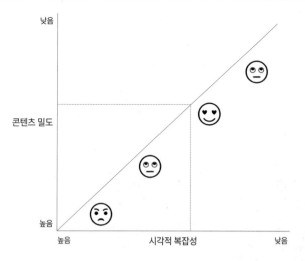

경제성은 뒤에 나오는 의사소통성과의 관계를 감안해서 좋고 나쁜지가 판단된다. 경제성만 높이려고 할 경우에는 의사소통성이 떨어질 수 있다. 다음 예시에서는 왼쪽 내비게이션이 경제성은 더 높지만 무엇을 의미하는지가 상대적으로 불명확하기 때문에 의사소통성이 떨어진다. 경제성과 의사소통성을 같이 감안한다면 오른쪽 예시가 더 바람직하다.

경제성과 의사소통성 간의 균형이 중요하다는 것을 보여주는 예시

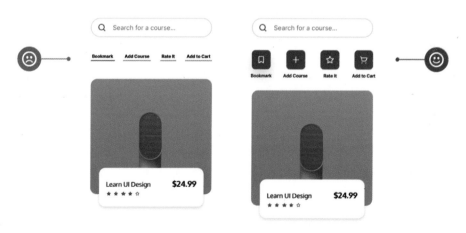

출처: Marc Andrew

색상 사용을 제한하면 경제성은 높아지지만, 콘텐츠 표현에 제약이 생겨 의사소통성이 떨어질 수 있다. '단순한 디자인일수록 좋은 디자인이다'는 명제가 틀리듯이 '단일 색상만 사용했을 때 경제성이 올라간다'는 명제도 틀렸다. 더불어 색상 사용 규칙은 경제성뿐만 아니라, 사용자의 기대를 고려해서 결정해야 한다.

색상 사용은 경제성에 영향을 미치지만, 색상 사용 규칙과 경제성은 다른 문제다

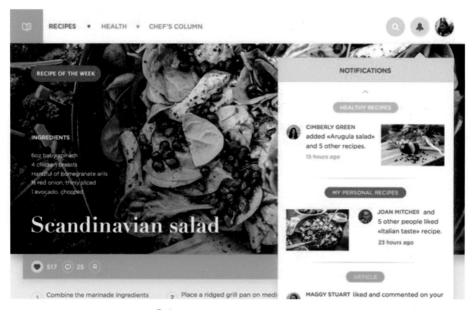

출처: Liudmyla Shevchenko ua for tubik

의사소통성

사람들은 불확실한 것을 싫어한다. '중계자'인 UI에서 불명확한 전달을 받았다면 그것에 불만을 갖거나 회피한다(=서비스를 떠나 버린다). 이렇게 서비스가 전달하고자 하는 바를 사용자에게 정확하게 전달하는 것을 의사소통성이라고 한다. 의사소통성은 경제성과 충돌이 일어날 때도 간혹 있는데, 그럴 때는 항상 의사소통성이 먼저다. '되도록 지키면 좋은' 경제성을 위해 의미 전달에 지장을 주어서는 안 된다.

항상 의사소통성이 먼저다. 의사소통이 더 좋다는 조건 하에서 경제성을 고민한다

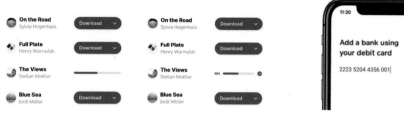

출처: Marc Andrew

위 그림의 왼쪽 예시는 다운로드 진행 여부(Progress bar)만 알려주는 안(案)과 다운로드 진행 현황(%)도 같이 알려주면서 중도에 취소(X)도 할 수 있는 안을 대비하고 있다. 의사소통성 면에서 두 번째 안이 첫 번째 안보다 더 뛰어나다. 오른쪽 예시는 카드 번호 입력 시 4자리마다 띄어쓰기를 하고 있다. 의외로 많은 카드 회사가 카드번호 16자리를 모두 붙인 상태로 보여줘서 의사소통성이 떨어졌는데, 이 예시는 좋다고 볼 수 있다.

의사소통성이 뛰어난 UI는 쉽게 그 구조가 파악되고 어떤 흐름으로 사용해야 할지가 명확하게 이해된다. 또한 모든 UI는 콘텐츠 이해에 무리가 없어야 한다. '이게 뭐지?'라는 궁금증은 동기를 자극하고자 하는 특별한 목적이 아닌 이상 반드시 피해야 한다. 사용자들이 그 형식이나 요소에 의문을 갖게 되면 그 UI는 이미 실패한 것이다.

한 눈에 구조가 파악되고, 흐름이 이해되며, 콘텐츠 이해에도 무리가 없는 UI 예시

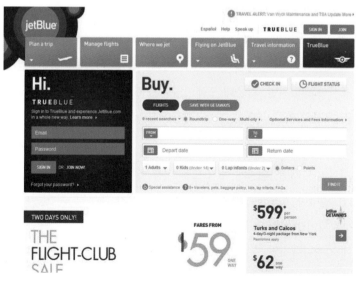

출처: jetBlue

의사소통성은 사용자가 기대했던 콘텐츠(정보, 기능)를 적절하게 제공하면서 그것을 이해하고 조작하는 것에도 지장이 없어야 한다는 뜻이다. 조금 더 복잡한 예시를 살펴보자. 다음 예시들은 콘텐츠는 동일하지만(관심 종목 시세 표), 의사소통성 면에서 차이를 보여준다.

증권 서비스의 관심 종목 시세 표 화면 예시

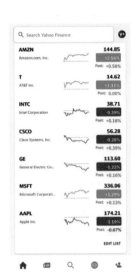

출처: Bloomberg, TradingView, Yahoo Finance

관심종목 시세 표에서 사용자들이 원하는 정보와 기능에는 어떤 것들이 있을까? 정보 면에서는 종목/코드명, 현재 시세, 상승/하락 여부, 변동액, 변동%, 추이 등이 있을 것이다. 기능 면에서는 종목 편집, 정렬, 보기 방식 변경 등이 있을 것이다. 위 3개의 예시 모두 이러한 정보/기능이 들어 있다(추이 그래프 제외). 제일 왼쪽의 블룸버그는 간략하게 필수 정보만 표시하고 있지만, 가운데 트레이딩뷰는 지수/종목의 아이콘을 표시해서 직관성을 높였고, 오른쪽 야후 파이낸스는 지수/종목 아이콘은 없는 대신 추이 그래프가 있다.

비록 형식은 서로 다르지만, 위 3개 예시 모두 내용 이해에 전혀 무리가 없다. 그렇다면 그 다음 문제인 '얼마나 효용성이 높은 정보/기능인가?'가 대두될 수 있는데, 개인적인 소견으로는 야후 파이낸스가 그 점에서 가장 나아 보인다. 지수/종목 아이콘도 의사소통성을 높이는 데 기여하겠지만, 투자자들은 그것보다 추이 그래프를 알고 싶어할 것이다.

의사소통성은 동일한 콘텐츠를 어떻게 배치하는가에 따라서 달라진다. 다음 예시는 상품명–설명–가격으로 배치된 왼쪽과 가격–상품명–설명으로 배치된 오른쪽 예시를 비교하고 있다. 논리적으로는 왼쪽이 맞지만, 사용자들은 본인이 알고 싶어 하는 것이 먼저 그리고 잘 보이기를 원하기 때문에 오른쪽 예시가 의사소통성이 더 뛰어나다.

논리적인 순서가 아니라, 사용자의 눈높이에서 바라본 순서가 의사소통성 면에서 중요하다

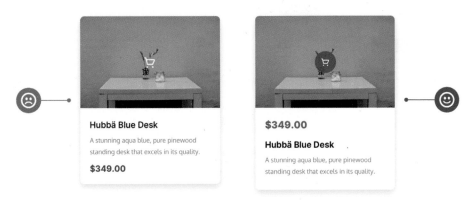

출처: Marc Andrew

조직성

서비스는 사용자들이 일관된 경험을 이어갈 수 있도록 친숙하고 통일된 형태의 UI를 제공해야 한다. UI 요소는 각자의 쓰임새와 생김새가 정해져 있지만, 조직성을 염두에 두고 개별 서비스마다 고유한 형태를 만든다. 조직성은 일관성(Consistency)라고도 하며, 동일한 UI 패턴을 사용하여 사용자에게 익숙한 경험을 제공하고 서비스를 빠르게 학습할 수 있게 하는 데 목적이 있다. 익숙하지 않거나 이전 경험을 통해 학습되지 않은(조직성에 어긋나는) UI 패턴들은 필연적으로 인지적 부하를 높인다.

개별 UI 요소에 해당 서비스만의 고유한 특징을 부여한다

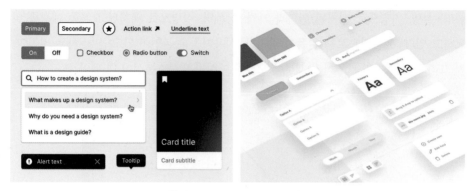

출처: Bunin Dmitriy, Heavyweight

이러한 UI 요소는 서비스 곳곳에서 사용되는데, 개별 UI 요소뿐만 아니라 그것이 모인 UI 복합 요소나 화면에서도 일관된 조직성이 있어야 한다. 다음은 조직성을 준수하기 위해 UI 복합 요소 및 화면 단위에서 표준을 만든 예시다.

디자인 시스템은 일반적인 UI 형태를 가지고 해당 서비스에 맞게 변형한 결과다

출처: Hai Thang, Rohan Kamath

조직성은 각 서비스만의 독특하고 통일된 UI 설계 규칙이 사용자에게 안정된 경험을 부여한다는 면에서 중요성을 갖는다. 조직성이 일단 사용자의 머릿속에 형성되면 사용자는 익숙한 형식에 대해서 직관적으로 UI를 해석한다. 따라서 조직성은 그 자체도 중요하지만, 그것을 어떻게 활용할지가 중요하다. 조직성을 잘 활용하면 UI를 통해서 우리 의도대로 사용자가 정보를 구분하고 순서화해서 보게 만들 수 있다.

주요 서비스의 카드 UI 예시

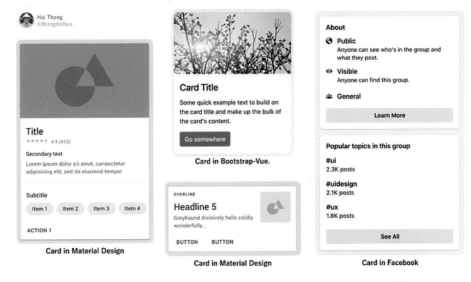

출처: NALSengineering

조직성을 준수하기 위해서는 콘텐츠 형태 면에서 공간적, 언어적, 시각적 일관성을 지켜야 한다. 조금이라도 차이가 있다면 예민한 사람들은 쉽게 그것을 알아차릴 것이고, 예민하지 않은 사람들도 어딘가 껄끄럽다는 인상을 받게 된다.

색상 사용 면에서의 일관성을 주는 예시

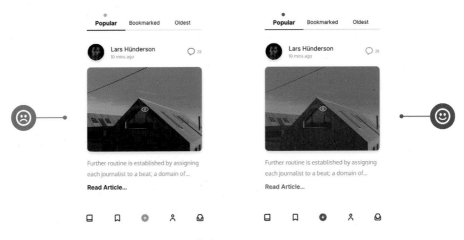

출처: Marc Andrew

스캐폴딩(Scaffolding)

스캐폴딩은 건축할 때 사용하는 비계나 학생들을 위한 교사의 지원처럼 태스크가 완료되기까지 점진적으로 도움을 주는 것을 말한다. UX/UI에서 스캐폴딩은 사용자가 복잡한 작업을 스스로 수행할 수 있도록 더 작은 단계로 그것을 나누거나 체크리스트, 가이드, 예시와 같은 일시적인 지원을 제공하는 것을 말한다.

건축, 교육, UX/UI에서의 스캐폴딩 비교

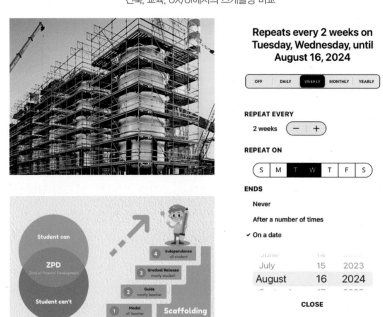

출처: Axios industrial, National AJET, Timepage

스캐폴딩은 다양한 사례로 확인할 수 있는 중의적인 개념이라서 기본 원칙에는 포함하지 않았지만 그래도 알고 있으면 도움이 된다. 스캐폴딩의 목적은 '비교적 복잡한 작업에서' 사용자가 스스로 할 수 있을 때까지 지원하는 것이다. 디지털 서비스의 작업 중에는 사용자가 스스로 할 수 있는 것과 서비스의 도움을 받아서 할 수 있는 것이 있다. 서비스의 도움을 받아도 할 수 없는 과제(다음 그림의 왼쪽 ZPD 이미지에서 Beyond my reach에 해당)는 애초에 일반 사용자들에게 제공해서는 안 된다.

근접 발달 영역(ZPD, Zone of Proximal Development)과 적절한 흐름 유지(State of flow)

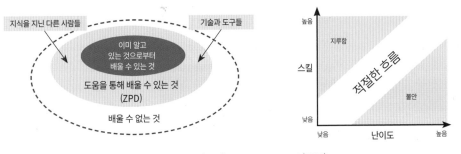

출처: Vygotsky (1978), Csikszentmihalyi (1990)

스캐폴딩은 복잡한 과제를 무조건 수행하게 만드는 것이 아니라, 복잡한 정보를 미리 통제한 상태에서 사용자의 학습을 돕는 개념이다. 그러나 디지털 서비스, 특히 AI나 AR(증강현실)의 효용성이 갈수록 높아지고 있는 지금은 어떤 복잡한 과제도 이러한 기술을 통한 스캐폴딩(예: AI를 통한 상황 분석, 요점 파악, 추론)으로 해결할 수 있게 되었다.

AI가 시간에 따른 사용자의 기분을 분석해주고 운동과 기분과의 상관관계와 가장 자주 느끼는 감정 상태를 알려주는 예시

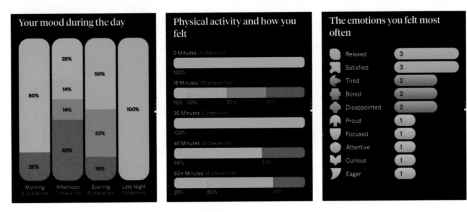

출처: How We Feel

위 예시는 사용자의 기분과 감정 변화를 추적하여 언제, 어떤 맥락에서 기분과 감정이 변화되는지를 알려주는 서비스다. 단순히 '최근 우울한 기분이 많이 들어'와 같은 막연한 이해를 AI가 스캐폴딩하여 더 정확하고 정밀하게 파악할 수 있게 한 다음, 그 해결 방법 (예: 우울증 약 복약, 특정 운동 시작)을 제시해 준다.

최근 들어 위와 같은 '진보된(advanced)' 스캐폴딩의 예시도 많이 등장하고 있지만, 아직까지도 스캐폴딩을 가장 쉽게 접할 수 있는 예시는 안내/도움말이다.

안내/도움말은 가장 대표적인 스캐폴딩의 예시다

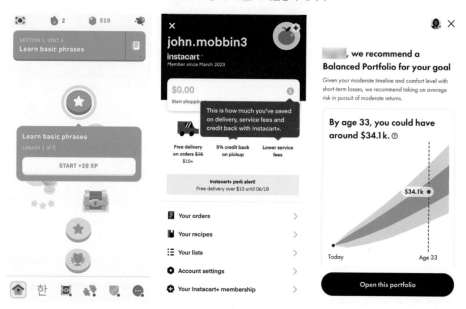

출처: Duolingo, Instacart, Wealthsimple

그림에서 왼쪽과 가운데 예시는 스티키 노트 형태의 간단한 도움말이지만, 오른쪽의 예시는 상대적으로 진보된 형태로 스캐폴딩을 제시한다. 투자 포트폴리오 구성은 일반 사용자라면 누구나 어려워하는 문제인데, 이 서비스는 사용자가 자신의 금융 목표를 밝히면 거기에 맞게 금융 포트폴리오를 제시해 준다. 스캐폴딩 방식 중에는 '모델링과 시연'이라는 게 있는데, 건축가나 교사가 해결 방법을 보여주거나 시연하여 학습자들이 그것(건축이 끝난 결과, 문제 풀이)을 빠르게 이해하도록 돕는 것이다. 이러한 '모델링과 시연' 방식의 스캐폴딩은 AI에 의한 데이터 분석/예측의 효용성이 올라가면서 서비스를 가리지 않고 그 사례를 점차 더 확대하고 있다.

청크 나누기(Chunking)

정보를 더 작고 관리 가능한 영역으로 나누는 것을 청크 나누기(Chunking)라고 한다. 청크 나누기를 사용하면 너무 많거나 복잡한 정보를 작은 단위로 나누어 단기 기억하기에 더 쉽게 저장할 수 있다. 이 개념은 조지 밀러(George A. Miller)가 처음 제안했는데, 밀러는 사람이 한 번에 처리할 수 있는 정보의 양이 제한되어 있으며, 이를 청크(Chunk) 단위로 묶어서 기억하면 더 많은 정보를 처리할 수 있다고 했다. (밀러가 그의 논문 "The Magical Number Seven, Plus or Minus Two: Some Limits on Our Capacity for Processing Information"에서 소개한 원칙은 뒤에서 다시 살펴보자.)

청크 나누기는 이미 앞에서 여러 번 소개된 것과 같이 UI 설계에서 가장 기본인 원칙 중 하나이며 대부분의 화면에서 찾아볼 수 있지만, 여러 가지 콘텐츠가 복합적으로 들어간 홈 화면이나 체크아웃(주문 결제) 화면에서 가장 쉽게 찾아볼 수 있다.

여러 청크 단위로 화면이 나뉜 체크아웃 화면 예시

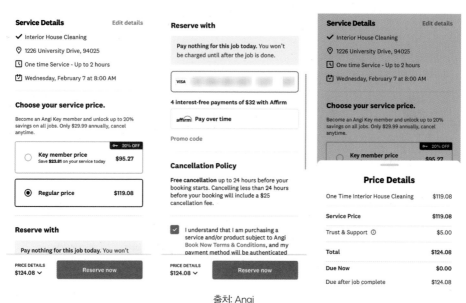

출처: Angi

HCI 원칙

인간과 컴퓨터 간의 상호작용을 연구하는 HCI(Human Computer Interaction)는 1960년대 후반 컴퓨터 명령어의 체계와 사용자 친화성(User Friendly)을 고민하면서 시작됐고, 1983년 처음으로 HCI라는 용어가 등장(The Psychology of Human-Computer Interaction, Stuart K, Card)했다. 실용적인 디자인 방법론을 지향하는 UX 디자인에 비해 다소 학문적이고 체계화된 접근을 중요시하는 특성이 있었지만, 최근에는 그 구분이 의미 없을 정도로 경계가 애매해졌다.

80, 90년대에 HCI가 급부상할 수 있었던 데에는 개인용 컴퓨터(PC)의 보급의 역할이 컸다. 컴퓨터는 일방향적인 이전의 미디어(TV, 신문, 잡지)와는 다르게 상호작용이 활발했으며, 사람이 단지 정보를 전달받는 대상이 아니라 그것을 사용하고 경험하는(User Experience) 주체라는 점이 부각되었다.

사용성(Usability) 개념을 처음으로 주장한 제이콥 닐슨(Jakob Nielson)은 사용자-컴퓨터 간 상호작용 시 지켜야 할 원칙(Usability Heuristics)으로 다음의 10개를 꼽았다.

10가지 사용성 휴리스틱 원칙

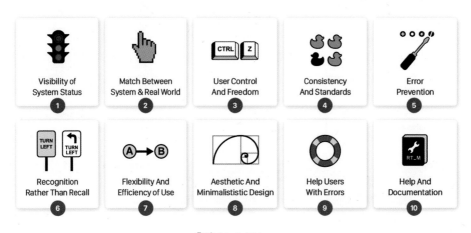

출처: Jakob Nielson

1. **시스템 상태의 가시성(Visibility of System Status)**: 사용자가 쉽게 이해할 수 있도록 시스템의 상태를 명확하게 표시하여 자신의 행동이 성공했는지 여부를 알려준다.

2. **실제 세계와의 일치(Match Between System and the Real World)**: 시스템이 사용자에게 익숙한 용어와 개념을 사용하여 실제 세계와 일치하도록(더 직관적으로 이해할 수 있도록) 설계한다.

3. **사용자 통제와 자유(User Control and Freedom)**: 사용자가 실수했을 때 쉽게 복구할 수 있도록 조작하는(예: 되돌리기, 임시 저장) 기능을 제공한다.

4. **일관성과 표준(Consistency and Standards)**: UI에 사용되는 용어, 요소, 패턴 등을 일관되게 유지한다.

5. **오류 인식, 진단 및 복구 지원(Help Users Recognize, Diagnose, and Recover from Errors)**: 오류 메시지는 명확하고 이해하기 쉬워야 하며, 문제 해결 방법을 제시해야 한다.

6. **오류 예방(Error Prevention)**: 오류가 발생하지 않거나 발생하더라도 빨리 알 수 있도록 UI를 설계한다.

7. **기억보다는 인식(Recognition Rather Than Recall)**: 사용자가 기억해야 할 정보를 최소화하고, 필요한 정보를 쉽게 인식할 수 있도록 설계하여 인지적인 부하를 줄인다.

8. **유연성과 효율성(Flexibility and Efficiency of Use)**: 사용자들의 다양한 수행 능력을 지원하기 위해 유연하게 UI를 설계한다.

9. **미적이고 최소한의 디자인(Aesthetic and Minimalist Design)**: 불필요한 정보나 요소를 제거하고, 사용자가 작업에 집중할 수 있도록 UI를 단순하고 깔끔하게 유지한다.

10. **도움말과 문서화(Help and Documentation)**: 사용자가 필요할 때 쉽게 접근할 수 있는 도움말과 문서를 제공하여 시스템 이용을 돕는다(스캐폴딩).

HCI의 원칙적이고 학문적인 접근은 일부 UXer의 반발을 사기도 했다. 어떤 이들은 위의 10가지 원칙을 지키지 않았지만 성공한 서비스 사례를 올리면서 제이콥 닐슨의 원칙을 낡고 진부하다고 비판하기도 했다. 그러나 그것은 HCI 원칙을 편협하게 이해했기 때문에 비롯된 것이며, HCI 원칙은 좋은 UX/UI 설계를 위해서 충분히 참고할 만한 가치가 있다. HCI 원칙은 그것을 주장한 사람들의 이름으로 더 유명하다.

- **힉(Hick)의 원칙**: William Edmund Hick and Ray Hyman. 선택지가 많으면 많을수록 의사결정을 내리는 데 더 오랜 시간이 걸린다.

- **밀러(Miller)의 원칙**: George A. Miller. 평균적으로 인간은 7개(±2) 정도의 아이템만 단기 기억에 담을 수 있다.

- 유연성-사용성 균형 원칙(The Flexibility-Usability tradeoff): 서비스의 유연성이 올라갈수록 그 사용성은 떨어질 수 있다. 둘 간에 적절한 균형이 필요하다.

- 테슬러(Tesler)의 원칙: Larry Tesler. 모든 디자인에는 줄일 수 없는 복잡성이 있으며, 이를 지나치게 단순화할 경우 사용자가 의미 파악을 못한다.

- 피트(Fitt)의 원칙: Paul Morris Fitts. 작업을 수행하는 데 소요되는 노력은 대상까지의 거리와 그 크기가 관계되어 있다.

- 제이콥(Jakob)의 원칙: Jakob Nielson. 사용자들은 평소에 익숙했던 경험이 동일한 방식으로 제공되기를 선호한다. 회상보다는 재인(Recognition over Recall).

힉의 원칙

선택지가 많으면 많을수록 의사결정을 내리는 데 더 오랜 시간이 걸린다. 힉의 원칙은 HCI 원칙 가운데서도 가장 유명하다. 선택의 역설(paradox of choice)이라는 별칭이 있으며, 무조건 선택지를 줄이라는 것보다는 사람들의 인지 능력에는 어느 정도 임계점이 있으니 그 이상으로 선택지를 제공하지 말라는 뜻이다.

사용자들이 인지할 수 있는 범위 이상으로 선택지를 제공하면 인지 부하를 초래한다

출처: flowmapp, zain kahn

힉의 원칙은 심리학자 쉬나 아이엔가(Sheena Iyengar)가 진행한 실험으로 더 잘 알려져 있다. 아이엔가 박사는 자신의 집 앞에서 병에 담긴 잼을 파는 실험을 진행했는데, 어느 날은 24가지 잼을 팔고 어느 날은 6가지 잼을 팔았다. 그 결과 24가지 잼을 팔 때는 지나가는 행인 중 60%가 멈췄지만 실제 구매는 그중 3%밖에 되지 않았던 데 비해, 6가지 잼을 팔 때는 40%의 행인만 멈췄지만 구매율은 30%나 되었다.

UX/UI 디자인 완벽 가이드: UI, 인터랙션, 프로토타이핑 편

사람들은 선택지가 지나치게 많으면 구매를 뒤로 미룬다

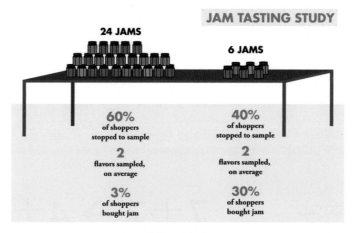

출처: cartstack

선택지가 많을수록 눈길을 끌기는 했으나 실제 구매로 이어지기에는 너무 많은 선택지가 의사결정을 방해했던 것이다. 디지털 서비스에서도 이런 문제는 종종 발견된다. 검색결과, 목록, 옵션, 필터, 태그, 칩 등을 한 화면에 너무 많이 노출하면 사용자는 뭘 선택해야 할지 몰라 주저한다. 많이 제공할 수밖에 없다면 '청크 나누기'를 이용하는 게 좋다.

동일한 서비스인데도, 힉의 원칙을 어긴 예시와 잘 지킨 예시가 공존한다

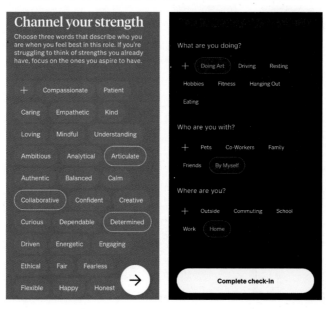

출처: How We Feel

밀러의 원칙

그렇다면 몇 개가 임계점일까? (위 청크 나누기에서 소개했던) 밀러는 인간의 단기 기억(Working memory) 능력을 고려하여 7±2개가 임계점이라고 말한다. 그러나 밀러의 주장은 후속 연구 결과 틀린 것으로 입증되었다. 지금은 인간의 단기 기억 한계 용량이 4±1로 정정되었다.

밀러의 청크 나누기는 디자인 분야에도 큰 영향을 미쳤지만, 인간 단기 기억의 한계가 7±2라는 그의 주장은 틀린 것으로 밝혀졌다

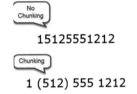

$$7\pm2 \rightarrow 4\pm1$$

단기 기억은 뇌의 전두엽(prefrontal cortex)에서 처리되고 해마를 통해 장기 기억으로 전환되는데, 해마는 극히 짧은 시간 동안에만 이를 저장한다. 따라서 사용자의 기억에 지나치게 의존해서 UI를 설계해서는 안 된다.

제공해야 하는 것이 5개를 넘는다면? 청크 나누기를 떠올려라

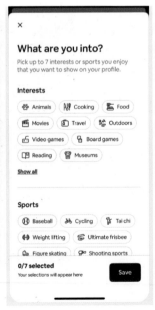

출처: 애플, 틱톡, 넷플릭스

사람이 단기 기억에 저장할 수 있는 한계 용량이 4±1이라고 하나, 한 화면을 동시에 모두 파악하는 일은 많지 않으므로 화면 설계 시 이를 지나치게 염두에 둘 필요는 없다. 칩 (Chip)과 같이 복잡하지 않은 형태의 정보도 4±1에 지나치게 얽매일 필요는 없다. 그러나 상품, 콘텐츠, 태그 등은 정보 파악에 인지적인 노력이 요구되므로 선택지를 5개 이내로 제한하는 것이 좋다.

유연성-사용성 균형 원칙

서비스의 유연성이 올라갈수록 그 사용성은 떨어진다. 여기에서 이야기하는 유연성이란 다양한 사용자 요구에 대응하여 다양한 기능을 제공하고 여러 시나리오를 준비하는 것을 말한다. 유연성을 증가시키면 일반적으로 더 많은 콘텐츠를 추가해야 하며, 이는 UX/UI를 복잡하게 만들어 사용을 어렵게 만든다. 반대로, 사용성에 중점을 두면 UX/UI를 단순화해야 하며, 이는 유연성을 제한할 수 있다.

좋은 디자인을 만들기 위해서는 유연성과 사용성 간에 균형을 찾아야 한다

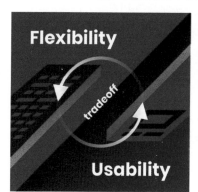 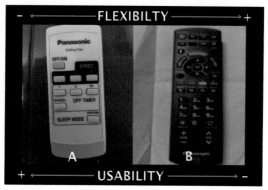

출처: Taras Bakusevych

위에서 설명한 힉과 밀러는 '많으면 안 된다', '선택지를 임계점 이하로 제한하라'고 하지만, 현실에서의 디자인은 그들의 말처럼 간단하지 않다. 해당 화면에서 사용자가 요구하는 콘텐츠가 많은데 그것을 줄이기 어려울 때가 많기 때문이다.

출처: 어도비, 라이트브레인

위 예시는 어도비 포토샵과 피그마의 UI를 비교한 것이다. 포토샵은 복잡한 이미지 편집
과 그래픽 디자인 작업에 초점을 맞춘 다양한 기능이 존재하고 사용자 주도권이 폭넓게
적용된다. 기본적으로 상단에는 다양한 옵션을 조정할 수 있는 툴바가 있고, 왼쪽에는
브러시나 선택 도구(그 하위에 여러 가지 옵션이 또 있다), 오른쪽 패널에는 이미지 편집
과 조정 옵션, 레이어가 있다. 사용자는 필요에 따라 작업 공간 레이아웃을 선택하거나
직접 만들 수 있고 툴바 버튼 레일을 재배치하거나 색상 모드를 변경할 수 있다. 따라서
포토샵은 초보 사용자가 사용하기에는 어려운 도구다. 반면 피그마는 단순하고 직관적
이어서 누구나 쉽게 배울 수 있으며, 개인보다는 팀의 협업에 특화되어 있다. 그렇다면
피그마는 UX가 좋은 도구이고, 포토샵은 나쁜 도구일까?

테슬러의 원칙

위에서 한 질문에 대한 대답은 래리 테슬러(Larry Tesler)가 해줄 수 있다. '복잡성 보존
의 법칙(the law of conservation of complexity)'이라고도 불리는 테슬러의 법칙은 어
느 한 부분에서 복잡성을 줄일 경우 다른 부분에서 문제가 증가한다고 말한다. '줄일 수
없는 복잡성'을 용인하고, 그것을 다른 식으로 해결하라는 얘기다. 유연성과 사용성이
충돌될 경우 그것을 조율하고 최적의 균형을 찾는 게 디자이너의 역할이라는 얘기다.

너무 복잡한 교차로. 복잡하니까 도로 한두 개를 폐쇄해야 할까?

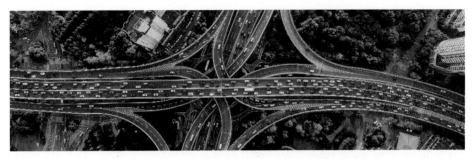

출처: Zhejiang Expressway, Terrence Jolly

모든 것이 무조건 단순할 수는 없는 노릇이다. 복잡한 것에는 그만한 이유가 있기 때문이다. 이럴 때는 복잡한 것을 줄일 수 없으므로 복잡해 보이지 않도록 하는 게 필요하다.

애플 맥북에어는 포트를 줄이면서 불편함이 늘어났다. 복잡함을 없앨 수 없다면 복잡해 보이지 않게 만드는 것이 중요하다

출처: 애플, money super market

위 오른쪽 예시를 보면 사용자들이 자주 찾는 조건은 상단에 눈에 띄게 배치했고, 상대적으로 잘 찾지 않는 부가적인 조건은 오른쪽에 나열하여 조건들이 한 번에 모두 나열되었을 때보다 복잡함을 줄였다. 거듭 얘기하듯이 복잡함을 줄이는 첫 단추는 청크 나누기다. 청크를 어떻게 나누는지도 중요하다. 무작위로 나눠진 청크보다는 어떤 규칙에 따라 나눠진 청크가 연상하기 쉽다.

청크 나누기가 잘 되어 있는 테슬라 모델3의 차량 디스플레이

출처: 테슬라

위 예시는 3가지 측면에서 복잡성을 잘 통제하고 있다.

- 화면을 3가지 영역으로 구분하여 연상하기 쉽게 했다. (왼쪽, 가운데, 오른쪽)

- 3가지 수평인 영역별로 명확한 역할이 존재한다. (왼쪽 – 현황/시각 정보, 가운데 – 기본 메뉴, 오른쪽 – 상세 메뉴)

- 수평적인 영역보다는 덜하지만 수직적으로도 역할이 존재한다. (상단은 알림, 하단은 조작부)

피트의 원칙

힉의 원칙과 더불어 HCI 원칙 중 가장 많이 알려진 피트의 원칙은 버튼 UI 설계 시 많이 적용된다. '작업을 수행하는 데 소요되는 노력은 대상까지의 거리와 그 크기가 관계되어 있다'에서 '대상까지의 거리'는 마지막 행동 시점(입력/선택 요소)에서 버튼(실행 요소)까지를 말하며, '크기'는 버튼(실행 요소)의 크기를 말한다.

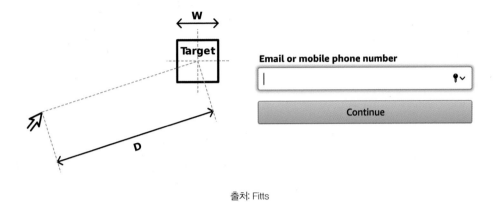

출처: Fitts

다음 예시는 마지막 행동 시점(수량 선택)에서 실행 요소(Add to Cart)까지의 거리가 상대적으로 더 가까운 오른쪽이 더 바람직하다는 것을 보여주고 있다.

피트의 원칙에 따라 왼쪽 디자인보다 오른쪽 디자인이 더 바람직하다는 예시

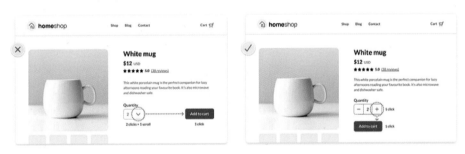

출처: Practical UI by Adham Dannaway

그러나 실제 버튼의 위치는 화면 내 시선 흐름이나 연속된 행동도 감안해야 해서 피트의 원칙만으로 판단하기에는 무리가 있다. 다음 그림의 왼쪽 예시는 주활동 버튼을 화면 최하단에 띄워서(Floating) 스크롤에 관계없이 언제나 접근 가능하도록 했다. 이는 피트의 원칙에는 어긋난다고 볼 수 있지만, 상품 리스트나 체크아웃 화면에서는 이런 방식이 더 편할 수 있다. 가운데와 오른쪽 예시는 목록마다 동일한 버튼을 반복 배치해서 '대상까지의 거리'를 극단적으로 줄였다.

버튼 배치 시에는 피트의 원칙을 항상 고려할 필요가 있다

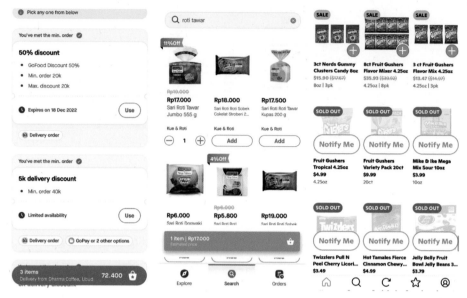

출처: Gojek, Gopuff

제이콥의 원칙

제이콥의 원칙은 사용자가 대부분의 시간을 다양한 웹사이트들에서 보내기 때문에 새로운 웹사이트를 방문할 때도 자기에게 익숙한 방식으로 작동하기를 기대한다는 것이다. UI 설계 원칙에서 살펴봤던 조직성이 특정 서비스에 익숙해지기 위해서 가급적 동일한 UI 패턴을 사용해야 한다는 것이었다면(이것을 '일반화 가능성'이라고 함), 제이콥의 원칙은 대부분의 디지털 서비스에서 익숙한 경험(친숙성)을 따라야 한다는 뜻이다.

대부분의 UI 요소는 기존 아날로그 시절의 버튼, 계기판, 스위치, 패널을 형상화한 것이다

출처: laws of ux

구글은 2017년 유튜브 리디자인 과정에서 사용자들이 새로운 디자인에 서서히 적응할 수 있도록 제이콥의 원칙을 따랐으며, 이후 많은 서비스가 이러한 방식을 모방했다.

머티리얼 디자인 UI를 적용한 2017년 유튜브 리디자인 예시

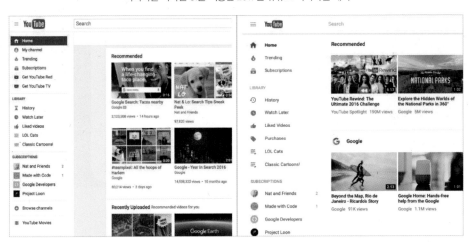

출처: laws of ux

- 옵트인 옵션 제공: 사용자들이 새로운 디자인을 미리 체험할 수 있도록 옵트인(opt-in) 옵션을 제공함. 원할 경우 이전 디자인으로 돌아갈 수 있었음.

- 피드백 수집: 사용자들로부터 피드백을 수집한 후, 이를 통해 사용자 경험을 개선하고 디자인의 완성도를 높였음.

- 점진적 전환: 일정 기간 동안 사용자가 구 버전과 신 버전 중에 하나를 선택할 수 있도록 하여 사용자들이 새로운 디자인에 적응할 시간을 주었음.

제이콥 닐슨은 회상보다는 재인(Recognition over Recall)을 통해서 자신의 이론을 뒷받침했다. '이게 뭐지? 어디서 봤더라'라고 생각하는 것이 회상(Recall)이다. 회상은 '아, 그거구나, 이건 그거네'하고 생각하는 재인(Recognition)에 비해 인지적인 부하가 높다. 실수도 잦고 틀릴 때도 많다. 따라서 UX/UI를 설계할 때는 항상 회상보다는 재인을 위주로 해야 한다. 익숙한 것은 재인에 해당한다.

익숙하지 않은 형태의 아이콘이나 레이블은 회상을 불러일으키는 가장 대표적인 예시다

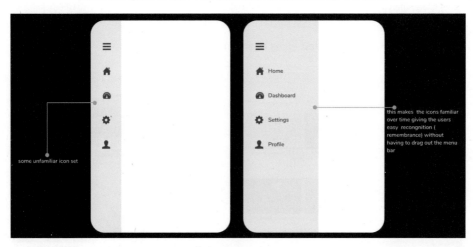

출처: Willfred Samuel

게슈탈트 원리(Law of Prägnanz)

20세기 초반 독일의 심리학자들이 모여 인간의 뇌가 어떻게 시각적 정보를 구조화하고 해석하는지를 설명하는 이론을 만들었는데, 이것이 바로 게슈탈트 원리다. 지각 조직의 법칙(the law of perceptual organization)이라고도 불리는 이 원리는 어려운 이름에 비해 실생활에서 쉽게 찾아볼 수 있는 매우 실용적인 이론이다. 다음의 식당 메뉴판 첫 번째 예시를 보면 왼쪽에 메인 메뉴 3개가 한 눈에 들어오고 오른쪽 상단 기타 메뉴 4개, 오른쪽 하단 주류 4개가 명확하게 눈에 들어온다(메뉴 간 간격이 조금 아쉽긴 하다). 두 번째 일본 음식점 메뉴판은 모든 메뉴가 일정한 형태와 크기, 간격을 취하고 있어서 하나하나 읽어볼 수밖에 없게 되어 있다. 첫 번째 메뉴판은 청크 나누기가 자연스럽게 이뤄지면서 쉽게 재인으로 이어지는 데 반해, 두 번째 메뉴판은 (언어에 상관없이) 일일이 봐야 해서 회상을 불러일으키고 눈도 쉽게 피로해진다.

식당 메뉴판 비교

출처: 광주 남구(연합뉴스), Dongchaan.com

게슈탈트 원리는 시각 디자인은 물론 UX/UI 디자인에서도 매우 중요한 이론이며, 모든 일상에 적용할 수 있는 실용적인 원리이기도 하다. 그러나 디자인 전공자 중에서도 게슈탈트 원리를 제대로 이해 못하고 잘못 적용하는 경우를 종종 마주친다. 성격이 서로 다른 대상을 붙여 놓아서 근접성의 원리를 어기거나 색상보다 모양을 더 우선시해서 유사성의 원리를 어기는 경우가 그렇다.

6가지 게슈탈트 원리에 대한 설명

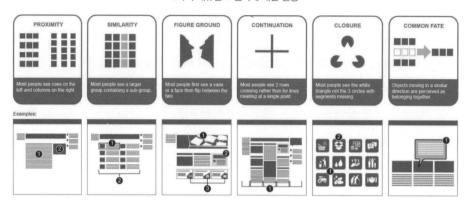

게슈탈트의 원리는 다음과 같은 6개가 있다. (경우에 따라 '대칭성과 질서의 원리(Law of Symmetry and Order)'를 포함하기도 하지만, 그렇지 않은 경우가 일반적이라서 여기에서도 생략했다.)

- 유사성의 원리(Law of Similarity): 사람의 눈은 형태, 색상, 크기 등이 유사한 요소들을 각각으로 보기보다는 하나의 그룹으로 인식한다.

- 근접성의 원리(Law of Proximity): 서로 가까이 있는 점들이 각각으로 보이기보다는 하나의 형태나 패턴으로 보이는 것처럼 거리가 가까운 요소들은 하나의 그룹으로 인식된다.

- 연속성의 원리(Law of Continuity): 사람의 눈은 연속적인 형태를 선호한다. 여러 요소가 동일한 방향으로 나열되어 있으면 그것을 하나의 형태로 인식한다.

- 폐쇄성의 원리(Law of Closure): 사람의 눈은 불완전한 형태를 완전한 형태로 인식하려는 경향이 있다.

- 전경-배경의 원리(Figure-Ground Principle): 사람의 눈은 주목도가 높은 전경(figure)과 그 뒤에 놓여 있는 배경(ground)을 구분한다.

- 공통 운명의 원리(Law of Common Fate): 사람의 눈은 같은 방향으로 움직이는 요소들을 하나의 그룹으로 인식한다.

위 6개 중에서 UX/UI에서 그다지 중요하지 않은 폐쇄성의 원리와 전경-배경의 원리를 제외한 4개를 좀 더 자세하게 살펴보겠다.

폐쇄성의 원리와 전경–배경의 원리는 로고 디자인에 주로 사용된다

출처: WWF, Fedex, USA Network

유사성의 원리(Law of Similarity)

게슈탈트의 원리에 대한 이해는 '유사성의 원리'로부터 출발하는 게 좋다. 일단 '유사성의 원리'를 이해하면 나머지는 어렵지 않게 이해되기 때문이다. 사람의 눈은 비슷한 색상, 비슷한 크기, 비슷한 모양의 것을 하나로 인식하려는 경향이 있다. 다음 이미지를 '멍하니' 한번 보기 바란다. 어떻게 느꼈는가?

6가지 게슈탈트 원리에 대한 설명

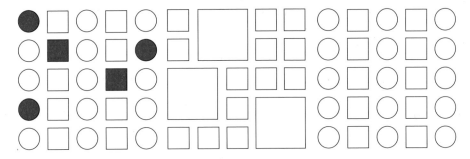

아마 왼쪽 이미지에서는 '빨간색과 빨간색이 아닌 것'을, 가운데 이미지에서는 '큰 네모와 작은 네모'를, 오른쪽 이미지에서는 '동그라미와 네모'를 구분했을 것이다. 이처럼 사람의 눈은 주어진 요소에서 유사한 패턴을 발견하려는 경향이 있다. 그런데 여기에는 작용하는 순서가 있다. 위 왼쪽 이미지에서 모양의 차이(동그라미, 네모)보다 색상 차이가 더 크게 작용했을 것이다.

왼쪽과 오른쪽, 어디에서 더 통일감이 느껴지는가?

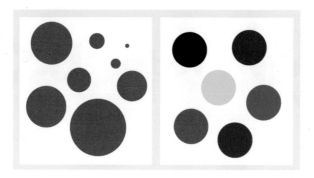

왼쪽 그림은 크기는 다르지만 색상이 동일한 동그라미들이고, 오른쪽은 크기는 동일하지만 색상이 다른 동그라미들이다. 대부분 사람들은 오른쪽보다는 왼쪽 이미지가 더 통일되었다는 느낌을 받을 것이다. 크기나 모양이 동일하더라도 색상이 다르면 요소 하나하나가 이질적으로 느껴진다. 우리 눈은 더 강한 자극에 이끌린다. 색상, 크기, 모양이 다 다른 경우라면 색상이 다른 것, 그 다음으로 크기가 다른 것, 마지막으로 모양이 다른 것 순서로 패턴을 인식한다. 이와 관련된 예시는 얼마든지 찾아볼 수 있다. 사람이라면 누구나 동일한 현상을 겪기 때문이다.

색상은 크기나 모양보다 더 강한 자극을 준다

출처: Gojek, Feeld

색상이 눈에 작용하는 힘을 UX/UI에서도 활용하는 경우가 많은데, 주요 포인트(Focal point)를 눈에 띄게 강조하고자 할 때가 그렇다. 화면 내에서 다른 요소들에 비해 더 강조돼야 할 요소는 색상을 다르게 적용하는 게 가장 효과적이다. 색상이 동일한 요소는 '유사하다, 연관되어 있다'는 느낌을 준다. 위 오른쪽 예시는 화면명(Special Offer), 선택된 옵션(90days), 주활동 버튼(Become Majestic)을 동일한 오렌지 색상으로 하여 강조는 물론, 세 요소 간의 연관성도 드러내고 있다. 만약 강조의 세기를 조정하고 싶다면 색상 대신 크기나 모양을 이용하는 것도 생각해볼 수 있다.

유사한 모양, 유사한 윤곽선(Contour)을 이용하는 예시

출처: 아마존, iTV

근접성의 원리(Law of Proximity)

가까운 거리에 있는 요소들은 하나로 인식되는 경향이 있다. 붙어 있으면 하나로, 떨어져 있으면 별개로 인식되는 이 경향은 '콘텐츠 구분'에서 여백의 중요성을 통해 이미 설명한 바 있다.

가까운 거리는 하나로, 먼 거리는 별개로 인식된다

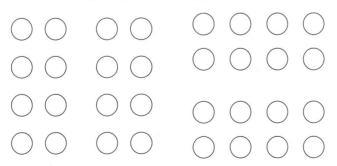

위 예시를 보면 왼쪽 이미지는 2열로, 오른쪽 이미지는 2행으로 인식될 것이다. 16개의 동그라미가 어떤 것은 동일한 간격으로 붙어 있고, 어떤 것은 먼 간격으로 떨어져 있기 때문에 우리는 무의식적으로 8개씩 구분해서 보게 되는 것이다. 그러나 색상이 들어가면 이야기가 달라진다. 다음의 왼쪽 예시는 앞 그림의 오른쪽 예시와 형태가 동일하지만 (오히려 행간 간격을 더 벌렸다) 위에 8개, 아래 8개로 보이기보다는 빨간 동그라미 12개와 그렇지 않은 동그라미 4개로 구분될 것이다. 색상이 들어가니까 간격이 힘을 발휘하지 못하는 것이다.

색상은 근접성의 원리에서도 큰 힘을 발휘하지만, 모양은 그렇지 못하다

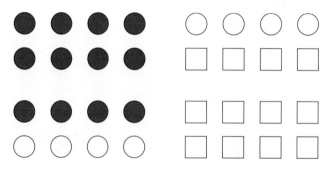

반면에 오른쪽 이미지는 동그라미 4개와 네모 12개로 바꿨음에도 불구하고 여전히 위에 8개, 아래 8개로 그룹 지어 보인다. 모양은 그다지 힘이 세지 않아 색상과 같은 효과를 낼 수 없기 때문이다. 근접성의 원리를 이용하면 우리 의도에 따라서 사용자가 요소들을 하나로 합쳐서 보거나 따로 분리해서 보게 만들 수 있다. 다음에 소개한 아마존의 상품 목록 UI는 그런 원리를 잘 보여준다.

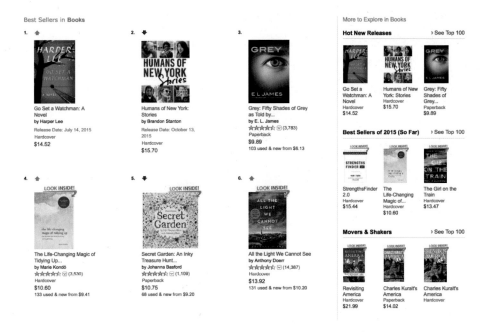

출처: 아마존

왼쪽 베스트셀러는 하나 하나가 잘 보이도록 상하좌우 간격을 넓게 벌렸다. 그렇게 함으로써 이들은 개별적으로 인식된다. 그에 비해 오른쪽의 '추천 상품'은 좌우 간격이 좁아서 각 행(row)이 하나로 인식된다. 위와 같은 UX/UI를 통해 베스트셀러는 하나씩 눈여겨 보게, 추천 상품은 주제별(New Release 등)로 구분해서 보이게 한 것이다.

유사성의 원리와 근접성의 원리는 같이 사용하는 경우가 더 많다. 동일한 요소들에 같은 형태/크기/색상을 부여하여 하나로 보이게 하면서 간격을 떨어뜨려 두 그룹을 따로 떨어져 보이게 하는 것이다.

근접성의 원리 및 유사성의 원리를 함께 찾아볼 수 있는 예시들

출처: Venmo, Etsy, Magnolia

위 그림의 왼쪽 예시는 동일 형태/크기/색상의 요소들이 하나의 그룹으로 보이게 하면서 두 그룹 간 간격을 거리가 아닌 구분선으로 떨어뜨리고 있다. 가운데 예시는 요소 간에 간격이 지나치게 좁아서 다소 복잡한 인상을 준다. 그렇지 않아도 콘텐츠인 이미지들이 서로 달라서 유사성이 떨어지는데 간격마저 좁다 보니 시각적 피로감이 올라간다. 오른쪽의 Magnolia는 상하 간격이 지나치게 멀다. 동일한 목적을 가진 하나의 그룹 내에서 간격이 지나치게 크게 떨어져 있으면 시선 흐름이 자연스럽게 이어지지 못할 수 있다.

연속성의 원리(Law of Continuity)

인간의 뇌는 요소들이 일정한 방향을 따라 연속적으로 배열될 때, 그것을 각각으로 인식하기보다는 하나로 인식하는 경향이 있다. 이 원리는 사용자들의 시선 흐름을 이끄는 데 중요한 단서를 제공한다.

연속성의 원리를 이용한 브랜드 로고 예시

출처: Unilever, Reddot, Kubota

UX/UI에서는 내비게이션이나 목록, 태그/선택 요소/칩과 같은 동일한 성격의 UI 요소들을 배열할 때 연속성의 원리를 사용한다.

연속성의 원리를 이용한 신발 진열, 내비게이션 및 검색 결과 배열 예시

출처: 나이키, 구글

연속성의 원리를 적용할 때는 사용자가 자연스럽게 개별 요소들을 하나로 인식한 다음, 의도한 방향에 따라 시선 흐름이 이어지도록 만드는 게 중요하다. 다음의 탭 바 예시들은 동일한 형태의 탭 메뉴들이 유사성의 원리에 따라 하나로 인식되는 것은 동일하지만, 연속성 측면에서 볼 때 어떤 것은 자연스럽게 좌에서 우로 시선 흐름이 이어지는 반면 어떤 것은 요소 개수가 적거나 색상이 더 눈에 띄어서 그렇지 못하다는 것을 알 수 있다.

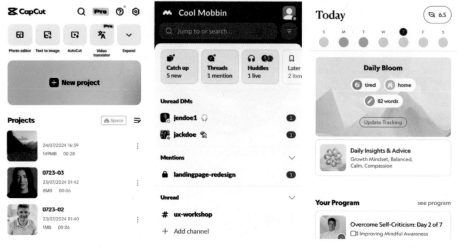

출처: CapCut, Slack, Bloom

위 그림의 왼쪽 예시에 비해 가운데 예시에서 연속성이 거의 느껴지지 않는 이유는 요소가 적어서 단기 기억에 담는 데 어려움이 없기 때문이다. 오른쪽 예시는 색상이 시선 흐름을 방해한다. 거듭 말하지만 색상은 우리 눈에 작용하는 힘이 커서 무의식적으로 눈에 띄기 마련이다. 색상이 먼저 눈에 들어오다 보니 시선 흐름이 좌에서 우로 이어지기 어렵다. 그러나 이를 잘못됐다고 하기는 어렵다. UX/UI에서 연속성의 원리는 더 중요한 다른 원칙에 비해 부분적으로 적용된다.

공동운명의 원리(Law of Common Fate)

공동운명의 원리는 게슈탈트 원리 중 유일하게 '움직임'에 대해 다룬다. 동일한 방향으로 움직이는 요소들이 서로 관련되게 인식되는 경향으로, 디즈니의 애니메이션 제작에 많은 영감을 주었고, UX/UI에서는 사용자 조작에 의한 동적 움직임인 '상태 변화(Transition)'가 중요해지면서 조명받기 시작했다.

수평적인 카드 밀기(Carousel)는 공동운명의 원리가 적용된 대표적인 예시이다

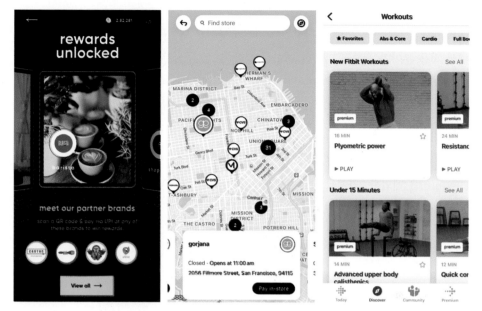

출처: CRED, Klarma, Fitbit

상태변화(Transition)는 방향 외에도 패턴, 속도, 이징(Easing), 모션 효과 등도 포함되는데, 게슈탈트 원리가 1900년대 초에 만들어진 것이다 보니 이에 대한 연구가 부족한 면이 있다. 움직임에 대한 원리는 이후 디즈니의 애니메이션과 구글 머티리얼 디자인에 의해 더 체계화되고 발전되었다.

동일한 방향으로 움직이더라도 움직임의 방식(나타나기, 사라지기, 확대하기, 축소하기, 밀려나기, 회전하기 등)에 따라 어떤 효과들이 적절한지에 대한 노하우가 쌓여왔다.

공동운명의 원리는 뒤에 이어지는 '인터랙션' 챕터에서 좀 더 자세하게 살펴볼 것이다. 동적인 움직임을 강조하는 UX/UI 트랜드는 '마이크로 인터랙션', '스크롤 시 시차 변화(Parallax Scrolling)', '스크롤리텔링(Scrollitelling)' 등의 이름으로 꾸준히 성장해 오고 있다. 지금은 애플 비전프로 등의 메타버스 기기가 점점 등장하면서 2차원 공간이 아닌, 3차원 공간에서의 공동운명의 원리가 만들어지고 있다. 이를 공간 컴퓨팅(Spatial Computing)이라고 부르는데, 이에 대해서는 이 책의 후반부에 다시 살펴보겠다.

그래픽 디자인 요소

UI에서와 마찬가지로 그래픽 디자인도 요소로부터 시작한다. 그래픽 디자인은 UI에 비해서 적용 분야가 폭넓고 다양한 변화를 꾀할 수 있기 때문에 요소들이 더 원초적이다. UI는 기본 요소들을 묶기만 해도 그럴싸해 보이지만, 그래픽 디자인의 기본 요소들은 너무 원초적이라(점, 선, 면, 색상 등) 사람의 인위적인 손길이 가미되지 않으면 아무런 의미도 만들어지지 않는다. 그래픽 디자인 요소는 (Value 포함 여부에 따라서) 8가지, 또는 7가지로 구분되는데, 이 책에서는 모바일 GUI 디자인에서 잘 사용하지 않는 질감 (Texture)을 제외한 7가지를 살펴보겠다.

그래픽 디자인의 8가지 요소

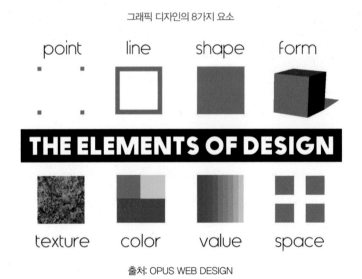

출처: OPUS WEB DESIGN

점(Point)

점은 그래픽 디자인의 가장 기본이 되는 요소다. 1차원에 해당하는 점은 그 자체로 활용될 여지가 적고, 보통은 다른 디자인 요소에 기생하여 표식, 어포던스, 마스킹으로 활용된다.

점은 다른 콘텐츠나 디자인 요소에 기생하여 활용된다

출처: Monarch, Starbucks, CapCut

위 그림의 왼쪽 예시는 점이 스케줄이 있는 날짜를 알리는 표식(sign)으로 활용되고 있다. 점이 찍혀 있다는 것은 무언가 있다는 것을 관습적으로 암시한다. 가운데 예시에서의 점은 수평 카드 밀기(Carousel)에서 어포던스(affordance) 역할을 하고 있다. 연속적으로 나열된 점을 통해서 눈에 보이는 정보 말고도 다른 정보가 더 있으며, 현재 순서는 마지막이라는 것도 알 수 있다. 오른쪽 예시에서의 점은 단순히 '안 보여주는' 용도(Masking)로 활용되고 있다. 여기에서의 점은 구체적인 기호(문자, 숫자)를 감추는 용도다.

점은 다양하게 활용하기에는 그 형태가 너무 단순하지만, 그 안에 색상을 넣어서 상태를 나타낼 수 있다. 색상은 무채색과 유채색에서 출발한다. 무채색인 회색은 비활성화, 유채색은 (그게 어떤 색상이라도) 활성화를 연상시킨다. 유채색은 제한된 숫자 내에서는 각각 다른 의미를 띌 수도 있다.

점에 색상을 적용한 예시

출처: Allset, 구글 캘린더

위 그림의 왼쪽 예시에서 지도 위의 회색 점은 (그게 문을 닫았다는 뜻인지, 예약이 끝났다는 뜻인지는 알 수 없으나) 비활성화를, 오렌지색 점은 반대로 활성화를 나타낸다. 오른쪽 구글 캘린더는 3가지 색상(빨강, 파랑, 초록) 범주 내에서 각 색상이 저마다 하나의 일정 유형을 나타내고 있다. (색상을 너무 많이 활용하면 효과가 사라진다. 밀러의 원칙을 기억하라.)

주변 다른 요소에 비해 크기를 강조해서 지배적인 느낌(Dominance)을 줄 수도 있고, 다른 요소들과 형태나 색상을 달리해서 강조(Focal Point)를 할 수도 있으나, 이는 UX/UI에서는 좀처럼 찾아보기 힘들고 편집 디자인에서 주로 활용하는 방법이다.

Dominance와 Focal Point

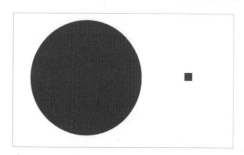 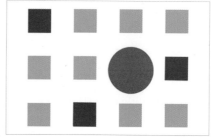

출처: OPUS WEB DESIGN

선(Line)

선은 두 개의 점을 이은 것으로, UX/UI에서 많이 활용되는 그래픽 디자인 요소다. 선은 그 자체로 '나눈다, 구분한다'는 의미를 갖고 있으며, 굵기, 방향, 형태, 패턴에 따라서 다양한 응용이 가능하다.

선은 다양한 응용이 가능하다

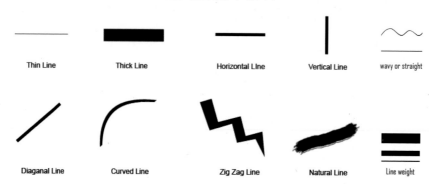

출처: Tim Trott, OPUS WEB DESIGN

선은 콘텐츠를 구분하는 용도로 많이 활용된다. 콘텐츠 구분에 위계가 존재할 경우, 여백이나 컨테이너(Container)와 같이 활용되는 경우도 많다.

구분선 예시

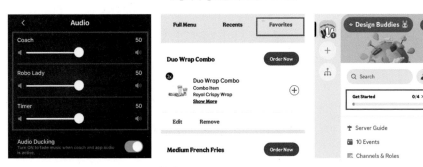

출처: Tiimo, Hinge, Monzo

왼쪽 예시에 사용된 선은 목록과 목록을 일차적으로 구분하는 데 쓰이고 있고, 가운데 예시에서는 굵은 선이 일차로 영역을 구분하고, 얇은 선이 이차로 개별 목록을 구분하고 있다. 선은 굵기에 따라서 위계(Weight)를 표현할 수 있다. 오른쪽 예시는 면(Container)이 일차 구분 역할을, 선이 이차 구분 역할을 하고 있다. 선은 구분 외에 진행이나 상태를 나타내기도 한다.

진행이나 상태를 나타내는 선 예시

출처: LADDER, Burger King, Discord

위 그림에서 왼쪽의 슬라이더는 선이 활용되는 대표적인 예시다. 슬라이더는 2개의 선과 하나(또는 2개)의 점이 전체 구간과 현재 상태를 나타낸다. 가운데 예시는 선이 메뉴를 표시하는 데 활용되고 있다. 선으로 메뉴를 표시하면 메뉴 간 이동 시 부드러운 전환(transition) 효과를 표현할 수 있다는 이점이 있다. 오른쪽 예시는 서비스 이용 현황을 보여주는 데 선이 활용되고 있다. 기본적인 구성은 왼쪽 슬라이더와 유사하다. 배경의 무채색 선은 전체 구간을, 그 위에 색상을 넣어 표시되는 선은 현재 상태를 나타낸다.

디지털 서비스 선은 구분(Divider & Separator)이나 상태 표시(Status)에 대부분 사용되기 때문에 곡선이나 비정형 패턴의 선은 사용되지 않는다. 그러나 선에 음영을 넣어서 마치 면처럼 공간을 2개로 분리시키는 효과는 자주 사용되는 기법 중 하나다.

음영을 넣어서 공간감을 만들어낸 선의 예시

출처: Yahoo Finance, Uber, Waze

모양(Shape)

모양은 경계를 통해 주변 공간과 구별되는 이차원 영역이다. 모양은 기하학적(예: 사각형, 원)일 수도 있고, 비정형적(예: 나뭇잎, 구름)일 수도 있다. 모양은 버튼, 아이콘, 컨테이너와 같은 UI 요소를 만드는 데 사용되며, 여러 가지가 결합되어 보다 복합적인 의미를 전달하기도 한다.

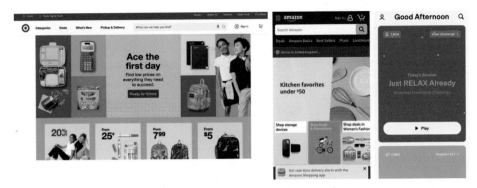

출처: Target, Amazon, Ten Percent Happier

모양은 사용자 경험에 영향을 미친다. 사각형은 정밀함과 전문성을, 원은 친근함과 접 근성을 연상시킨다. 대부분의 디지털 서비스는 사각형 스크린 위에서 서비스를 제공한 다는 특성 때문에 공간 효율성 면에서 사각형을 가장 많이 사용한다. 사각형은 모서리를 약간 둥글게 처리하거나 색상/이미지를 그 안에 결합하여 날카로움을 완화할 수 있다.

둥근 코너(Rounded Corner)와 잘린 코너(Cut Corner) 예시

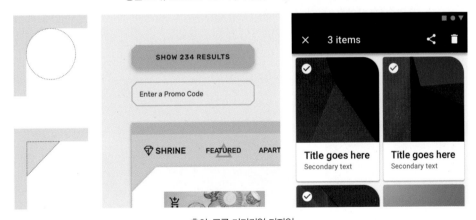

출처: 구글 머티리얼 디자인

인간은 '소리가 맛깔나다'와 같이 서로 다른 외부 자극을 연결하려는 경향이 있다. 별것 아닌 것 같아 보여도 코너를 둥글게 처리하는 것만으로도 사각형이 가지는 날카로움을 상당히 완화할 수 있다.

둥근 코너를 통해 부드러운 이미지를 전달하는 예시

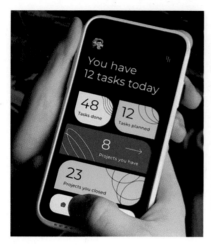

출처: Daria Kravets, Ben bely

원은 UX/UI에서 주로 아이콘이나 불릿과 같이 비교적 작은 크기의 UI 요소에서 주로 사용하지만, 시간이나 강조(Focal Point), 상태 표시를 위해 사용되는 경우도 있다. 다음의 왼쪽 예시에서의 원은 시선을 이끌기 위한 강조 목적으로 사용되었지만, 상태 변화(transition)을 이끌어가는 시각적 단서(Visual Que)로도 활용하고 있다. 가운데 예시에서는 상태 표시 용도로, 오른쪽 예시에서는 아이콘화된 정보 표시 용도로 활용되고 있다.

원 모양은 공간 효율성이 떨어지기 때문에 거의 사용되지 않으나 주목을 끄는 효과가 있다

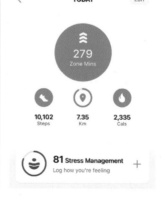

출처: Shakuro, Lifesum, Fitbit

형태(Form)

형태는 모양의 3차원적인 측면으로, 이차원적인 모양에 비해 입체적인 부피를 느끼게 하고, 시각적으로 깊이감과 현실감을 준다. 형태는 정육면체(Cubic)처럼 기하학적 형태일 수도 있고, 실제 존재하는 사물을 닮은 유기적인 형태일 수도 있다.

모양(좌)과 형태(우)의 비교

UX/UI에서 3차원으로 된 기하학적 형태는 거의 찾아보기 어렵다. 사물을 기하학적 형태로 표현하면 우리 눈에 익숙하기 때문에 더 자연스럽게 느끼지만, 버튼이나 UI 요소를 3차원 형태로 만들면 눈에 띄는 효과는 있지만 주변과 조화를 이루기 어렵고 익숙하지 않다.

형태로 된 주활동 버튼은 거의 찾아보기 어렵다

출처: monzo, apple pay, Rewind형태는 이차원 공간인 스크린상에서 레이어와 착시를 만들어 사용자의 주목을 끌고 매력적인 느낌을 통해 화면의 분위기를 주도할 수 있다. 그림자(Shadow), 그러데이션(Gradation), 조명(Spotlight) 효과를 통해 사실성이나 고유한 분위기를 강화할 수 있다.

형태 디자인에는 매우 다양한 변형과 효과가 존재한다

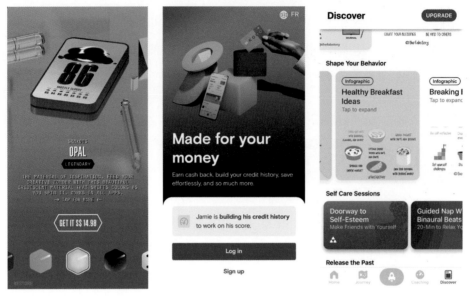

출처: Drop, (Not Boring) Habits, Fabulous

위 그림에서 왼쪽 예시는 실제 존재하는 사물(스마트폰, 연필)을 입체적 형태로 표현하여 화면에 공간감을 부여한다. 가운데 예시는 여러 개의 사물과 기하학적 형태를 결합하여 명확한 설명보다는 감각적인 분위기를 전달하고 있다. 오른쪽 예시는 음식(Breakfast) 관련 메타포들을 형태화했는데, 앞의 두 예시에 비해 더 소극적으로 디자인했다. 디지털 서비스에서 찾아볼 수 있는 3차원적인 형태는 대부분의 경우 오른쪽 예시 수준이다.

콘텐츠 자체가 입체적인 형태를 취하고 있는 예시

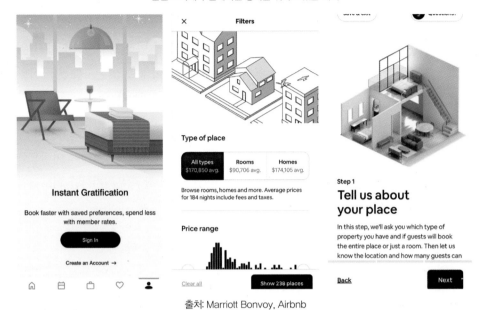

출처: Marriott Bonvoy, Airbnb

어떤 서비스는 콘텐츠 자체가 입체적인 형태를 취하고 있어서 화면 전체에서 콘텐츠가 들어간 영역만 공간감을 연출하기도 한다. 입체적인 형태를 취하는 콘텐츠들은 정보 전달 목적 외에도 구도와 원근감 표현을 신중하게 고려해야 하는데, 그에 따라 완전히 다른 인상을 전달할 수 있기 때문이다.

입체적인 형태의 콘텐츠는 구도, 원근감, 초점에 따라 전혀 다른 인상을 만들어낸다

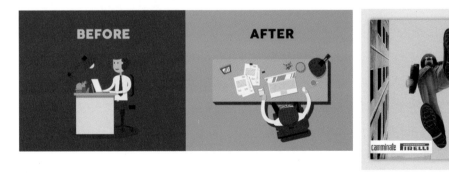

출처: Samantha Lile, Pirelli

위 그림의 왼쪽 이미지는 동일한 대상을 옆에서 시선 높이로 바라보느냐, 위에서 보느냐 (이것을 버드뷰(Bird View)라고 한다)에 따라서 전달되는 인상이 완전히 달라지는 것을 보여주고 있다. 오른쪽 피렐리(이탈리아 타이어 회사)의 신발 밑창 광고는 바닥에서 위를 보는 구도를 만들어서(Warm View) 창의적인 느낌을 자아내고 있다. 구도뿐만 아니라 원근감이나 초점도 형태를 색다르게 보이게 하는 중요한 기법이다.

GUI 디자인에서 형태를 사용하는 목적은 특정 개체(Object)에 대한 입체적인 인식과 독특한 시각적 경험을 통해서 매력과 주목도를 둘 다 높이기 위해서다. 형태가 미적으로 완성도가 높은 것도 영향을 주지만 전체적인 화면 UX/UI에 잘 어우러져야만 의도했던 세련된 경험을 전달할 수 있다.

특정 개체에 입체적인 형태를 부여하여 시각적 경험을 풍성하게 만드는 예시

출처: Fitbit, Home Depot, Storytale

색상(Color)

게슈탈트 원리에서 얘기한 바와 같이 색상은 우리 눈에 강하게 작용한다. 사람들은 색상을 통해 무언가를 연상하고 정보로 해석하기도 하며, 특정한 감정을 느끼기도 한다. 이로 인해 색상은 GUI 디자인뿐만 아니라, 브랜드 정체성을 알리거나 전반적인 사용자 경험 측면에서도 매우 중요한 요소다. 색상의 3요소는 색조(Hue), 명암(Value), 채도(Saturation)다. 색조는 우리가 일반적으로 '색'이라고 부르는 것으로, 색조를 기반으로 명암을 조정하고, 채도로 맑고 탁함 정도를 조정한다.

색의 3요소

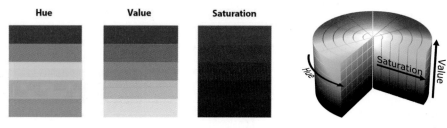

출처: OPUS WEB DESIGN

기본 색상

기본 색상은 서비스를 대표하는 색이다. 네이버, 아마존, 유튜브와 같은 유명 서비스를 들으면 특정 색상이 같이 떠오를 것이다. 기본 색상은 사람들에게 쉽게 연상될 정도로 중요하다. 보통 기업 로고나 브랜드 아이덴티티(Brand Identity)로부터 가져오기도 하지만, 디지털 서비스만의 기본 색상을 별개로 정의하는 경우도 많다.

기본 색상을 정했다고 작업이 끝나는 것은 아니다. 기본 색상은 하나의 색조에다가 틴트, 톤, 셰이드를 섞어서 여러 가지로 만들어진다. 물론 그중에도 대표 색상은 있다. 그러나 대표 색상이 모든 경우에 적용될 수는 없어 역할별로 밝고 가벼운 것부터 무겁고 짙은 것에 이르기까지 여러 개의 변형(variation)이 필요하다.

틴트(Tint)는 기본 색조에 흰색을 더하는 것이고, 톤(Tone)은 색조에 회색을 더하는 것이며, 셰이드(Shade)는 색조에 검은색을 더하는 것이다. 서비스의 기본 색조에 틴트와 셰이드를 써서 명암을 조정하고, 톤을 써서 채도를 조정하면 기본 색상 체계가 만들어진다.

기본 색조에 틴트, 톤, 셰이드를 혼합해서 하나의 색상 체계를 만든다

출처: Jennifer Jhang, Sophie(Bootcamp)

이렇게 변형된 기본 색상은 UI에서의 용도에 따라 제목, 본문, 강조, 안내, 아이콘 등에 활용된다.

기본 색상을 이용한 색상 체계와 그 적용 예시

출처: Sophie, Jake Park(Bootcamp)

보조 색상

기본 색상 외에 그것과 함께 사용되는 보조 색상(Secondary Color)을 고려할 수 있다. 보조 색상 선택이 필수는 아니지만, 보조 색상을 쓰면 서비스의 분위기를 좀 더 활기차고 다채롭게 만드는 효과가 있다. 기본 색상과 함께 사용할 보조 색상을 선택하는 것은 생각보다 까다로운 작업이다. 보조 색상을 아예 선택하지 않는 것도, 반대로 여러 개를 선택하는 것도 가능하기 때문에 어떤 것이 가장 좋은지 판단해야 한다.

5가지 배색 방식

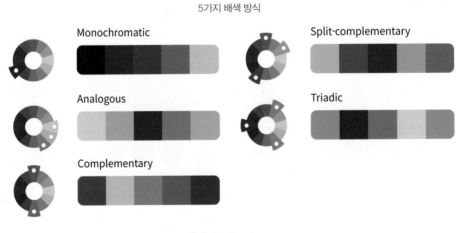

출처: Jennifer Jhang

- 단일 색상 조합(Monochromatic): 기본 색상만 사용하여 단일한 인상을 전달하는 데 유리하다. 틴트/톤/셰이드의 변형과 무채색 사용은 당연히 허용되며, 크기와 텍스처를 통해 대비를 만들기도 한다. 시각적으로 일관된 느낌을 주며 색상 조합으로 인한 충돌을 피할 수 있다.

- 유사 색상 조합(Analogous): 기본 색상과 인접한 다른 색상들을 보조 색상으로 조합하는 방식이다. 유사 색상은 부드럽고 통일된 느낌을 주며 충돌이 적기 때문에 시각적인 안정감을 준다. 난색(Red)은 활기찬 느낌을 주고, 한색(Blue, Green)은 차분하고 안정된 느낌을 준다.

- 보색 조합(Complementary): 색상 휠에서 반대에 위치한 색상을 활용하는 것으로, 강렬한 대비와 시각적인 흥미를 자극한다. 보색을 보조 색상으로 사용하면 해당 UI 요소를 강조하거나 화면 분위기에 활력을 불어넣을 수 있다.

- 분할 보색 조합(Split-complementary): 기본 색상의 반대에 위치한 보색을 하나가 아닌, 두 가지로 사용한다. 보색 조합과 마찬가지로 강렬한 대비 효과를 주지만, 더 많은 색상 변화를 통해 강조나 대비를 주기도 하고, 반대로 조화로운 색상 균형을 꾀할 수도 있다.

- 삼색 조합(Triadic): 색상 휠에서 서로 균등하게 떨어져 있는 세 가지 색상을 사용하는 방식으로, 생동감 있고 매우 화려한 디자인을 만들어 낼 수 있다.

5가지 배색이 실제 적용된 예시

출처: Coinbase, Starbucks, clubhouse, Klook, Waterllame

무채색(Achromatic color scheme)

회색은 모든 서비스에서 사용되는 '약방의 감초' 같은 색상이다. 여백, 입력 요소, 음영, 컨테이너, 비활성화, 구분선 등 회색은 서비스 곳곳에서 필수 요소로 사용된다. 무채색 스키마는 회색의 다양한 음영을 정의하는 작업을 말한다. 무채색은 8비트 이미지에서 검정(0)에서 흰색(255)까지의 값을 가지는 데, 제한된 숫자의 회색을 선택하여 UI 내에서 각각 용도별로 활용 계획을 수립하는 것이 무채색 스키마다

무채색 스키마 예시

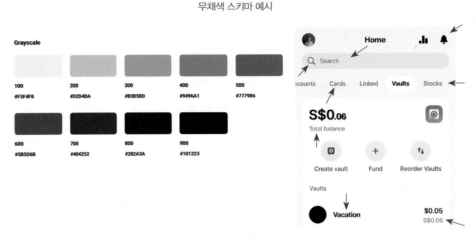

출처: Frames Design System, Revolut

위 그림의 오른쪽 예시를 보면 아이콘색, 글자색, 입력 요소나 컨테이너의 음역 색 등 화면 여러 곳에서 회색이 사용되고 있다. 아마 이렇게 말하지 않았다면 회색이 이렇게 다양하게 활용되고 있다는 것을 알아차리지 못했을 것이다. 한편으로 위에서 언급된 예시는 모두 회색이라고 하지만 명암이 일치하지 않는다. 어떤 것은 매우 밝고, 어떤 것은 검정색이라고 여겨질 만큼 어둡다. 무채색 스키마는 이렇게 서비스 곳곳에서 사용되는 다양한 회색의 단계를 구분해서 왼쪽 예시처럼 정의하는 것이다.

배색(Combination)

배색은 기본 색상을 중심으로 여러 가지 색상을 함께 사용하는 것을 말한다. 앞에서 살펴본 기본 색상, 보조 색상, 무채색을 어떻게 혼합해서 사용할 것인지 정의한다. 포인트 색상(Point Color)은 이미 관습적으로 결정되어 있지만(주의=노랑, 실패=빨강, 성공=초록, 안내=파랑) 서비스마다 톤에 약간의 변화를 줄 수 있다. 배색은 색상 체계의 중심이다. 기본 색상, 보조 색상, 무채색 자체를 정의하는 것도 중요하지만, 화면 유형이나 콘텐츠별로 그것을 어떻게 함께 사용하는지도 정의돼야 한다.

기본 색상, 보조 색상, 무채색, 포인트 색상에 대한 정의 예시

출처: Jennifer Jhang

배색 사용 시에는 가급적 60-30-10의 규칙을 지키는 게 좋다. 60-30-10의 법칙은 기본 색상을 60%, 보조 색상을 30%, 기타 색상을 10% 사용하라는 것으로 실제 UX/UI에서는 배경색이 되는 흰색을 60%의 기준으로 두는 경우도 많다.

60-30-10 배색 규칙과 그 예시

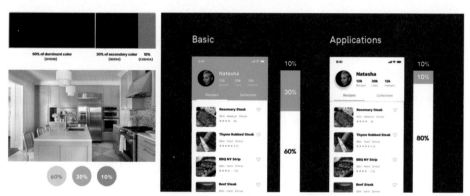

출처: Nidhi, Pilon real estate group, Jennifer Jhang

명암(Value)

명암은 색의 3요소이지만 그래픽 디자인에서는 색상과 명암을 구분해서 접근한다. GUI 디자인에서는 명암이 색상과 다른 목적을 수행하고 시각적 경험 면에서 독립적인 역할을 수행하기 때문이다. 색상이 없는 경우에도 명암은 대비와 깊이를 만들어내며, 이러한 공간적인 착시를 이용하면 화면을 부드럽고 세련되어 보이게 만들 수 있다. 콘텐츠가 적은 화면은 점진적인 명암 변화(gradation)를 사용할 경우, 공간적인 착시 효과가 더 커지면서 몇 개 안 되는 콘텐츠에 대한 주목성을 더 높이고 색상이 주는 고유한 감성을 부드럽게 다듬어 준다.

콘텐츠가 적은 화면에서의 명암을 통한 그러데이션 예시

출처: SoundCloud, Fabulous, Imgur

색상은 단일한 인상을 주는 데 비해 명암은 더 복합적이고 혼합된 인상을 줄 수 있다. 따라서 색상과는 다른 시각적 대비를 통해 단조롭지 않으면서 공간적인 착시로 더 매력적인 분위기를 연출하기도 한다.

시각적 대비와 공간적인 착시로 단조롭지 않고 매력적인 분위기를 연출한 예시

출처: Calm

명암을 통한 공간적인 착시는 그 자체로 사람들의 주목을 끌기 때문에 콘텐츠에 주목하는 게 순조롭지 않을 수 있다. 따라서 콘텐츠가 많은 화면에서는 화면 전체보다는 특정 컨테이너나 다이얼로그에만 명암 효과를 적용하기도 한다.

화면 전체가 아닌, 컨테이너, 다이얼로그에만 명암 효과를 적용한 예시

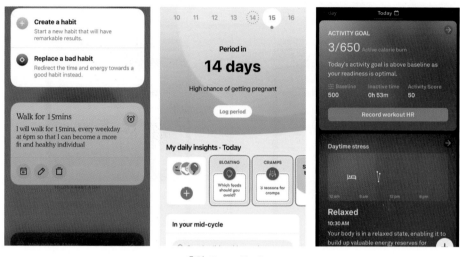

출처: Atoms, Flo, Oura

공간(Space)

공간은 게슈탈트 원리에서 살펴본 '유사성의 원리'와 밀접하게 관련되어 있다. 콘텐츠 간의 적절한 공간과 여백 사용은 정보 가독성을 높이고 개별 콘텐츠에 대한 인식율을 높인다. 공간을 통해서 사용자는 화면 구조를 떠 빠르게 이해하고 콘텐츠를 인식한다.

개체 간에 공간이 없다면 그것은 하나로 인식되거나 복잡한 과정을 거쳐 인식된다

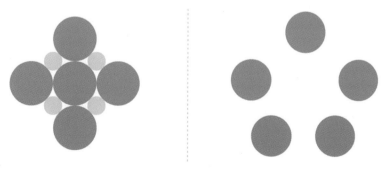

출처: Bestdesigntrend

공간은 시각적 계층 구조를 형성시키는 데 기여하여 시선 흐름이 매끄럽게 흘러가고, 그 흐름이 중요 요소에 가도록 유도한다. 중요 메시지나 주활동 버튼과 주변 요소 간에 거리를 두면 중요 요소를 더 두드러지고 쉽게 식별되게 할 수 있다.

이전 버전에 비해서 공간감을 더 늘린 2020년 페이스북 디자인

출처: Bestdesigntrend

공간은 사용성 면에서의 장점 이외에 마음을 더 차분하게 해주는 효과도 있다. 위에 예시로 든 페이스북의 2018년과 2020년의 디자인 차이를 보면 공간이 긴장감을 줄이는 데도 얼마나 큰 역할을 하는지 알 수 있다. 2018년 이전의 페이스북은 콘텐츠 밀도가 지나치게 높아서 다소 빽빽하다는 인상을 주었다.

아래 예시는 주변 요소와 거리를 두어 중요 메시지나 주활동 버튼을 강조한 예시다. 이렇게 전체 화면 차원에서 공간감을 두는 것을 매크로 여백(Macro White Space)이라고 한다.

매크로 여백 예시

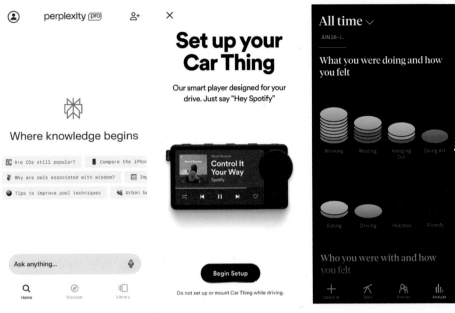

출처: Perplexity, Spotify, How We Feel

매크로 여백은 주요 섹션이나 컨테이너 사이에 시각적 거리감을 만드는 것이다. 이와 달리 마이크로 여백은 개별 UI 요소 간에 작은 공간을 만들어서 콘텐츠를 구분하고 유사한 요소 간에 논리적 그룹을 만드는 것이다. 마이크로 여백은 개별 UI 요소 간에 작은 거리 차이를 이용하는 것으로, 매우 정교하고 구분선이나 컨테이너와 같이 사용되기도 한다.

마이크로 여백 예시

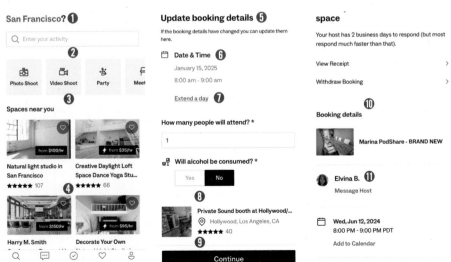

출처: Peerspace

위 그림의 왼쪽 예시는 작은 여백 차이(1~4번)를 이용하여 콘텐츠 간 구분과 조직화를 구현하고 있다. 2번에 비해 1번은 더 좁기 때문에 '근접성의 원리'에 따라 연관성이 더 높게 인식된다. 반면 5번은 그 아래 6번 여백과 동일하기 때문에 콘텐츠 간 구분이 부족하다. 7번은 여백을 통해서 위아래 요소들과 시각적으로 구분하고 있다. 마이크로 여백이 많은 화면은 여백의 크기만으로 주요 섹션/컨테이너를 구분하는 데 한계가 있다. 이럴 때는 구분선을 사용하여 여백보다 더 큰 효과(8~11번)를 준다.

화면 특성상 매크로나 마이크로 여백을 여유 있게 사용하기 어려운 경우에는 컨테이너, 그 것도 시각적 대비가 큰 색상이 부여된 컨테이너를 배치하여 위/아래 콘텐츠와 구분한다.

여백 대신 색상과 같은 시각적 대비를 통해 콘텐츠를 구분한 예시

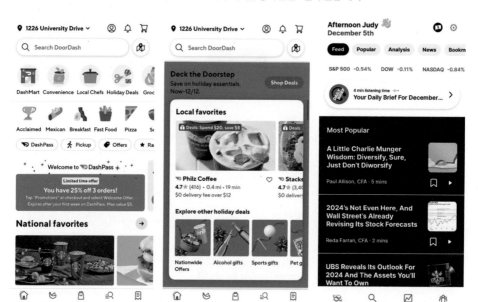

출처: DoorDash, Finimize

GUI 디자인이 하는 중요한 작업 가운데 하나인 정렬은 공간의 특성(예: 모바일, PC)에 맞게 콘텐츠를 짜임새 있게 배치하고 전체적인 배열이나 시선의 움직임을 최적화하여 콘텐츠가 보다 깔끔하게 정돈되어 보이게 만드는 작업이다. 공간에 체계적인 시각적 질서를 만들기 위해서는 콘텐츠 배치 전에 공간을 구획해야 하는 데 이것을 '그리드(grid)'라고 한다.

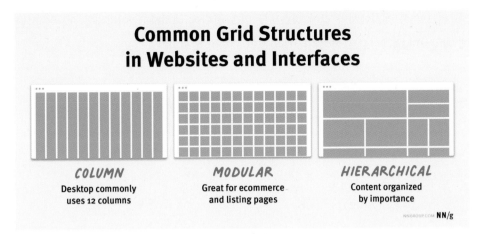

출처: NNgroup

정렬이 잘 된 화면은 시선 흐름이 경제적이다. 시선이 더 빠르고 효율적으로 이동하며, 중요 포인트에 더 자연스럽게 머물게 된다. 다음의 예시를 보면 왼쪽은 시선 흐름이 길고 콘텐츠들이 따로 떨어져 있어서 연관성이 떨어져 보이는 데 비해, 오른쪽은 시선 흐름이 더 경제적이고 시선이 중요 포인트를 분기점으로 하여 움직이게 되어 있어서 의사소통성도 더 뛰어나다.

서로 다른 정렬 예시. 왼쪽보다 오른쪽이 더 정돈되어 보이고 시선 흐름이 경제적이다

출처: Caleb Kingston

UI 요소를 공간 내 어디에 위치시키는지에 따라서 시각적 인상이 다르게 보일 수도 있다. 위 오른쪽 예시에서와 같이 텍스트를 왼쪽 상단에 배치하고, 이미지를 오른쪽 하단에 배치하면 대각선으로 이어지는 대칭적인 균형이 형성된다.

인터랙션

인터랙션 디자인은 제품/서비스와 사용자 간의 상호작용(Interaction)을 용이하게 하기 위해 등장한 분야로, 1980년대 초반 빌 모그리지(Bill Moggridge), 빌 버플랭크(Bill Verplank) 등에 의해 태동된 이후, 도널드 노먼(Donald Norman)에 의해 체계화되었다. 최초의 상업화된 GUI(Graphic User Interface) 환경 PC를 만들기 위한 애플의 LISA 프로젝트와 시기상으로 일치하며, 실제로도 LISA 프로젝트에 참여했던 인사들이 인터랙션 디자인에도 큰 영향을 주었다.

GUI 컴퓨터 환경은 제록스에서 최초로 만들어졌지만, 실제 그 과실을 거둔 것은 애플이었다

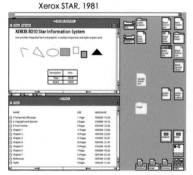 

출처: Xerox, 애플

80년대 중반부터 90년대까지 개인형 컴퓨터(PC)의 대중화가 확산되어 감에 따라 인터랙션 디자인의 영향력도 급격하게 상승했다. 미국과 유럽의 수많은 대학에서 인터랙션 디자인학과를 개설했고, 인터랙션을 전공한 디자이너들은 애플, 마이크로소프트, IBM, SAP 등의 소프트웨어 기업에 들어가서 새로운 제품/서비스를 만드는 데 기여했다. 이들의 노력 덕분인지 지금에 이르러 인터랙션 디자인의 원칙은 너무 당연하게 UX/UI 곳곳에 스며들어 있다.

인터랙션 디자인의 정립에 기여한 스탠퍼드대의 Bill Verplank 교수와 인터랙션 디자인에 대한 그의 설명

 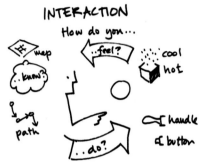

출처: Bill Verplank, Bill Moggridge

인터랙션 디자인의 원칙(Preece, J., Rogers, Y., Sharp, H., 2002)은 다음과 같다.

- 기시성(Visibility): 기능이 사용자에게 명확하게 보여야 한다.

- 피드백(Feedback): 사용자가 어떤 조치를 취했을 때 즉각적인 피드백을 제공해야 한다.

- 제한(Constraints): 사용자 상호작용을 의도적으로 제한하여 행동을 안내하고 사용자 경험을 향상시 킨다.

- 일관성(Consistency): 디자인 요소와 상호작용 패턴이 일관성을 유지해야 한다.

- 매핑(Mapping): 사용자의 기대와 머릿속 생각(Mental model)이 서비스의 구조나 흐름과 일치해야 한다.

- 행동유도(Affordance): 사용자가 쉽게 자신이 해야 할 행동을 찾을 수 있게 해야 한다.

인터랙션 디자인에서는 사용자와 제품/서비스의 상호작용을 5가지 차원으로 설명한다 (Gillian Crampton Smith, Kevin Silver). 이는 인터랙션 디자인이 다루는 일종의 재료 인 셈이다.

인터랙션 디자인의 5가지 차원

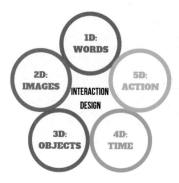

출처: Gama Rae Comaingking

말(Words), 시각 요소(Images), 물리적 개체(Objects), 행동(Action)은 UI와 겹치는 부분이 많기 때문에 이미 이 책의 곳곳에서 소개했다. UI와 겹치지 않은 인터랙션 디자인만의 고유한 부분은 '시간(Time)'이다. 시간은 UI와 인터랙션을 가르는 중요한 차이다. UI가 정적인 데 비해, 인터랙션은 동적이다. UI는 정보를 가공하고 특정 의도대로 구성하고 화면 내에 배치하고 최적의 형태로 만드는 작업이다. 그에 반해, 인터랙션은 사용자가 어떤 제스처를 했을 때 그 상태나 피드백을 어떻게 보여줄지를 만드는 것이고, 때로는 상태 변화(Transition)를 통해 변화를 매끄럽게 보여주기도 한다.

인터랙션 디자인은 동적인 변화를 다루는 영역이다

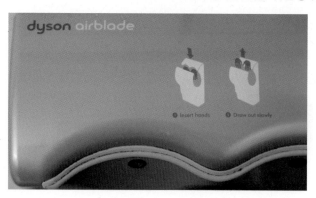

출처: 다이슨, 애플

위 예시 왼쪽의 다이슨 손 건조기(air blade)와 오른쪽 애플 아이패드 키보드는 시각요소를 통해 사용자들에게 제스처를 안내하고 있다. 다음의 예시는 문 손잡이와 옷걸이라는 물리적 개체의 형태를 통해서 사용자의 행동(밀어라 vs 잡아당겨라, 옷걸이를 내려라)을 유도(affordance)하고 있다.

인터랙션 디자인은 사용자의 올바른 행동을 유도하는 것이 중요하다

출처: Ansh Verma

가운데 홈을 따라서 카드를 긁으면 빵이 잘리거나 매듭이 끊어지면서 기부가 되는 사례, slice to donate

출처: misereor

모바일 UX/UI는 상호작용이 활발하기 때문에 인터랙션이 특히 중요하다. PC와 비교하면 모바일 스크린은 작고 담을 수 있는 정보 양이 적으며 UI가 단순하지만, 그 인터랙션은 비교할 수 없을 만큼 다양하고 활발하다. 모바일 인터랙션에 대해서는 2020년에 출간한 《이것이 UX/UI 디자인이다》(위키북스, 2020)'를 통해 이미 소개했으니 이 책에서는 모바일에서의 인터랙션을 어떻게 설계하는지 살펴보고자 한다.

인터랙션 설계 프로세스

UI는 인터랙션 유/무에 따라서 그 공간적인 형태가 크게 좌우된다. 물론 음영이나 명암으로도 개체(Object)가 입체적으로 보이게 할 수는 있지만, UI에 인터랙션이 빠지면 화면 간 이동이나 화면 내 다이얼로그 등장과 같은 전환(Transition) 시 움직임은 보여주지 못하고 빠른 변화(Quick Change)만 가능하다. UI에 인터랙션이 가미되지 않으면 뚝뚝 끊겨 보일 수밖에 없는 것이다.

Quick Change = 2차원적인 공간 형태   인터랙션이 더해진 UI = 3차원적인 공간 형태

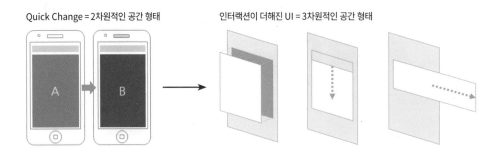

인터랙션 설계는 사용자가 어떤 행동을 하거나 서비스에서 어떤 이벤트가 발생했을 때 서비스에서 일어나는 변화, 그 변화에서 느껴지는 질감을 만드는 작업이다. 예를 들어 다음 예시와 같이 스크롤에 따라 상단 헤더 영역이 줄어들다가 종국에는 탭 바(Tab bar)만 최상단에 고정시키고 싶다고 해보자.

가장 흔하게 찾아볼 수 있는 인터랙션 방식. 스크롤 위치에 따라서 상단 헤더 영역이 변형된다

- 스크롤(사용자 행동)로부터 인터랙션이 시작된다.

- 스크롤이 시작되면 상단 헤더 영역(blue)은 하단 본문 영역(white)과 교차(parallax)하면서 크기 (Scale)가 점점 줄어든다. 눈으로 봤을 때 하단 본문 영역이 상단 헤더 영역을 덮는 것처럼 느껴진다.

- 상단 헤더 영역이 점점 줄어들어 탭 바만 남겨졌을 때 탭 바는 그 위치에 고정된다. 스크롤이 계속 진행 돼도 더 이상 줄어들지 않고 크기를 유지한다.

- 탭 바가 고정됨과 동시에 파란색에서 흰색으로 색상이 변경된다(파란색 유지가 더 낫겠지만).

위 예시는 비교적 간단한 인터랙션이지만, 어떤 인터랙션을 설계하기 위해서는 그것이 시작된 계기와 움직임의 규칙, 움직이는 과정에서의 효과를 정의해야 한다. 인터랙션 설계는 어떤 트리거에 따라 UI 요소들이 변화되는 패턴을 설계하고, 여기에 변화의 질감을 불어넣는 작업이다. 반복은 로딩과 같은 일부 요소에서만 존재하기 때문에, 특별한 경우가 아니라면 '반복 시 작동 방식'은 고려하지 않아도 된다. 트리거와 규칙은 그다지 어렵지 않으나, 효과는 전문적인 지식과 난이도를 요한다.

인터랙션 설계 프로세스

출처: Wyzowl

- 트리거(Trigger): 인터랙션을 시작하게 만드는 것(시작하는 사용자의 행위/제스처, 특정 조건에 따른 서비스의 반응/이벤트)

- 패턴(Rules): 인터랙션의 작동 패턴 정의(움직이는 방향, 움직임을 통해 전달하는 콘텐츠)

- 효과(Feedback): 행위에 따른 결과와 그것을 어떻게 보여줄지 결정하는 것

- 반복방식(Loops & Modes): 반복이 어느 정도 필요할지, 반복을 멈추게 하는 사용자의 행위 정의

위와 같은 인터랙션 설계를 UI 관점에서 바라보면 UI상의 어떤 요소는 그대로 있고, 어떤 요소는 변화의 주인공이며, 어떤 요소는 사라지고, 어떤 요소는 새롭게 등장한다. UI 상에서 인터랙션과 상관없이 그대로 있는 것을 고정 요소(Static element), 변화의 주인공을 영속 요소(Persistent element), 사라지는 요소를 퇴장 요소(Outgoing element), 나타나는 요소를 등장 요소(Incoming element)라고 한다.

인터랙션 설계 관점에서 본 UI 요소

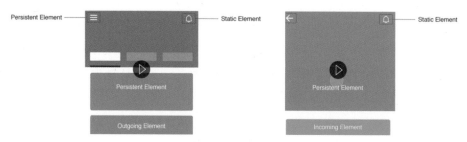

출처: 구글 머티리얼 디자인

- 고정 요소(Static element): 변화 가운데서도 위치/크기/형태가 그대로 보존되는 요소

- 영속 요소(Persistent element): 위치/크기/형태가 변화하지만 자신의 속성은 유지되는 요소

- 퇴장 요소(Outgoing element): 원래의 UI에 있었지만 변화와 더불어 사라지는 요소

- 등장 요소(Incoming element): 반대로 원래는 없었지만 변화와 더불어 나타나는 요소

우리 눈은 움직임을 민감하게 인식하기 때문에 인터랙션 효과는 방향, 속도, 이징, 모션 효과 등을 종합적으로 고려해야 한다. 그러나 인터랙션에 효과를 넣는 작업은 매우 전문적인 지식을 요구할 뿐만 아니라, 전문적인 툴(예: 애프터 이펙트)도 다룰 수 있어야 하기 때문에 트리거와 패턴을 설계한 이후에는 인터랙션 효과를 구현할 수 있는 전문 '모션 디자이너'와의 협업이 필요하다.

트리거(Trigger)

트리거는 인터랙션이 시작되는 첫 번째 단계를 말하며, 사용자가 서비스 내에서 하는 행동과 서비스가 특정 조건에 따라 발생하는 이벤트, 2가지로 나뉜다.

- 사용자 트리거: 사용자가 수행하는 제스처. 모바일에서 가장 일반적으로 수행되는 사용자 트리거는 탭 (tap)이다. 탭은 실행은 물론 무언가를 선택하고 입력하고자 할 때도 빈번하게 수행된다. 그다음으로 스크롤, 스와이핑, 핀치 인/아웃 등도 많이 수행된다.

- 서비스 트리거: 특정 조건(예: 예약했던 주식 거래가 성사됐다)에 따라서 서비스가 보내는 이벤트. 사용자가 미리 조건을 지정하는 경우와 미리 정해진 서비스 정책에 따라 조건 성립 시 진행되는 경우(예: 신규 입점 상품 알림)로 다시 나뉜다.

사용자 행동과 서비스 이벤트가 주거니 받거니 하면서 이용흐름이 전개된다

출처: Black Tusk Web Design

사용자 트리거와 서비스 트리거는 나타나는 방식이 다르기 때문에 중요 기준도 서로 다르다. 직관성과 접근성이 중요한 사용자 트리거에 비해, 서비스 트리거는 적시성, 명확성, 우선순위에 따른 가시성이 중요하다.

- 직관성: 사용자가 직접 조작할 수 있어야 하기 때문에 그것이 쉽게 떠올라야 한다. 만약 트리거가 어렵다면 사용자는 어떤 행동을 해야 하는지 모를 것이다. 따라서 모든 트리거는 재인(Recognition)이 자연스럽게 이뤄져야 한다.

- 접근성: 한 손으로도 자연스럽게 조작할 수 있어야 한다. 트리거하는 데 노력이나 높은 주의력을 요구해서는 안 된다.

- 적시성: 서비스 트리거는 사용자가 예상한 시점 혹은 주목할 만한 시점에 적절하게 나타나야 한다. 맥락에 부합하지 않은 서비스 트리거는 주목을 받지 못하거나 사용자를 성가시게(distraction) 만들 수 있다.

- 명확성: 서비스 트리거는 전달하는 내용이 쉽고 명확하게 이해돼야 한다.

- 우선순위에 따른 가시성: 서비스 트리거는 그 우선순위에 따라 가시성이 다른 방식으로 나타나야 한다.

- 일관성: 사용자 트리거든 서비스 트리거든 하나의 서비스에서 나타나는 트리거는 일관성을 유지해야 한다.

Yubo의 직관적이면서 일관된 인터랙션 트리거 사례

출처: Yubo

사용자 트리거

사용자 트리거는 제스처나 행동이라고도 부른다. '좋은 UX/UI의 조건' 챕터에서 이미 '사용자 행동 뒷받침'에 대한 여러 가지 이야기를 한 바 있지만, 여기에서는 인터랙션 디자인 관점에서 좀 더 살펴보기로 한다.

어떤 서비스는 '사용자 트리거'를 통해 자신을 차별화하려고 한다. 그러나 사용자 트리거는 차별화의 대상이 아니며, 차별화된 사용자 트리거는 오히려 직관성만 저해할 수 있다. 사용자 입장에서 봤을 때 친숙하지 못한 트리거는 외면 받기 십상이다.

우에서 좌로 밀면 목록이 지워지는 것과 마우스로 점선을 내리그으면 포장지가 벗겨지도록 한 사용자 트리거 예시

출처: Sravani Bathraj, Simply Chocolate

위 그림에서 왼쪽은 오른쪽에서 왼쪽으로 밀면 목록이 지워지도록 한 예시다. 이는 일반적이지 않을뿐더러 이렇다 할 행동 유도(Affordance)도 보이지 않는다. 오른쪽 예시는 그나마 포장지 절단면의 점선을 반복적으로 보여줘서 행동 유도 효과는 있는 편이나 마우스로 그것을 내리긋는다는 행위가 직관적이지 않다.

어떤 사용자 트리거는 수행 능력에 따라 어려울 수 있다. 일반인들이라면 쉽게 연상할 수 있는 롱 탭(Long tab)이나 큰 스와이프(Large Swipe)를 디지털 취약 계층은 잘 떠올리지 못한다. 평소에 탭, 스크롤, 스와이프만 주로 사용하기 때문에 보이지 않는 UI를 호출하는 롱 탭이나 큰 스와이프는 이들에게 익숙하지 않다.

사용자 트리거는 접근성도 고려해야 한다. 가장 일반적으로 거론되는 것은 엄지손가락으로 쉽게 닿을 수 있는지 여부(Thumb zone)다. 한 손으로 쉽게 조작할 수 없는 영역에 자주 사용하는 UI 요소를 놓으면 아무래도 불편을 초래할 수 있다.

한 손 조작이 힘든 영역(Blind spots)을 보여주는 이미지

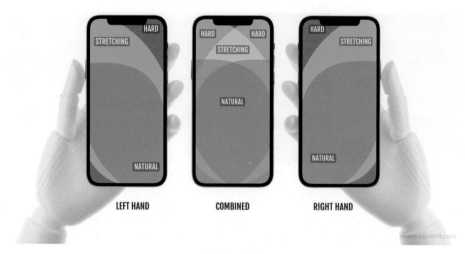

출처: apriorit

트리거와 패턴 간에는 일관된 매핑이 있어야 한다. '왼쪽으로 밀기 – 공유, 즐겨찾기, 오른쪽으로 밀기 – 삭제, 편집'과 같이 일관된 패턴이 있어야 사용자들이 쉽게 학습하고 따라할 수 있다. 같은 트리거에 여러 개의 규칙이 존재하거나, 서로 다른 트리거에 동일한 규칙이 적용돼서는 안 된다. 다음 예시는 옆으로 밀어도 삭제가 되고, 아래로 밀어도 삭제가 되는 경우다.

사용자 트리거에는 일관된 규칙이 부여돼야 한다

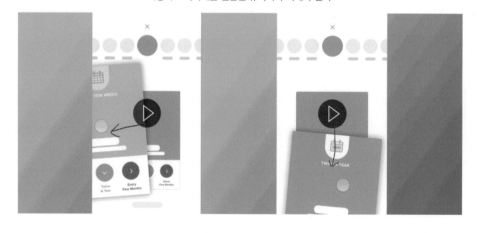

출처: Brad Hoen

최근에는 주활동 버튼을 스와이프나 드래그앤드드롭(Drag & Drop)으로 대체하는 예시가 나타나고 있다. 탭은 단순한 행위로 인해 실수를 유발할 염려가 있다. 따라서 더 신중한 행동이 요구되는 스와이프나 탭은 그 행동을 하기 전에 정보를 확인/입력하는 행동이 선행돼야 하지만, 드래그앤드드롭은 해당 개체를 화면상의 어딘 가에 가져다 놓아야 하기 때문에 확인/입력 과정을 생략할 수 있다.

송금 인터랙션이 다양해지고 있는 우리나라 핀테크 앱 예시

출처: 어카운즈, 애플 월렛

위 그림에서 오른쪽에 예시로 든 애플 월렛은 iMessage 대화창에서 바로 송금을 보낼수 있다. 음성이나 문자 방식의 대화형 인터페이스는 한때 주목을 받았지만, 말귀를 못알아듣는 미숙한 자연어 처리에 사용자들이 실망하면서 잠깐의 유행으로 끝났다. 하지만 AI의 발전으로 그러한 미숙함이 많이 개선되면서 화면상에서 손가락으로 조작하던트리거가 앞으로는 음성이나 문자 방식으로 많이 대체될 것으로 보인다.

애플 iOS와 구글 안드로이드 운영체제는 화면 이동과 관련하여 서로 다른 사용자 트리거가 존재한다.

iOS에서 큰 스와이프를 통해 뒤로가기 및 앱 종료하기, 안드로이드에서 위아래 스와이프를 통한 다이얼로그 조작하기

 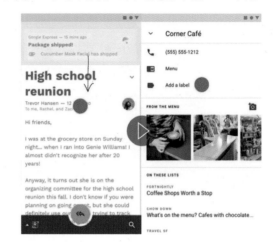

출처: 애플, 구글

스크린 왼쪽 가장자리에서 큰 스와이프를 하면 뒤로 가기나 홈 화면으로의 이동이 가능하고, 위로 스와이프를 하면 숨겨진 다이얼로그를 호출하거나 아래로 내려서 그것을 다시 닫을 수 있다. 안드로이드는 백 제스처 미리보기(Predictive Back Gesture)라고 해서 사용자가 백 제스처를 완료하기 전에 그 결과를 미리 볼 수 있는 기능도 지원한다.

서비스 트리거

서비스 트리거는 사용자가 아닌, 서비스로부터 시작되는 트리거로 안내, 공지, 알림 등이 대표적이다. 서비스 트리거는 정책에 따라 사용자에게 확인을 요구하거나 동의를 구하는 것으로, 다음 예시는 대표적인 서비스 트리거인 소프트웨어 업데이트와 처음 사용자를 위한 이용 안내다.

대표적인 서비스 트리거인 소프트웨어 업데이트와 처음 사용자를 위한 이용 안내

출처: 애플

서비스 트리거에 의한 전환(transition)은 다이얼로그를 띄우는 정도로 성격이 단순하기 때문에 패턴이나 효과가 제한적이다. 대부분 단순하고, 짧고, 정형화되어 있다. 다이얼로그가 새롭게 화면 위에 등장하거나 버튼이 점점 커지면서 다른 형태로 변형되는 식이다.

서비스 트리거에 의한 인터랙션의 여러 가지 형태

출처: Craft, Noom, Bloom

위 그림의 왼쪽은 사용자에게 선택을 요구하는 다이얼로그 예시다. 서비스 트리거로 등장했지만, 다이얼로그 안에서 사용자에게 4단계에 걸쳐 선택을 요구한다. 전체적인 흐름은 서비스 트리거가 주도하지만, 그 중간에 '입력', '선택'과 같은 사용자 트리거가 활발하게 요청되는 형태다. 반면에 가운데 예시처럼 정보만 보여주고 끝나는 형태도 있고, 오른쪽 예시처럼 애니메이션이나 동영상이 일정 시간 동안 지속되면서 과정 마지막에 사용자에게 간단한 선택(동의 여부)을 요청하는 형태도 있다.

서비스 트리거에 의해 시작된 '대화형 온보딩'이 사용자의 선택에 따라 이어지는 경우, 다이얼로그로 제한하지 않고 마치 하나의 화면이 스크롤해서 내려가는 것처럼 보이는 경우도 있다.

마치 하나의 화면이 스크롤되는 것처럼 인터랙션이 전개되는 Stoic(습관 관리 앱)의 온보딩 과정

출처: Stoic.

패턴(Rules)

패턴(Rules)은 인터랙션이 움직이는 방식을 말한다. 트리거가 인터랙션의 시작이라면 패턴은 인터랙션의 중심이라고 할 수 있다. 움직임은 그 자체로 메시지를 전달한다. 크기, 투명도, 위치, 모양, 속도의 변화는 어떠한 부연 설명 없이도 중요도, 등장과 퇴장, 상태 변화라는 메시지를 전달한다. 인터랙션이 배제된 채 UI만으로 이러한 메시지를 표현하려고 한다면 상대적으로 더 복잡할 것이다.

움직임에 따라 전달되는 메시지

지표	Positive	Negative
크기	커진다 = 등장, 상태 변화	작아진다 = 퇴장
투명도	감소한다 = 등장	증가한다 = 퇴장
위치	상하좌우→중앙 = 등장, 상태 변화	중앙→상하좌우 = 퇴장, 상태 변화
모양	비정형→정형 = 등장, 상태 변화	정형→비정형 = 퇴장, 상태 변화
속도	빨라진다 = 상태 변화	느려진다 = 상태 변화

디지털 서비스에서의 인터랙션 패턴은 대부분 등장/퇴장과 관련되어 있다. 콘텐츠가 등장하거나 퇴장하는 움직임으로 사용자들의 주의를 환기시키거나 관심을 전환할 수 있다. 상태 변화는 크기/위치/모양/속도의 변화를 통해 표현된다.

등장/퇴장과 관련된 패턴은 다음 3가지가 있다.

- 페이드 전환(Fade Transition): UI 요소의 투명도를 점차적으로 변경하여 나타나거나 사라지게 하여 자연스럽게 등장 요소나 퇴장 요소를 표현할 때 사용된다.

- 슬라이드 전환(Slide Transition): 한 화면 또는 요소가 다른 화면이나 요소로 전환될 때 주로 사용된다.

- 스켈레톤 로더(Skeleton Loader): 로드 중인 화면의 전체 레이아웃부터 시선 흐름상 앞서 있는 콘텐츠가 순차적으로 뜨도록 하여 사용자들이 체감하는 대기 시간을 줄일 때 사용된다.

슬라이드 전환 예시. 갑자기 바뀌는 것(Quick Change)과 달리 부드럽고 안정된 느낌을 전달한다

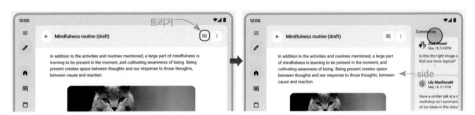

출처: 구글 머티리얼 디자인

상태 변화와 관련된 패턴은 스케일 전환(Scale Transition), 컨테이너 전환(Container Transition), 축 전환(Axis Transition) 등으로 구분하기도 하지만, 스케일 전환을 제외한 2개의 패턴은 다른 패턴들과 겹치는 부분이 많아서 이 책에서는 '스케일 전환'과 '마이크로 인터랙션'에 대해서만 살펴보고자 한다.

- 스케일 전환(Scale Transition): UI 요소의 크기 변화를 통해서 주의를 끌고 화면 전체에 걸쳐 역동감을 자아낼 때 사용된다.

- 마이크로 인터랙션(Micro Interaction): UI 요소의 위치/크기/모양을 동시에 변화시켜 간단하지만 눈에 띄는 효과를 나타낼 때 주로 사용된다.

컨테이너 전환과 축 전환의 예시. 일반인 관점으로는 스케일 전환과의 차이를 발견하기가 어렵다

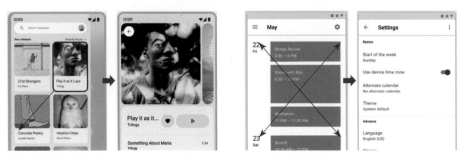

출처: 구글 머티리얼 디자인

페이드 전환(Fade Transition)

화면은 그대로 있는 상태에서 그 위에 다른 화면이나 정보 패널이 서서히 떴다가(투명도 0→1) 사라지는(투명도 1→0) 패턴이다. 사용자가 UI 변화를 쉽게 인식할 수 있도록 돕고, 새로운 콘텐츠가 나타날 때 자연스럽게 주의력이 옮겨가도록 하는 효과를 준다. 페이드 전환은 화면 내 다이얼로그를 나타나거나 사라지게 할 때 주로 사용된다.

페이드 전환은 화면 내 다이얼로그가 나타나고 사라질 때 주로 사용한다

출처: 구글 머티리얼 디자인

페이드 전환은 사용자에게 무언가를 전달하거나 입력/선택을 요구하려는 목적이기 때문에 나타나는 효과가 비교적 단순하다. 다이얼로그는 갑자기 뜨는(Quick Change) 경우도 있지만, 페이드 전환을 적용하면 트리거로부터 부드럽게 확장되거나 다이얼로그의 형태가 화면 중앙에 먼저 뜬 다음, 내용이 서서히 나타난다. 트리거 위치로부터 시작된 경우, 페이드 전환은 항상 중앙 방향으로 나타나며, 사라지는 방향은 그 반대다.

페이드 전환은 트리거가 시작된 지점에서 중앙 방향으로 나타난다

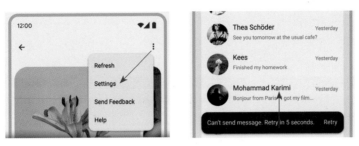

출처: 구글 머티리얼 디자인

크로스 페이드(Cross Fade)는 사라지는 요소의 페이드 아웃(Fade out)과 나타나는 요소의 페이드 인(Fade in)이 동시에 겹쳐 보이게 하는 패턴이다.

크로스 페이드는 등장 요소와 퇴장 요소 간의 교차가 이뤄진다

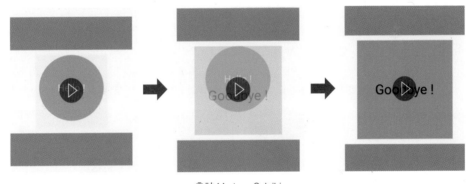

출처: Murtaza Sulaihi

이 과정에서 두 요소가 함께 보이는 프레임이 있는데, 영화에서는 이를 디졸브 전환(Dissolve Transition)이라고 한다. UX/UI는 (영화와 달리) 복잡한 인지 가능성을 가급적 피하기 때문에 의도적으로 디졸브 전환을 시도하는 경우는 거의 없다. 그래서 등장 요소가 나타나기 전에 퇴장 요소를 완전히 사라지게 하기도 한다(Fade Through).

슬라이드 전환(Slide Transition)

슬라이드 전환은 하나의 화면에서 다른 화면으로 넘어가거나(Horizontal Slide), 화면 내에서 카드가 수평적으로 밀려나는 효과(Carousel)에 주로 사용된다. 페이드 전환이

'서서히 나타난다'였다면, 슬라이드 전환은 '미끄러져 나타난다'는 느낌을 준다. 커튼을 열고 닫을 때와 유사하다.

슬라이드 전환은 부드럽게 화면이 전환될 때 주로 사용된다

출처: 구글 머티리얼 디자인

슬라이드 전환은 메뉴나 버튼을 탭했을 때 일어나기도 하지만, '미끄러져 나타난다'는 움직임 특성상 스와이프(Large Swipe)를 통해서 일어나기도 한다. 트리거가 탭(tap)일 때는 선택한 메뉴/버튼이 슬라이드 전환을 통해 나타나고 스와이프일 때는 왼쪽이나 오른쪽의 이웃한 화면들로 전환된다.

특정 메뉴/버튼을 통한 슬라이드 전환(좌)과 스와이프를 통한 슬라이드 전환(우) 예시

출처: 구글 머티리얼 디자인

슬라이드 전환은 다음과 같은 경우에 주로 사용된다.

- 메뉴/필터: 햄버거 버튼이나 필터 버튼을 탭할 때 내비게이션 드로워(Navigation Drawer)나 필터 드로워(Filter Drawer)가 좌우에서 나타난다.

- 탭 간 이동: 탭 메뉴(tab bar) 간에 이동 시 슬라이드 전환을 통해 사용자가 현재 선택한 탭의 내용을 쉽게 파악할 수 있게 한다.

- 다이얼로그: 다이얼로그는 대부분 페이드 전환을 통해 나타나지만, 간혹 화면 위나 왼쪽에서 중앙으로 슬라이드 전환되는 경우도 있다.

슬라이드 전환은 이동 방향을 통해 화면과 UI 요소 간 위계 관계를 나타낼 수 있다. 가령 왼쪽에서 오른쪽 방향은 위계가 더 높은 것을 나타낼 때 사용하며, 오른쪽에서 왼쪽 방향은 위계가 더 낮은 것을 나타낼 때 사용한다. 다이얼로그가 위에서 아래로 나타나는 것은 현재 맥락과 별개로 중요한 알림이 있다는 것을 알려준다. 이처럼 슬라이드 전환의 장점은 나타나는 방향으로도 위계를 표현할 수 있다는 데 있다.

슬라이드 전환은 좌/우측에서 나타나는 경우와 위에서 나타나는 경우로 나뉜다

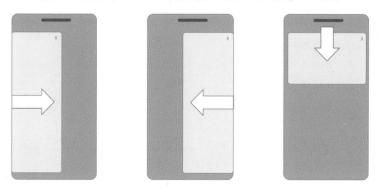

스켈레톤 로더(Skeleton Loader)

스켈레톤 로더는 화면을 한 번에 불러와서 보여주는 게 아니라, '레이아웃→내비게이션→콘텐츠1→콘텐츠2…'와 같이 순서대로 보여주는 방식으로 사용자에게 미리 화면을 예상하고 체감 대기 시간을 줄여주는 효과가 있다.

스켈레톤 로더는 화면을 불러오기 전에 레이아웃을 먼저 보여줌으로써 '시각적 예시(Visual Place holder)'를 전달한다

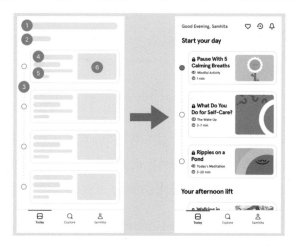

출처: NNgroup

스켈레톤 로더는 화면을 불러오기 전에 레이아웃을 먼저 보여줌으로써 '시각적 예시 (Visual Place holder)'를 전달한다는 점이 중요하다. 처음부터 레이아웃을 먼저 보여 주기 때문에 사용자는 화면상의 정보를 미리 예측해 볼 수 있다. 그다음에 위에서부 터 순서대로 내비게이션, 콘텐츠 1, 콘텐츠 2가 뜨기 때문에 그것을 하나씩 확인할 수 있다. 인간은 한 번에 하나의 대상에만 집중할 수 있기 때문에(선택적 주의, Selective Attention) 스켈레톤 로더는 UX 면에서도 의미 있는 방식이다.

일반적인 화면 로딩과 달리 스켈레톤 로더는 화면 내 콘텐츠들을 여러 개로 쪼개서 불러온다

일반적인 화면 로딩

```
[  0  ] ──────100──────▶ [ 화면 ]
```

스켈레톤 로더(Skeleton Loader):

```
[  0  ] ─20─▶ [레이아웃] ─20─▶ [내비게이션] ─20─▶ [콘텐츠 1] ─20─▶ [콘텐츠 2] ─20─▶ [ 화면 ]
```

스켈레톤 로더는 아무런 효과 없이 회색 상자로 된 레이아웃을 띄우기보다는 펄싱 (Pulsing, 고동치는 것)이나 웨이빙(Waving, 파도처럼 밀려오는 것) 효과를 줘서 콘텐츠 를 불러오는 과정을 좀 더 다이내믹하게 연출하는 경우가 많다.

펄싱 효과가 곁들여진 스켈레톤 로더 예시

출처: Prototypr

스켈레톤 로더는 홈, 검색 결과, 목록과 같이 불러와야 하는 콘텐츠 양이 무거운 화면에 서 주로 사용된다. 콘텐츠 양이 적은 가벼운 화면에서는 굳이 사용할 필요가 없으며 오 히려 걸리적거린다는 느낌만 줄 수 있기 때문이다.

스케일 전환(Scale Transition)

스케일 전환은 UI 요소의 크기 변화를 통해서 대상을 강조하고자 할 때 사용한다. 확장 영역이 부분적인 경우도 있고, 전체 화면으로 확장되는 경우도 있다. 부분 확장은 숨겨진 기능을 호출할 때 사용되며, 전체 화면 확장은 목록이나 카드 탭 시 해당 화면으로 전환될 때 사용한다.

스케일 전환이 부분적으로 확장되는 경우와 전체 화면으로 확장되는 경우

출처: 구글 머티리얼 디자인

부분 확장되는 스케일 전환은 플로팅 버튼, 텍스트/카드 레이어에 주로 사용되며, 현재 화면을 흐리게 처리(Dimmed)하는 것과 동시에 진행하여 그 결과에 사용자의 주목을 끌어 낸다.

부분 확장되는 스케일 전환

출처: 구글 머티리얼 디자인

전체 화면으로 확장되는 스케일 전환도 부분적인 확장과 움직이는 패턴은 동일하다. 다만 전체 화면으로 확장되면서 이동 시 효과(Horizontal Out, Vertical Out, Linear)를 감안해야 한다.

전체 화면으로 확장되는 스케일 전환

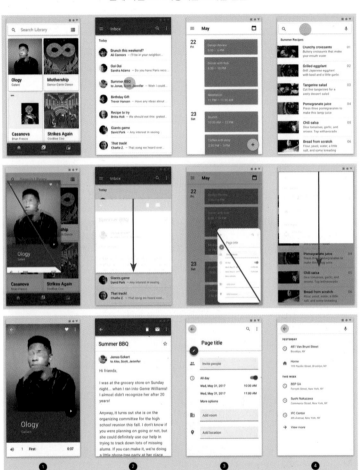

출처: 구글 머티리얼 디자인

위와 같이 전체 화면으로 확장되는 스케일 전환을 '전체 화면 오버레이(Full screen overlay)'라고 하는데, 현재 맥락을 유지하면서 일시적으로 검색 인터페이스, 설정, 상세 정보 확인을 할 때 유용하게 사용된다.

스케일 전환의 장점은 인터랙션의 시작(트리거)과 결과(전환된 화면) 간에 시각적 연속성이 존재한다는 점에 있다. 페이드 전환이나 슬라이드 전환과 달리 사용자가 선택한 트리거에서 출발하여 변화가 시작되기 때문에 좀 더 매끄럽게 연결된다는 느낌이 강하다. 스케일 전환은 정보 패널, 레이어, 화면에 주로 쓰이는 데, 이러한 적용 대상 면에서는 '컨테이너 전환(Container Transition)'이라고도 부른다.

마이크로 인터랙션(Micro Interaction)

색상/형태/내용을 보다 다이내믹 하게 변화시키는 마이크로 인터랙션(Micro Interaction)은 움직임이 자유롭고, 위에서 살펴본 4가지 패턴과 겹치는 경우도 있어서 체계화하기 어렵다. 그러나 상태 변화 패턴으로 별도 분리한 이유는 다른 패턴에서는 볼 수 없는 독특한 쓰임새가 있기 때문이다.

- 회전하기: UI 요소가 180도 돌면서 뒷면에 있는 정보로 전환된다.

- 나누기: UI 요소가 여러 개로 나눠지는 동적인 효과와 더불어 상세한 기능이 나타난다.

- 합치기: 여러 개의 UI 요소가 하나로 합쳐지거나 하나의 컨테이너 안으로 모인다.

- 이동하기: 원래 있던 위치에서 다른 위치로 UI 요소가 이동한다.

마이크로 인터랙션은 움직임이 더 자유분방하다

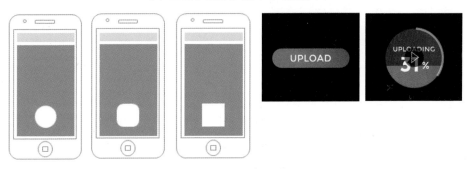

출처: Saranraj C(오른쪽)

마이크로 인터랙션은 하나의 UI 요소가 사용자 트리거나 진행 상태에 따라서 그 색상/형태/내용이 동적으로 변화되는 것으로, 다음과 같은 UI 요소에 주로 적용된다.

- 주활동 버튼: 주활동 버튼을 누르면 로딩으로 바뀌었다가 로딩이 끝나면 완료(Completed)로 다시 바뀐다.

- 로딩(Loading): 로딩이 완료되기 전까지 그 상태를 애니메이션으로 보여준다.

- 스크롤링(Scrolling): 스크롤 위치에 따라 UI 요소의 형태가 바뀐다.

- 보조 버튼(Toggle, Switches): 두 가지 상태를 옮겨갈 때마다 그 전환되는 움직임을 동적으로 보여준다.

- 새로고침(Full to refresh): 화면을 아래로 잡아당겨 새로고침 할 때 다양한 변화를 보여준다.

- 드래그앤드드롭(Drag & Drop): 사용자가 드래그앤드드롭을 하는 과정을 동적으로 보여준다.

- 상태 안내(Status): 알림이 오거나 장바구니에 아이템이 담길 때 그 아이콘이나 배지(Badge)가 동적으로 변한다.

상태 안내에 적용된 마이크로 인터랙션 예시

출처: Saranraj C

마이크로 인터랙션은 2010년대 중반 이후의 모바일 UX/UI에 지대한 영향을 미쳤다. 많은 서비스들이 로딩이나 새로고침을 시작으로 하여 주활동 버튼, 보조 버튼, 스크롤링 등에 마이크로 인터랙션을 적용하기 시작했으며, 애플이나 나이키 같은 기업들은 그보다 더 적극적으로 풍부한 인터랙션을 자사의 서비스에 접목해서 경쟁사 대비 더 풍부하고 다이내믹한 디지털 경험을 고객들에게 제공하고 있다.

효과(Feedback)

다음은 인터랙션 설계 예시로, 사용자 행동(트리거)에 따라 다음 3가지 전환(Transition)이 일어난다.

- 1a. 스크롤이 시작되면 / 상단 내비게이션 영역이 줄어든다.

- 1b. 스크롤이 시작되면 / 하단 탭 바가 숨겨진다. (다음 이미지상에는 안 나옴)

- 2. 스크롤을 멈추면 / 탭 바가 다시 나타난다.

인터랙션 설계 예시

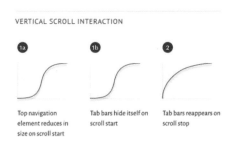  

출처: rachelatmadja.com

위 예시에서 보듯이 인터랙션 설계의 밑그림은 매우 단순하다. 트리거와 패턴만 정하면 되기 때문이다. 간단히 언급하기는 했지만 등장/퇴장 요소가 무엇이고, 각 요소에 적합한 패턴이 무엇인지도 유추해볼 수 있다. 그러나 밑그림을 그리는 것과 그것을 구현하는 것에는 큰 간극이 존재한다. 실제 모션 디자이너들이 이 밑그림을 구현해내기 위해서는 이동, 속도, 이징, 모션 등에 대한 효과 정의가 필요하다.

- 이동: 이동 과정의 움직이는 효과(Linear, Arc, Vertical Out, Horizontal Out)에 대해 정의한다.

- 속도: 기본 속도(Normal Speed)를 빠르게 할지, 천천히 할지 정의한다.

- 이징: 속도와 타이밍의 변화를 말한다. 속도를 일정하게 유지할 경우(No easing, Linear) 오히려 부자연스럽게 보일 수 있다. 타임라인에 따라서 어떤 변화를 줄지 정의한다. (위 예시의 왼쪽에 있는 그래프가 여기에 해당)

- 모션 효과: 흔들기, 늘어뜨리기 등의 효과를 가미하면 극적인 효과를 더 높일 수 있다.

구글 머티리얼 디자인의 Fade Through 패턴 소개

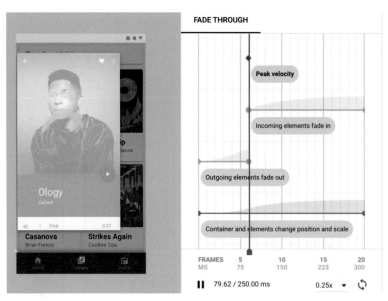

출처: 구글 머티리얼 디자인

구글 머티리얼 디자인에서 만든 위 예시는 왼쪽의 실제 구현된 패턴(Fade Through)을 보여주기 위해 오른쪽에 전체 타임라인에 걸쳐 영속/등장/퇴장 요소 정의, 각 요소별 속도, 타이밍, 이징을 명확하게 설명하고 있다.

앞서 말한 바와 같이 최종적인 인터랙션 구현은 모션 디자이너들의 역할이다. 그럼에도 불구하고 굳이 UXer들이 트리거나 규칙에 이어 효과까지 알아야 하는 것은 인터랙션 디자인이 사용자 경험에 매우 큰 영향을 미치기 때문이다. 인터랙션 효과 구현에 있어서 '일반적인 정답'은 거의 없다. 대상 사용자와 서비스 특성, 해당 화면에서의 사용자 행동과 맥락을 감안하지 않으면 사용자가 원하는 인터랙션 효과 구현은 어렵다. 움직임이 어떤 효과로 사용자에게 전달되는지 알고서 설계하는 것과 그렇지 않은 것 사이에는 큰 격차가 있다.

이동

UI 요소의 움직이는 경로는 패턴에서 이미 정의되지만, 움직이는 경로상의 효과는 별도로 정의돼야 한다. 직선으로 움직일지 곡선으로 움직일지, 여러 요소가 순서대로 움직일

때는 중간에 시차(delay)를 둘지 말지, 화면의 수평과 수직 중 어디를 먼저 채울지 등을 정의한다. PC는 스크린 크기가 크고, 폭(Width)이 넓어서 이동 효과가 풍부한 데 비해, 모바일은 그렇지 못하기 때문에 이동 효과가 단순하고, 복잡한 효과들을 제한한다. 모바일은 제한된 공간을 효율적으로 사용하기 위해 UI 요소가 겹치는(Overlay) 효과를 많이 사용한다.

동 시점에 두 개의 방향이 교차되거나 곡선/입체적인 이동 효과가 많은 PC에 비해, 모바일은 이동 효과가 단순하다

 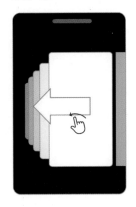

출처: Taras Skytskyi(좌)

등장이나 확장 시 UI 요소가 화면의 수평과 수직 중 어디를 먼저 채울지 정의한다.

- 수평/수직 동시 이동(Linear): 수평/수직적으로 동일하게 나타나는 것

- 수평 후 수직 이동(Horizontal Out): 수평이 먼저 끝나고 수직이 마지막에 전환되는 것

- 수직 후 수평 이동(Vertical Out): 수직이 먼저 끝나고 수평이 마지막에 전환되는 것

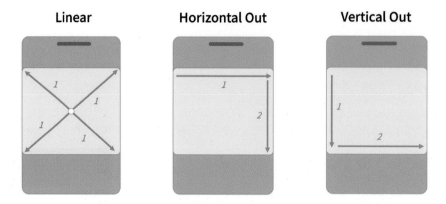

Linear | **Horizontal Out** | **Vertical Out**

화면 내 UI 요소가 확장되는 '스케일 전환'은 마지막 이동 효과를 시각적 계층 구조에 따르게 하는 게 더 자연스럽게 느껴지기 때문에 '수평 후 수직 이동(Horizontal Out)' 방식이 적합하다.

수평 후 수직 이동(**Horizontal Out**) 방식

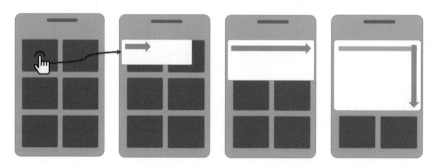

UI 요소의 비율이 동일하게 유지되면서 확장되는 경우에는 직선 이동 경로를, 비율이 달라지면서 확장되는 경우에는 호(Arc)를 이루는 이동 경로가 바람직하다(출처: 구글 머티리얼 디자인). 이는 UI 요소의 가로/세로 비율이 비대칭적으로 변화할 경우에는 이동 시 직선적인 움직임보다는 호를 이루는 곡선적인 움직임이 비율 변화를 더 자연스럽게 수용할 수 있기 때문이다.

대칭적 변화 **vs** 비대칭적 변화 시의 이동 효과

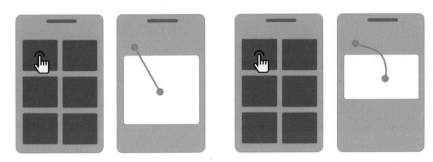

속도

인터랙션 전환 속도가 너무 빠르면 변화를 쫓기 힘들고, 너무 느리면 지루함을 자아낼 수 있다. 따라서 인터랙션에는 적절한 속도도 고려해야 하는데, PC에서는 400밀리초 (0.4초) 정도가 적합하다고 알려져 있다(IBM system journal, 1982, Walter J. Doherty, Ahrvind Thadani). PC보다 스크린이 작은 모바일은 300밀리초, 그보다 더 작은 웨어러블은 200밀리초를 적절한 평균 속도로 간주한다.

디지털 서비스에서의 적절한 속도 구간. 모바일은 300ms를 기준으로 삼는다

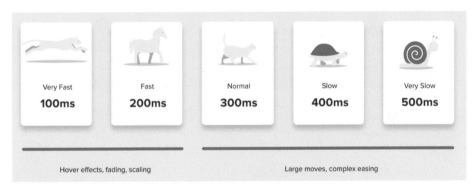

출처: Sravani Bathraj

지면상으로는 인터랙션 전환 속도를 물리적으로 전달하는 게 불가능하지만, 여러분이 평소에 쓰는 여러 앱에서 카드, 탭 바, 메뉴를 눌렀을 때 일어나는 전환(transition)은 대부분 300밀리초다. 200밀리초만 되더라도 '조금 빠른데?'하는 느낌을 받을 것이며, 100 밀리초일 경우에는 '너무 빠르다'는 느낌을 받을 것이다. 반대로 500밀리초는 평균 속도

에 비해서 거의 차이가 없어 보이지만, 실제 체감해보면 매우 느리다고 느껴진다(이 때문에 400밀리초 이상의 속도는 모바일에서 거의 사용하지 않는다).

인터랙션 디자인 시 속도를 결정하는 요인은 다음 3가지다.

- 크기: 크기가 작은 요소는 속도를 더 빠르게 한다. 크기가 작을수록 속도가 빨라야 민첩하고 반응성이 뛰어나 보이기 때문이다. 크기가 작으면 더 큰 속도 편차(Offset)를 만들어낸다. 반대로 크기가 큰 요소는 상대적으로 속도를 느리게 하는 것이 좋다.

- 복잡도: 복잡하지 않은 요소는 빠르게, 복잡한 요소는 느리게 한다. 복잡한 요소일수록 속도에 여유를 두어 사용자에게 안정감을 전달해야 한다.

- 이동 거리: 같은 크기의 UI 요소들이 동시에 움직인다면 이동 거리가 짧은 요소가 가장 먼저 멈춰야 한다.

- 간격 표현: 여러 개의 UI 요소가 동시 또는 이어서 움직일 경우에 약간의 시간 간격을 두어 속도감을 제어할 수 있다. 간격은 보통 15~50ms 사이에서 정하지만, 연속적인 속도감을 표현하고자 할 때는 아예 간격을 두지 않기도 한다.

인터랙션 설계 시 속도는 크기 및 이동거리와 관련이 있다

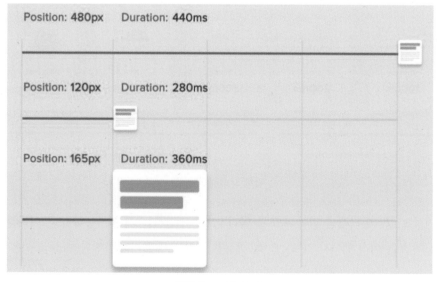

출처: Taras Skytskyi

이징(Easing)

이징은 물체의 속도 변화를 의미하며, 인터랙션에 독특한 개성을 불어넣는다. 자연계에는 '가속'이라는 물리 법칙이 존재하기 때문에 물체가 이동할 때 이징이 전혀 없으면 부자연스럽게 느껴진다. 이징이 없는 전환(No Easing Transition)은 다소 따분하게 느껴지는 데 비해 이징 효과(Ease In, Ease Out, Ease In/out, Ease Out/in)를 부여하면 사람들의 시선을 더 자극하고 감성을 풍부하게 한다. 흔히 사람들이 이야기하는 '손맛'이라는 게 이징과 관련되어 있다.

이징은 시간에 따른 (UI 요소의) 포지션 변화로 설명할 수 있다. 위에서 얘기했던 '인터랙션 설계 예시'를 보면 2가지의 이징 유형을 발견할 수 있다.

가장 많이 사용되는 Ease In/out과 Ease out 비교

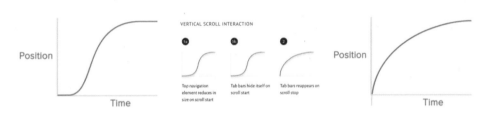

- 왼쪽 그래프(Ease In/out): 처음에는 포지션 변화가 느리다가 중간에 갑자기 가속이 빨라지고, 마지막에 가서 다시 감속된다. 전환되는 역동성을 강조하면서도 처음과 마지막에 더 주의를 기울이게 할 때 사용한다.

- 오른쪽 그래프(Ease Out): 처음에는 포지션 변화가 빠르다가 중간부터 감속이 점차 이뤄지면서 마지막에는 느리게 마무리된다. 처음에만 역동성을 주고자 할 때 사용한다.

보통은 이 두 개, 그중에서도 Ease In/out을 가장 많이 사용한다. 패턴 정의 후 속도와 더불어 해당 UI 요소에 '어떤 이징 효과를 적용할지'를 프레임 단위(각 프레임은 특정한 포지션을 나타낸다)로 고민하는데, 대부분의 경우에는 Ease In/out을 어떤 프레임에서 가속 또는 감속할지 결정한다. 언뜻 보면 비슷해 보이지만, Ease In/out의 가속/감속 구간을 어떻게 설정하는지에 따라서 전달되는 효과에 큰 차이가 발생한다.

구글 머티리얼 디자인에서는 움직임을 더 자연스럽고 사실적으로 보이게 하기 위해 비대칭 곡선(Asymmetric Curve, 다음 그림의 1번)을 사용할 것을 권한다. 비대칭 곡선은

가속과 감속 구간이 대칭적이지 않은 것을 말하며, 시작보다 끝의 감속 구간을 길게 설정하고, 중간의 가속 구간을 가파르게 하여 인터랙션이 끝나는 지점에 더 주의를 기울이도록 유도한다.

전환 시 긴장감/주목도 효과

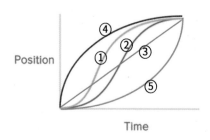

① **Asymmetric Ease In/out**
② **Symmetric Ease In/out**
③ **Ease Out**
④ **Ease In**
⑤ **Linear**

비대칭 곡선(Asymmetric Curve)이 긴장감과 주목도 면에서 가장 좋은 이징이기는 하지만, 사용자에게 어떤 감성을 전달할 것인지에 따라 다른 이징 효과를 선택할 수도 있다. IBM Carbon Design System에서는 Ease Out을 생산적 모션으로, 비대칭 Ease In/out을 표현적인 모션으로 정의하고 있다.

생산적 모션은 부드러운 곡선을 사용하여 효율성과 반응성을 느끼게 함으로써 사용자가 특정 작업을 완료하는 데 집중할 수 있게 하고, 표현적 모션은 역동적이고 매력적인 전환을 통해서 더 활기차고 눈에 띄며 새 페이지 열기나 주요 작업 트리거와 같은 중요한 순간에 사용한다.

IBM 카본 디자인 시스템의 모션 디자인 정의 – 생산적 모션(좌)과 표현적 모션(우)

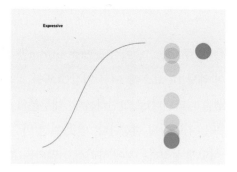

출처: IBM Carbon Design System

Carbon Design에서의 이징 기법

- 표준 이징(Standard Easing): UI 요소가 전환(transition) 기간 내내 보이는 경우에 적용. 타일 확장, 테이블 행 정렬에 사용

- 입장 이징(Entrance Easing): 모달(Modal)이나 드롭다운(Dropdown)과 같이 요소가 화면에 나타날 때 사용. UI 요소가 빠르게 나타나고 천천히 멈추도록 하여 자연스러운 움직임의 인식을 높인다.

- 퇴장 이징(Exit Easing): 모달 닫기 같이 UI 요소가 화면에서 사라질 때 사용. 퇴장하는 UI 요소의 속도를 높여서 화면에서 아예 사라진다는 것을 표현.

모션 효과(Motion Effect)

모션 효과란 인터랙션이 진행되는 과정에서 개체(UI 요소)를 늘리거나 통통 뛰게 만드는 효과들을 통해서 독특한 개성과 매력을 주는 것을 말한다. 현재의 UI 기초가 1970년대 후반 캘리포니아 팔로알토의 제록스 파크 연구소(Xerox PARC)와 거기서 나온 이들이 주도한 애플 LISA 프로젝트에 의해 대부분 만들어졌듯이, 모션 분야에서도 압도적인 영향력을 발휘한 곳이 있었는데, 여러분이 너무나 잘 알고 있는 그곳, 디즈니(Disney)다.

디즈니에는 (월트 디즈니를 포함한) 9명의 시니어 애니메이터가 있었는데, 그중 2명 (Ollie Johnston, Frank Thomas)이 1982년 'The Illusion of Life: Disney Animation' 이라는 책을 통해 그 노하우를 세상에 공개했다.

《The Illusion of Life: Disney Animation》 표지와 12가지 애니메이션 원칙

출처: Ollie Johnston, Frank Thomas

12가지 애니메이션 원칙(The 12 basic principles of animation)은 다음과 같다.

- 스쿼시와 스트레치(Squash and Stretch): 물체에 무게와 유연성을 부여하여 물리적인 힘에 따라 물체의 원래 형태가 변형되는 것을 보여준다. (예: 공이 땅에 튀면서 찌그러지고 빠르게 날라갈 때 늘어나는 것)

- 예비 동작(Anticipation): 앞으로 전개될 행동에 대한 예비 동작을 보여주어 관객들이 미리 예측할 수 있도록 한다. (예: 캐릭터가 점프하기 전에 무릎을 굽히는 동작)

- 연출(Staging): 현재의 맥락을 의도적으로 명확하게 제시하여 관객이 장면의 중요한 요소에 집중할 수 있도록 한다. (예: 두 사람이 대화 시 관객을 향하여 45도 비스듬하게 서는 것)

- 직진 동작과 포즈 투 포즈(Straight Ahead Action and Pose to Pose): 직진 동작은 처음부터 끝까지 프레임을 순서대로 그리는 것이고, 포즈 투 포즈는 주요 포즈를 먼저 그리고 그 사이를 채우는 방식이다.

- 팔로스루와 오버래핑 액션(Follow Through and Overlapping Action): 캐릭터나 물체의 특정 부분이 동작이 멈춘 후에도 계속 움직이도록 하여 현실감을 더한다.

- 느리게 시작하고 끝내기(Ease In and Ease Out): 동작을 자연스러워 보이도록 점진적으로 가속하고 감속하는 것을 말한다.

- 아크(Arcs): 대부분의 자연스러운 움직임은 아치형 궤적을 따른다는 것에서 파생된 애니메이션 제작 원칙.

- 보조 동작(Secondary Action): 주요 동작을 보완하는 움직임을 추가하여 전체 효과를 향상시키고 애니메이션에 깊이를 제공하는 것.

- 타이밍(Timing): 동작에 사용되는 프레임 수를 조절(속도 조정)하여 애니메이션의 긴장감과 분위기를 변화시키는 것.

- 과장(Exaggeration): 행동과 감정을 강조하여 더 역동적이고 매력적으로 만드는 것.

- 견고한 드로잉(Solid Drawing): 3차원 공간과 형태의 기본을 이해하여 더 현실적인 애니메이션을 만드는 것.

- 매력(Appeal): 캐릭터와 물체를 보기 좋고 흥미롭게 표현하여 관객의 주의를 끄는 것.

위 12가지 원칙은 인터랙션 디자인이 주목받기 시작한 2010년대 초반에 구글을 비롯한 여러 사람들에 의해 디지털 서비스에 맞게 변형됐다. 어떤 원칙은 그대로 적용해도 됐지만, 어떤 원칙은 디지털 서비스와 맞지 않았기 때문이다. 디지털 서비스의 상호작용 특성에 맞게 추가된 것도 있다. 그중에서 인터랙션 구현 시 자주 사용되는 6가지 모션 효과에 대해 살펴보겠다.

스프링(Spring)

움직임이 마무리되는 시점에 대상 UI 요소를 튀어 오르게 하여 경쾌하다는 인상을 불어넣는 것을 말한다. 비대칭 Ease In/out은 마지막에 차분하게 움직임이 마무리되기 때문에 주목도와 안정감을 주지만, 생동감이 다소 가라앉는 느낌을 줄 수 있는데 이때 스프링 효과를 주면 마지막까지 생동감을 유지할 수 있다.

스프링은 가장 많이 사용되는 모션 효과이며, 움직임의 마지막에 탄성(Elastic) 효과를 주어 생동감을 전달한다

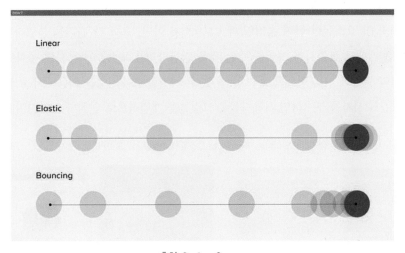

출처: Cosimo Scarpa

스트레칭(Stretching)

움직임에 생동감을 불어넣고자 하는 목적으로 대상 UI 요소를 늘어뜨리는 것을 말한다. 움직이는 과정 중에 UI 요소의 형태가 늘어났다가 마지막에 다시 줄어들면서 원래의 형태로 돌아간다. 시각적인 흥미를 불러일으키고 움직임의 과정에 자연스럽게 주목시키는 데 효과적이다.

스트레칭은 움직이는 과정에서 흥미를 자극한다

출처: YorKun

스태거링(Staggering)

여러 개의 UI 요소들이 함께 움직일 때 UI 요소가 아닌, 요소 간 간격을 늘렸다가 마지막에는 원래대로 복원시켜 재미를 주는 것을 말한다. UI 요소들이 동시에 움직이면 '공동 운명의 원리'에 따라 단일체로 보일 수 있다. 하지만 스태거링을 이용해서 요소 간 간격에 약간의 시차를 부여하면 사용자들은 그것들을 개별적으로 인식하기 마련이다.

스태거링은 움직임이 일어나는 과정에서 UI 요소들의 간격을 늘림으로써 흥미를 자극한다

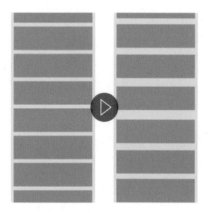

출처: Yifan Ding, Jonas Naimark

편차와 지연(Offset & Delay)

여러 개의 UI 요소들이 같은 방향으로 움직일 때 약간의 편차를 두거나 일부를 지연시키는 것을 말한다. 서로 다른 UI 요소일지라도 같은 시점에 같은 방향으로 움직이면 하나로 인식될 수 있는데, 이 모션 효과를 적용하면 각각이 따로 인식될 수 있다.

편차와 지연은 함께 움직이는 UI 요소들을 하나의 뭉치가 아닌, 개별적으로 볼 수 있도록 해준다

출처: Ruthiran Babu

페어런팅(Parenting)

두 개의 UI 요소가 같은 방향으로 움직일 때 하나는 정적 요소(Static element)로 하고 다른 하나는 영속 요소(Persistent element)로 하여 둘이 상호의존적으로 자신의 역할을 수행하게 하는 것을 말한다. 정적 요소는 변화가 없기 때문에 안정적인 느낌을 주고(Parent), 영속 요소는 변화하기 때문에 역동감을 준다(children).

페어런팅은 상호의존적인 두 요소가 같이 움직일 때 각자의 역할을 나눈다

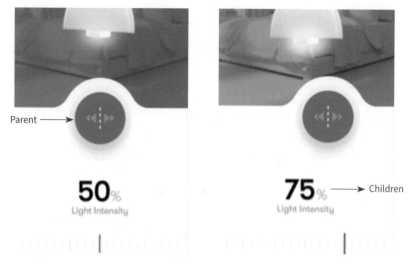

출처: Ayoub kada

시차(Parallax)

슬라이드 전환에서 주로 사용하며, 서로 다른 UI가 시차를 두고 교차하게 하는 방식으로 주로 스크롤 시에 사용된다. 시차 대상인 UI는 기존 UI와 다르게 교차되어 사용자 눈에는 여러 개가 겹친(Layered) 상태에서 위아래로 움직임을 다르게 하는 것으로 보인다.

시차 효과를 적용하면 2차원 공간이 입체적으로 느껴질 수 있다

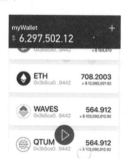

출처: UXinMotion.net, Mohamed Ismail

프로토타이핑

프로토타이핑은 새로운 UX/UI를 실물로 구현한 다음, 평가와 수정을 거치면서 충분히 검증하는 과정을 말한다. 프로토타이핑은 UX 디자인 프로세스인 더블 다이아몬드 프로세스에서 두 번째 다이아몬드인 Develop, Deliver의 어느 단계에서나 수행이 가능하다. 다시 말해 아이디어 도출, 시나리오 설계, 와이어프레임 설계, GUI 디자인, 개발 시점 어디에서나 프로토타이핑을 이용할 수 있으며, 제품 개발 단계별로 적절한 구현충실도(Fidelity)를 선택하고 제작한 다음, 내부나 외부 사용자 평가 등을 통해 검증할 수 있다.

와이어프레임 단계에서는 MS 파워포인트, 피그마 등을 사용해 프로토타입을 제작하며 이용흐름, 화면의 UI 구성, 콘텐츠 이해도 등을 주로 검토할 수 있다.

GUI 디자인 단계에서는 피그마, 프로토파이, 어도비 프리미어나 애프터이펙트(영상 제작) 등을 활용하여 프로토타입을 제작하며 시각적 위계, 디자인 품질, 구현도가 높은 인터랙션 등을 검토할 수 있다.

개발 단계에서는 실제 코딩과 데이터 연결이 어느 정도 진행된 완성도 높은 프로토타입을 제작하며, 테스트 서버 환경에서 실제와 같이 사용할 수 있고, 내부 평가(단위테스트, 통합테스트)와 외부 평가(알파, 베타테스트)로 이어진다.

2010년대 이후 많은 프로토타이핑 툴이 등장했으나, 최근 가장 자주 사용하는 툴은 피그마다. 피그마는 배우기가 매우 쉽고, 작업자끼리 협업이 가능하며, 기존에 만들어진 템플릿 재사용, 간단한 화면 전환이나 애니메이션 구현이 가능하다는 장점이 있다. 피그마 외에 자주 사용되는 프로토파이는 사용자 액션에 따른 데이터 반영, 실제 디바이스와 유사한 수준의 인터랙션 구현이 가능하다.

피그마는 와이어프레임이나 GUI 디자인 단계에서 MS 파워포인트나 포토샵을 빠르게 대체하고 있다. 특히 다른 작업자와의 협업과 기존 템플릿 재사용이 효과적이기 때문에 프로토타이핑 툴 시장에서 다른 경쟁 제품들(어도비 XD, 프로토파이 등)을 밀어내고 있다.

이 책에서는 이러한 이유로 피그마를 중심으로 프로토타이핑 작업을 설명하고자 한다. 다른 영리적인 이해 관계는 전혀 없으므로 오해가 없기를 바란다.

피그마 기본 사용법

피그마 시작

피그마는 웹 기반으로도 사용이 가능하다. 웹으로 사용할 경우에는 별도 설치 없이 간편하게 사용할 수 있다는 장점이 있는 반면, 특정 폰트를 사용하려면 별도의 글꼴 설치 프로그램을 설치해야 하는 등의 번거로움이 있다. 반면 앱은 설치해야 한다는 부담감이 있지만 한 번 설치하고 나면 대용량 작업이나 오프라인 작업, OS 단축키 사용 등 편리한 사용이 가능하다는 점을 참고하기 바란다.

위 내용을 감안하여 다음에 소개하는 페이지에 들어가서 앱 또는 글꼴 설치 프로그램을 먼저 설치하기 바란다. 이 책에서는 데스크톱 앱을 기준으로 모바일 UX/UI 프로토타이핑 작업을 하는 데 있어서 피그마를 어떻게 활용하는지 위주로 설명하고자 한다.

피그마 앱(데스크톱, 모바일)과 글꼴 설치 프로그램 다운로드 페이지

Figma 다운로드

데스크톱 앱

macOS용 데스크톱 앱

Windows용 데스크톱 앱

Windows Arm용 데스크톱 앱

여기에서 베타 앱 다운로드

모바일 앱

iOS용 Figma

Android용 Figma

iPad용 FigJam

글꼴 설치 프로그램

macOS 설치 프로그램

Windows 설치 프로그램

*Figma 데스크톱 앱에는 글꼴 설치 프로그램이 포함되어 있습니다.

출처: https://www.figma.com/ko-kr/downloads/

회원가입 후 로그인을 하면 사전 설정 단계를 거쳐 다음 화면으로 연결된다. 피그마의 첫 시작화면으로 기존에 저장된 작업을 재개하거나 새로운 작업을 시작할 수 있다. [New Design File]을 눌러 새로운 디자인 파일을 연다.

피그마 홈

출처: 피그마

피그마 인터페이스

피그마 UI 3

피그마는 최근에 새로운 UI인 UI 3를 소개했다. 아직은 이전 UI 버전과 병행하여 사용할 수 있다. 이 책에서는 피그마 UI 3를 기준으로 설명하겠다. UI 모드를 변경하려면 화면 오른쪽 하단의 [?] 버튼을 누른 후 [Use new UI(in beta)] 또는 [Go Back to Previous UI]를 선택해 변경할 수 있다.

Old UI(좌), UI 3(우)

출처: 피그마

피그마 디자인 인터페이스는 기본적으로 메인 작업 영역인 캔버스, 왼쪽/오른쪽 사이드 바, 하단의 툴바로 구성된다. 프로토타입이 실제 만들어지는 영역이 캔버스이며, 나머지는 파일, 페이지, 레이어, 도구들을 모아놓은 공간이라고 보면 된다.

피그마 디자인 인터페이스 영역 정의

출처: 피그마

왼쪽 사이드 바

왼쪽 사이드 바는 파일이나 페이지, 레이어들을 불러오거나 프로토타이핑에 사용할 수 있는 애셋(Assets)을 불러오는 영역이다. 위에서부터 피그마 메뉴, 인터페이스 뷰

(View) 모드(접은 상태, 펼친 상태), 파일 이름, 파일 위치 정보가 제공되고, 그 아래에 [File(Pages, Layers)], [Assets] 탭이 제공된다.

출처: 피그마

피그마 메뉴(Figma menu)

피그마 메뉴에는 [File], [Edit], [View] 등이 있고, [File] 메뉴 하위에는 [Save], [Version history], [Export] 기능이 있다. 이는 가장 기본적인 기능을 모아놓은 곳으로, 다른 소프트웨어 메뉴들과 크게 다르지 않다.

- [File]: 새 파일 생성, 저장, 내보내기 등의 기본 파일 관리 기능
- [Edit]: 복사, 붙여넣기, 실행 취소 등의 편집 기능
- [View]: 줌, 그리드 표시, 룰러 등 표시 옵션 조정 기능

[Save local copy]는 클라우드 환경에서 사용하는 디자인 파일을 백업 또는 전달하기 위해 컴퓨터에 사본을 저장하는 기능이다.

[Save to version history]와 [Show version history]는 피그마의 주요한 특징 가운데 하나로, 사용자가 명시적으로 파일을 저장하지 않아도 피그마가 알아서 자동 저장한 이전의 작업 버전을 불러올 수 있는 기능이다. 자동 저장은 주기적으로 이뤄지며, 불러오는 시점을 특정 시점으로 지정할 수도 있다. 디자인 작업 중 의사결정이 바뀌어 이전 버전으로 되돌아가거나 협업 중 의도하지 않은 삭제가 발생한 경우에 아주 유용하다.

피그마 메뉴 → [File]

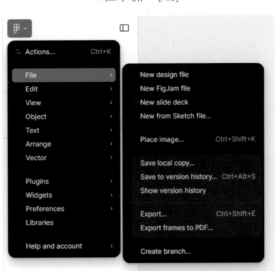

출처: 피그마

[Export...] 기능은 선택된 오브젝트를 PDF로 추출하는 기능이다. [Export frames to PDF...]는 캔버스에 있는 프레임들을 PDF로 추출하는 기능으로, 프레임이 나열된 왼쪽 상단부터 오른쪽 하단으로 내려가면서 페이지 순서가 정해지므로 추출([Export frames to PDF]) 전에 프레임을 순서대로 정렬해야 한다.

인터페이스 뷰(View) 모드

인터페이스 뷰 모드는 UI 3에서 제공되기 시작한 기능으로, 작업할 때 캔버스를 더 넓게 볼 수 있도록 왼쪽/오른쪽 사이드 바를 다음의 오른쪽 이미지처럼 접을 수 있는 접힘 모드(Minimize UI)를 제공한다. 접힘 모드에서도 객체를 선택하면 해당하는 메뉴는 펼친 상태로 제공되어 효율적인 작업이 가능하다.

출처: 피그마

File 패널(Pages, Layers), 검색

[File] 패널은 [Pages]와 [Layers]로 구분해 파일 내에 만들어지는 결과물들을 관리할 수 있다. [Pages]는 캔버스를 독립적으로 분리하는 개념이다. 다음의 개념 설명 이미지처럼 'Cover', 'Wireframe', 'Design' 페이지는 서로 독립적으로 존재한다. 하나의 프로토타이핑 작업을 단계별로 구분하거나, 설계하는 화면 수가 너무 많아서 메뉴별로 구분하고자 할 때 사용한다. (그러나 무료 플랜에서는 페이지를 3개까지만 생성할 수 있다.)

돋보기 아이콘을 누르면 검색 기능을 사용할 수 있다. 캔버스 내의 텍스트, 레이어 이름 등을 검색할 수 있다.

[Pages] 개념 설명

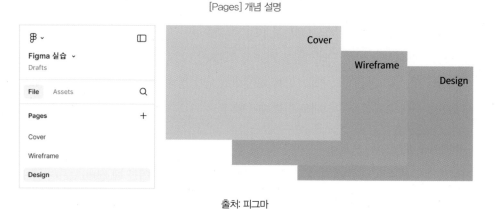

출처: 피그마

[Layers]는 페이지로 구분된 하나의 캔버스 안에 있는 모든 요소를 계층 구조로 볼 수 있는 영역이다. 캔버스에 텍스트나 도형과 같은 오브젝트를 만들면 그 하나하나가 레이어가 된다. 캔버스 안에 있는 레이어들은 서로 순서를 변경하거나 그룹화, 또는 숨김 처리할 수 있다. 어도비 포토샵의 레이어와 같은 개념이다.

레이어는 'Object', 'Group', 'Frame', 'Section' 개념으로 구분된다. 'Object' 레이어는 가장 기본적인 텍스트와 도형을 말하고, 'Group'은 'Object/Group/Frame' 등의 묶음, 'Frame'은 하나의 스크린으로 그 안에 여러 'Object/Group/Frame'이 속할 수 있다. 'Section'은 캔버스 내에서 영역을 정의하는 개념으로, 작업 버전별, 메뉴별로 화면들을 묶어서 정리하기에 용이하다. 다음의 왼쪽 이미지처럼 각 유형별로 레이어 이름의 앞에 있는 아이콘들이 다르게 표현하는 것을 확인해 서로 구분할 수 있다.

각 레이어별로 오른쪽의 자물쇠 아이콘으로 레이어 잠금, 눈 아이콘으로 보기/숨기기를 지정할 수 있고, 'Group', 'Frame', 'Section'과 그 하위에 다른 레이어들이 속해 있을 때는 레이어 왼쪽에 있는 꺾쇠 아이콘으로 접기 및 펼치기가 가능하다.

[Layers] 개념 설명

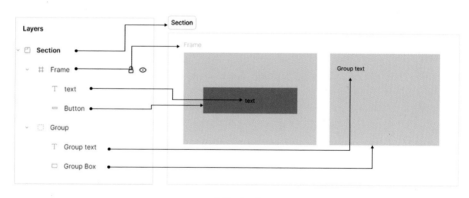

출처: 피그마

Assets(애셋) 패널

애셋은 미리 정의된 컴포넌트들을 라이브러리화하여 활용하는 기능이다. 다시 말해 이전에 만들어진 피그마 요소들을 신규 작업에서 재활용할 수 있다. 본인이 직접 만든 라이브러리를 활용하거나 피그마 커뮤니티를 통해 공유되는 여러 Premade Kit(미리 만들어진 키트)를 활용할 수 있다. 뒤에 나오는 '실습' 편에서는 이러한 애셋 중에서 'Simple Design System Premade Kit'를 사용하여 진행할 것이다. 애셋은 애셋 카드에 있는 [+] 버튼을 눌러 추가할 수 있다.

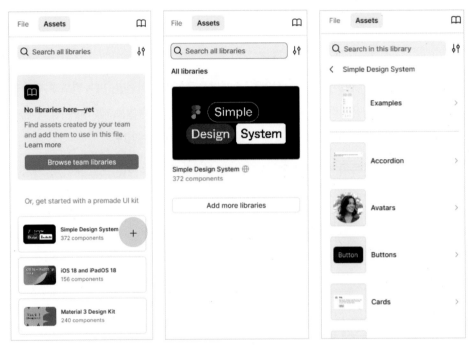

출처: 피그마

오른쪽 사이드 바

Design(디자인) 패널

왼쪽 사이드 바가 작업을 새로 시작, 관리하거나 이전에 만들어진 작업을 불러오는 영역이었다면 오른쪽 사이드 바는 캔버스에서 만들어지는 디자인과 프로토타입을 위한 편집 도구들을 모아 놓은 영역이다.

디자인 패널에는 화면을 디자인할 때 사용하는 편집 기능이 제공된다. 캔버스의 특정 객체를 선택하지 않았을 때는 페이지 배경색 설정과 파일 전반에 걸쳐 사용하는 [Local variables], [Local styles], [Export] 기능이 제공된다. 만약 캔버스에서 어떤 객체를 선택했다면 해당 객체의 속성에 따라 [Position], [Alignment], [Layout], [Auto layout], [Appearance], [Fill], [Stroke], [Effects], [Export], [Typography], [Layout grid] 등의 편집 메뉴가 선택적으로 제공된다. 다시 말해 어떤 객체를 편집할 것인가에 따라서 거기에 맞는 작업 도구들이 나타나는 것이다.

다음의 예시는 왼쪽부터 선택된 객체가 없을 때, 이미지 형태의 객체를 선택했을 때, 프레임을 선택했을 때, 텍스트를 선택했을 때, [Auto layout] 설정 객체를 선택했을 때 나타나는 도구 모음을 보여준다. 객체 선택에 따라 도구 모음이 달라지기 때문에 이 모두를 한 번에 볼 수는 없다. 디자인 패널에 대한 자세한 편집 기능 사용에 대해서는 뒤에서 살펴볼 화면 디자인 영역에서 설명하겠다.

선택한 객체에 따른 디자인 패널의 구성 변경

출처: 피그마

Prototype(프로토타입) 패널

오른쪽 사이드 바에 디자인 패널과 함께 제공되는 프로토타입 패널은 프로토타입 설정에 필요한 기능을 제공한다. 선택한 프레임이 없을 때는 [Prototype settings](디바이스 선택, 배경색 설정 기능)를 제공하고, 선택한 프레임이 있을 때는 [Flow starting point], [Interaction], [Scroll behavior](화면 스크롤 시 작동하는 동작 방식) 설정 기능이 나타난다.

디자인 패널과 마찬가지로 자세한 설정 기능은 프로토타이핑 영역에서 설명하겠다.

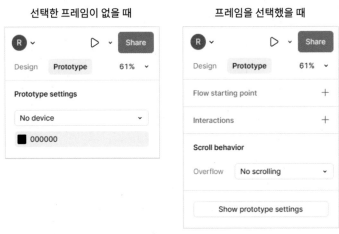

프레임 선택에 따라 달라지는 메뉴 구성

출처: 피그마

Share(공유)

오른쪽 사이드 바 상단에 제공되는 [Share] 버튼은 다른 사용자에게 협업 권한을 제공할 때 사용한다. 다음의 왼쪽 이미지의 인풋필드에 사용자의 이메일을 입력하고 [can view], [can edit] 옵션을 선택하고 [Invite]를 눌러 초대할 수 있다. [can view] 권한으로 초대된 사용자는 코멘트만 남길 수 있고 [can edit] 권한으로 초대된 사용자는 편집도 가능하다.

'Who has access'의 첫 번째 행에 있는 'Anyone', 'can view'는 이 파일에 접근하는 '누구나', '보기권한만 가질 수 있다'의 의미이다. [can view >] 를 누르면 이동하는 오른쪽 이미지에서 해당 권한 설정을 변경할 수 있다. 'Anyone'은 누구나 링크를 통해 접속할 수 있다는 의미이고, 'Only invited people'은 초대된 사람만 접속할 수 있다는 의미이므로 업무 목적의 사용에서는 'Only invited people'로 권한을 제한해서 사용해야 한다. 그 아래의 'View', 'Edit' 옵션은 각각 '보기만 가능', '수정까지 가능'의 의미이다.

유료 플랜에서는 [Share Setting](오른쪽 이미지)의 'Advanced' 기능을 체크하면 원칙적으로 수정을 할 수 없는 [can view] 권한으로 초대된 사용자도 편집 권한은 없지만 콘텐츠를 복사하거나 다른 사람을 초대할 수 있고 파일을 추출할 수 있는 권한을 가지게 된다.

[Share Settings] 공유 범위, 권한 설정

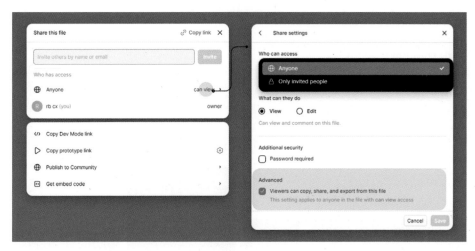

출처: 피그마

화면 오른쪽 상단에서 현재 파일에 접속 중인 사용자를 확인할 수 있고, 다른 사용자 아이콘을 클릭하면 해당 사용자의 커서 움직임을 팔로우하면서 해당 사용자가 보고 있는 뷰와 동일하게 함께 볼 수 있어 원격 미팅을 진행하기에 편리하다.

다른 사용자를 팔로우하고 있는 상황

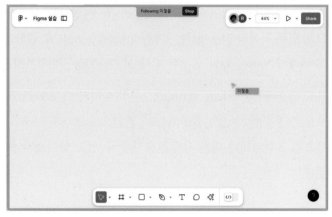

출처: 피그마

툴바(Tool Bar)

화면의 중앙 하단에 제공되는 툴바는 객체를 선택/이동, 삽입, 협업을 위한 코멘트 남기기, 선택한 객체에 필요한 액션, 개발자 모드(Dev mode) 전환 기능 등이 제공된다.

툴바 상세 기능

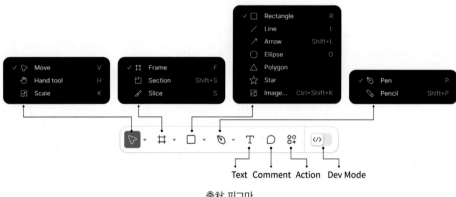

출처: 피그마

- [Move]: 객체를 선택해 이동

- [Hand Tool]: 캔버스를 이동, 스페이스 바를 누르면 바로 Hand tool 상태로 전환

- [Scale]: 객체를 좌우 비율을 고정한 상태로 크기 조정

- [Frame]: 디자인할 화면(포토샵의 아트보드)을 생성

- [Section]: 프레임 또는 객체들을 하나의 영역으로 그루핑

- [Slice]: 원하는 만큼의 영역을 지정해 내보내는 기능

- [Rectangle ~ Star]: 도형을 그릴 수 있는 기능

- [Image]: 컴퓨터에 저장되어 있는 이미지를 삽입하는 기능

- [Pen]: 선을 그리거나 도형을 더블 클릭해 앵커 포인트를 추가하는 기능

- [Pencil]: 자유도형을 그리는 기능

- [Text]: 텍스트를 삽입하는 기능, 툴을 선택하고 캔버스를 클릭하면 사이즈 지정이 없는 일반 텍스트 박스 생성, 클릭+드래그하면 영역 사이즈를 지정한 텍스트 박스 생성

- [Comment]: 화면의 어디에든 의견을 남길 때 사용, 해당 코멘트에 댓글을 달거나 '@대상자'로 특정 사용자를 지정할 수 있어 협업할 때 편리하게 사용할 수 있음

- [Action]: 주요 기능 바로가기, 애셋이나 플러그인을 찾는 기능을 제공, AI 기능 '퍼스트 드래프트(First Draft)'도 이 영역에서 제공[1]

기존 [Action] 기능 구성(좌)과 AI가 포함된 기능 구성(우)

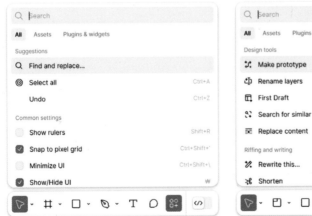
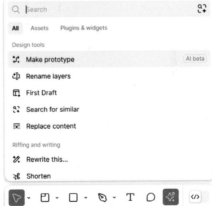

출처: 피그마

---

[1] AI 기능은 Beta 버전으로 일부 사용자에게만 제공됨

Dev 모드는 개발자에게 필요한 기능으로 오른쪽 사이드 바가 [Inspect]/[Plugins] 패널로 변경되며 유료 플랜에서 사용할 수 있다.

디자인 모드의 툴바와 오른쪽 사이드 바 구성(좌), Dev 모드의 툴바와 오른쪽 사이드 바 구성(우)

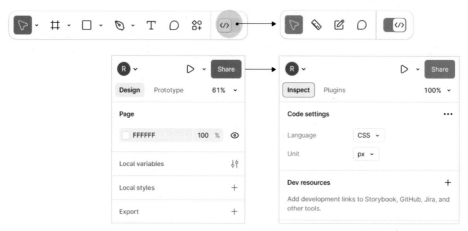

출처: 피그마

와이어프레임 설계

디바이스/해상도 설정

어도비 XD, 피그마와 같이 와이어프레임 설계 이후 GUI 디자인과 협업까지 가능한 툴에서는 와이어프레임 설계 전에 먼저 기준 디바이스와 해상도를 확인하고 설정해야 한다. 다시 말해 스크린 사이즈를 정해 놓고 시작해야 한다. 모바일 화면의 기준 해상도는 가로폭 기준으로 통상 360픽셀(안드로이드) 또는 375픽셀(아이폰) 기준으로 정의해왔는데, 최근 디바이스가 커지면서 412픽셀(안드로이드), 아이폰은 13~15 기종에 맞춰 기준 사이즈가 변화하고 있다. 또한 플립, 폴드 등의 새로운 폼팩터 사이즈에 맞춰 대응해야 하는 경우도 있어 내부 또는 고객사의 디자인 가이드를 먼저 확인하고 기준 사이즈를 설정해야 한다.

프레임 생성

프레임을 만드는 방법은 템플릿(Template)을 선택하거나 직접 원하는 사이즈로 그리는 방법이 있다.

① 툴바에서 [Frame] 메뉴를 선택 → 디자인 패널에서 기준 해상도에 맞는 템플릿 선택

② [Frame] 메뉴 선택 → 캔버스에 클릭+드래그하여 사각형 그리기 → 수동으로 [Layout]에서 Width(가로폭), Height(세로 높이) 사이즈를 설정

① 디자인 패널에서 템플릿 선택(좌), ② 프레임을 먼저 그린 후 [Layout]에서 W/H 값을 설정(우)

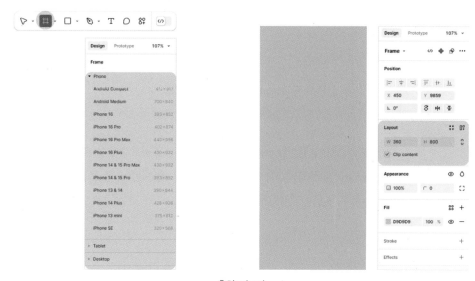

출처: 피그마

Layout grid(레이아웃 그리드) 설정

[Layout grid]는 프레임에 실제 UI 요소를 배치할 때 위치 기준을 잡는 디자인의 기본 뼈대로 일관성 있고 체계적인 레이아웃을 만드는 데 필수적이다. 그리드는 'Grid'(격자), 'Columns'(세로), 'Rows'(가로) 형태로 구분된다. [Layout grid] 영역의 [+] 버튼을 눌러 설정하려는 그리드 타입을 선택하면 된다.

그리드 타입(왼쪽부터 '설정 없음', 'Grid', 'Columns', 'Rows' 타입) 설정 예시

출처: 피그마

[+] 버튼으로 직접 설정하지 않고, [Layout grid] 영역에 마우스오버했을 때 [+] 버튼 왼쪽에 나타나는 [Apply styles] 버튼(다음의 왼쪽 이미지)을 눌러서 미리 설정된 스타일을 불러올 수도 있다. 그리드 스타일을 정의하는 방법은 뒤에 나오는 'Design System' 챕터에서 배운다.

설정되어 있는 그리드 스타일 불러오기(좌)와 직접 설정하기(우)

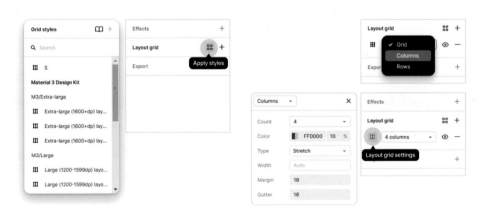

출처: 피그마

[Layout grid]를 직접 설정해보자.

① [Layout grid]를 설정할 프레임 선택한다.

② 디자인 패널의 [Layout grid] 메뉴 오른쪽의 [+] 버튼을 클릭한다.

③ 그리드 유형 선택: 'Grid', 'Columns', 'Rows' 중 'Columns'를 선택한다.

④ 그리드 옵션 설정: 선택된 유형 왼쪽의 아이콘([Layout grid settings], 위 그림의 오른쪽 이미지)을 눌러 설정 메뉴를 호출하고 다음과 같이 상세 설정을 한다.

- 'Count': 4로 설정

- 'Type': 'Left', 'Right', 'Center', 'Stretch'(화면 전체 맞춤) 정렬 옵션 중 'Stretch' 선택

- 'Margin'(화면의 좌우의 가장자리 여백): 16으로 설정

- 'Gutter'(칼럼 사이의 여백): 16으로 설정

[Layout grid]는 다음의 이미지와 같이 설정된 그리드 유형 오른쪽에 있는 눈 모양의 아이콘(보기/숨기기 버튼)을 눌러 보이지 않게 하거나 [-] 버튼으로 삭제할 수 있다.

[Layout grid] 보기/숨기기 버튼, 삭제 버튼

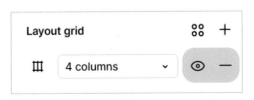

출처: 피그마

모바일 앱/웹, PC 웹 화면에 주로 사용되는 그리드 시스템은 다음과 같다. 이는 대표적인 사이즈로 서비스와 디자인에 따라 더 많은 칼럼으로 세밀하게 디자인하는 경우도 있다.

모바일 앱/웹, PC 웹 화면에 주로 사용되는 다양한 그리드 시스템

구분	모바일 앱/웹	PC웹
Container 폭	360px(안드로이드), 375px(iOS)	1200px 또는 1240px, 최대폭 1920px,
Column 수	4, 6 columns	12 columns

구분	모바일 앱/웹	PC웹
Margin	16px	24px, 32px
Gutter	8px, 16px	16px, 24px

와이어프레임 설계

와이어프레임을 설계할 때는 세부 요소를 배치하기 전에 전체적인 구조인 UI 프레임워크를 먼저 설정한다. 다시 말해 화면 상단의 헤더 영역, 하단 내비게이션 영역, 그 사이의 콘텐츠 영역을 먼저 설정하고 각 영역이 화면 전환 시 어떻게 유지 또는 달라지는지를 미리 정해야 한다. 이 책의 첫 부분(UI 설계)에서 이미 본 바와 같이 UI 설계는 콘텐츠 준비, 구성, 배치, 형태 정의가 이어지는 작업이다. 콘텐츠가 준비되었다면 그것을 어떻게 구성하고 화면 내에 배치할 것인지에 대한 일관된 계획이 수립돼야 한다.

기존 서비스를 일부 개선할 때는 현재의 프레임워크를 승계하면서 일부 영역에 대해서만 새롭게 설계하고, 전면 개편인 경우는 새롭게 정의할 수 있다.

주요 화면별 UI 프레임워크 설정 예시

Drawing(드로잉)

화면 내의 UI 요소를 설계하는 방법은 직접 만드는 방법과 기존에 정의된 애셋을 활용하는 방법이 있다. 먼저 직접 드로잉 도구를 사용해 만드는 방법을 사용해보자. (이 책의 앞부분에서 각 UI 요소의 특징을 참고하는 것도 좋다.)

다음의 툴바에서 제공되는 드로잉 도구(도형, 펜, T 아이콘)를 사용할 때는 만들고 싶은 형태를 선택한 후 화면을 클릭 또는 클릭+드래그하면 된다. 버튼을 만들 때는 버튼의 영역을 만드는 [Rectangle], 레이블을 만드는 [Text]를 사용하면 된다. 리스트를 만들 때는 [Text], [Rectangle]과 함께 [Ellipse]로 섬네일 이미지의 형상을 만들고 [Pen] 툴을 이용해 꺾쇠를 그려 더보기 버튼을 만든다.

드로잉 도구

출처: 피그마

Align(정렬)

Align은 정렬 기능으로, 복수의 요소를 선택해 정렬을 맞출 때 사용한다. 기본적인 정렬 기준인 상/하/좌/우/가로중앙/세로중앙/가로균등/세로균등 맞춤 외에 피그마에서는 3개 이상의 요소를 선택했을 때 등간격 정렬 기능인 [Tidy up]을 제공한다. [Tidy up]을 이용하면 선택한 요소들을 질서정연하게 정렬할 수 있다.

[Position] 영역의 더보기 버튼을 누르면 요소 선택 상태에 따라 3가지 종류의 [Tidy up] 버튼이 제공된다. 다음의 오른쪽 이미지처럼 선택한 요소들이 가로 세로 바둑판 배열, 가로 배열, 세로 배열일 때 각각 해당하는 배열 형태를 아이콘으로 표기하는 [Tidy up] 메뉴가 제공된다.

선택된 요소의 상태에 따른 [Tidy Up]의 유형 구분

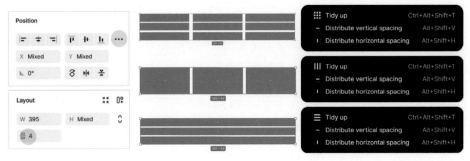

출처: 피그마

[Tidy up]이 설정되면 다음의 왼쪽 이미지처럼 선택된 상태에서 핑크색 마커가 표시된다. 초록색 사각형 사이에 생긴 세로선을 잡고 드래그하면 사각형 사이의 간격을 조정할 수 있다. 다음의 오른쪽 이미지처럼 [Layout] 영역에서 간격 조정 값을 입력해 요소 사이의 간격을 한 번에 조정할 수도 있다. 이 기능은 연이어 반복되는 리스트, 카드, 이미지 갤러리 등의 정렬과 간격을 일괄 조정할 때 사용한다.

[Tidy up] 설정 상태에서 임의로 간격을 조정(좌), [Layout] 영역의 간격 값을 조정(우)

출처: 피그마

Component(컴포넌트)

컴포넌트는 피그마와 같은 디지털 툴의 가장 좋은 점 중 하나다. PPT에서 문서 설계를 할 때 CTA버튼[2]의 색상이나 텍스트를 변경하기 위해 하나하나 찾아서 바꿨던 수정의 지옥에 빠져본 경험이 다들 있을 것이다.

---

2   CTA 버튼: Call to Action 버튼으로 화면 내 주요 액션을 요구하는 중요 버튼을 의미한다.

피그마에서는 하나의 [Master component](원본)를 정의하고 그것을 복사한 [Instance] (복제본)를 사용한다. 따라서 [Master component]를 수정하면 [Instance]에 자동으로 수정사항이 적용된다. 버튼, 아이콘, 내비게이션 바 등 반복적으로 사용되는 UI 요소를 컴포넌트로 정의해 관리하면 디자인 일관성이 유지되고 수정 작업의 효율성이 향상된다.

Create component(컴포넌트 생성)

[Master component]로 정의할 요소를 선택하고 마우스 오른쪽 버튼을 클릭해서 나오는 명령어 팝업 또는 오른쪽 디자인 패널에서 [Create component] 명령어를 선택하면 다음의 오른쪽 이미지처럼 해당 요소가 [Master component]로 설정되고 이를 복사/붙여 넣기 하면 그 아래 이미지처럼 [Instance]가 만들어진다. 컴포넌트는 보라색으로 선택박스와 이름이 표기되고, [Master component]인지 [Instance]인지는 레이어 앞의 아이콘 모양으로 구분하면 된다. [Master component]는 마름모 4개가 합쳐진 형상, [Instance]는 마름모 1개인 아이콘을 표시된다.

[Create component]

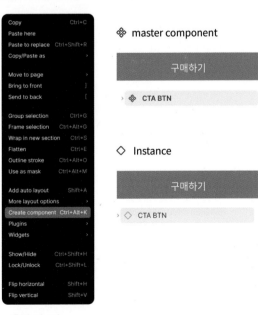

출처: 피그마

[Master component]의 버튼 배경 색상을 바꾸면 복제된 [Instance]의 색상이 자동으로 바뀌는 것을 확인할 수 있다. [Master component]에서 색상, 사이즈 등 디자인 패널에서 정의하는 속성값을 변경하면 모든 [Instance]에 자동으로 반영된다.

Create component set(컴포넌트 세트 생성)

버튼, 인풋필드, 아이콘 등의 요소는 상태별로 정의해 전체 화면 설계 과정에서 일관성 있게 사용한다.

예를 들어 주활동 버튼(Primary button)과 이차적 버튼(Secondary button)만 간단히 상태값을 구분해 정의해 보면 다음의 이미지와 같이 구분할 수 있다. 이 6개의 버튼을 각각 컴포넌트로 정의해서 만들어도 되지만, 피그마의 [Component set] 기능을 사용하면 하나의 컴포넌트를 사용하면서 'Properties' 값만 간단히 변경해 상태값을 바꿀 수 있어 효율적이다.

[Component set]로 정의하기 전에 함께 묶어서 정의할 요소들의 프레임 이름(파란 글씨)을 다음 이미지처럼 설정해준다. 네이밍 기준은 컴포넌트의 용도(Button), 유형(Primary/Secondary), 상태값(Enabled/Disabled/Focused), 사이즈(Large)로 구분될 수 있도록 프레임 이름을 정리한 상태다. 이렇게 이름이 정리된 프레임을 [Component set]로 정의하면 속성(Properties) 값이 자동으로 구분돼 설정되어 편리하다.

[Component set]로 묶어서 정의할 요소별 프레임 이름 정리

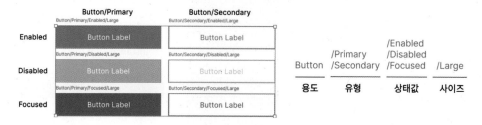

다음의 왼쪽 이미지처럼 함께 묶어서 정의할 프레임을 모두 선택한 상태에서 디자인 패널에서 [Create component set] 메뉴를 누르면 오른쪽 이미지처럼 보라색 점선박스로 묶인 [Component set]로 정의된다.

[Create component set]

출처: 피그마

설정된 컴포넌트 세트를 선택하면 다음의 왼쪽 이미지처럼 앞서 정의한 프레임 이름이 'Properties' 옵션으로 구분되어 설정된 것을 볼 수 있다. 컴포넌트를 사용할 때 좀 더 쉽게 'Properties' 옵션을 알아볼 수 있도록 다음의 왼쪽 이미지에서 'Property 1', 'Property 2', 'Property 3'을 더블 클릭해 각각 'Type', 'Status', 'Size'로 바꿔주자.

컴포넌트 'Properties' 이름 바꿔주기

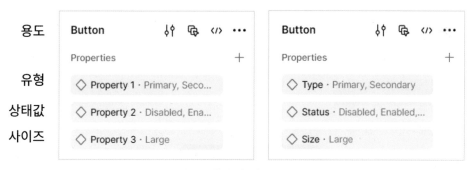

출처: 피그마

Insert instance & Property setting(인스턴트 삽입 및 속성 설정)

[Master component]를 [Instance]로 복제하는 방법은 2가지다. 첫째, 보라색 점선으로 정의된 컴포넌트 중 왼쪽 상단의 버튼을 Shift+Alt를 누른 상태에서 클릭+드래그하면(다음의 왼쪽 이미지) [Instance] 상태로 복사가 된다. 둘째, [Assets] 패널에서 컴포넌트가 있는 위치를 선택해 클릭+드래그(다음의 오른쪽 이미지)해도 컴포넌트가 복사된다.

[Instance] 복사하기(좌), [Assets] 패널에서 가져오기(우)

출처: 피그마

복사된 [Instance]를 선택해 다음의 왼쪽 이미지처럼 'Status'의 값을 'Enabled'에서 'Disabled'로 변경하면 오른쪽 이미지처럼 버튼의 상태값이 비활성 상태로 변경되어 회색 배경의 버튼으로 바뀐다. 버튼뿐만 아니라 인풋필드, 헤더, 하단 내비게이션, 탭 메뉴 등 반복적인 상태값 변경이 필요한 요소를 정의해 사용하면 작업이 효율적이다.

컴포넌트 속성값 변경

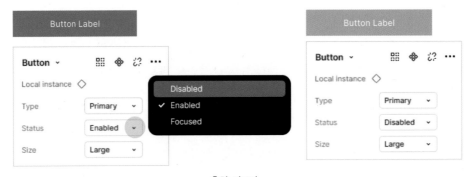

출처: 피그마

Detach instance(인스턴스 해제)

사용하던 [Instance]를 해제하려면 해제하려는 요소를 선택하고 마우스 오른쪽 버튼을 클릭하여 [Detach instance] 메뉴를 선택한다. 그러면 보라색이었던 선택박스가 파란색으로 변화되어 [Master component]와의 연결이 끊어지고, [Master component]의 변화가 반영되지 않는다.

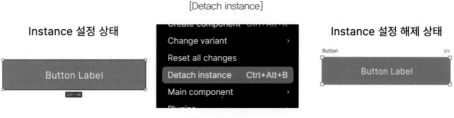

출처: 피그마

Constraints(요소 고정)

[Constraints] 기능은 프레임 내 요소의 위치를 상하좌우를 기준으로 강제로 고정하는 기능이다. 고정할 요소를 선택하고 디자인 패널에 Position영역에서 상하좌우/중간/상하좌우맞춤 옵션으로 고정값을 선택할 수 있다. 다음의 첫 번째 이미지는 흰색 영역(프레임) 안에 있는 회색 박스를 'Left', 'Top' 옵션으로 고정한 설정으로 프레임 사이즈가 변화해도 왼쪽 상단에 고정되어 있는 것을 볼 수 있다. 두 번째 이미지는 오른쪽 하단, 세 번째 이미지는 중앙에 위치가 고정되고, 네 번째 이미지는 상하좌우에 모두 고정해 프레임 사이즈가 변화하면 요소의 사이즈도 같이 변화한다.

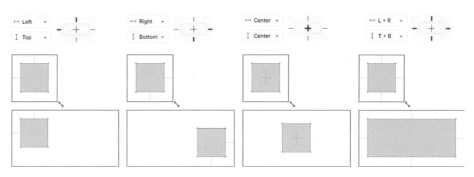

출처: 피그마

다음의 이미지는 프레임 사이즈를 변경할 때 화면 내 요소별로 고정, 좌우맞춤 속성을 설정한 예시다. 프레임의 상단 헤더 영역은 반응형 디자인을 적용했을 때 화면(프레임)이 가로로 늘어나면 상단 헤더 영역이 같이 좌우로 늘어나고, 영역 내 텍스트는 화면 중앙에 고정, 오른쪽 검색 아이콘은 계속 오른쪽 끝에 고정되어 있는 것을 확인할 수 있다. 하지만 하단 내비게이션 영역은 하단에 고정은 되어 있으나, 가로폭 조정 설정이 되어 있지 않아 화면 사이즈가 변화할 때 알맞게 조정되지 않는 것을 확인할 수 있다.

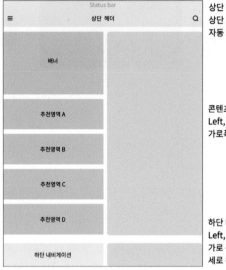

[Constraints] 설정 예시

위와 같이 프레임 사이즈 변경에 맞춰 위치를 고정하거나 사이즈를 조정하려면 다음과 같이 설정한다. 콘텐츠 영역과 하단 내비게이션 영역은 위의 이미지와 달리 화면이 늘어남에 따라 조정되도록 설정한다.

① 'Status bar' 영역 박스, '상단 헤더' 영역 박스 레이어를 선택하고 좌우맞춤으로 고정되어 프레임이 길어지는 만큼 같이 늘어나는 옵션 'Left+Right', 'Top'으로 설정

② 'Status bar' 텍스트, '상단 헤더' 텍스트 레이어를 선택하고 'Center', 'Top'으로 설정

③ '상단 헤더' 내에 '전체 메뉴' 아이콘은 'Left', 'Top', '검색' 아이콘은 'Right', 'Top'으로 각각 설정

④ '배너', '추천영역 A' ~ '추천영역 D'까지 레이어를 선택하고 'Left+Right', 'Top'으로 설정

⑤ '하단 내비게이션'은 영역 박스와 텍스트 레이어의 그룹 레이어를 잡고 'Left+Right', 'Bottom'으로 설정하여 좌우 폭 맞춤이 되도록 설정

그룹으로 설정된 레이어를 잡고 설정하면 그룹 내 오브젝트가 모두 같은 설정이 된다. '상단 헤더'처럼 영역과 아이콘, 텍스트의 [Constraints] 설정이 달라야 할 경우 개별적으로 설정해줘야 한다.

[Constraints] 설정 옵션

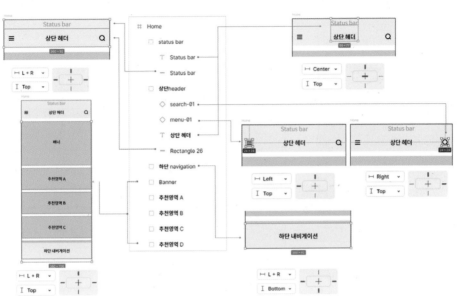

출처: 피그마

위와 같이 설정하면 화면의 사이즈를 가로, 세로로 확장했을 때 다음의 이미지처럼 화면의 사이즈에 연동되는 것을 확인할 수 있다.

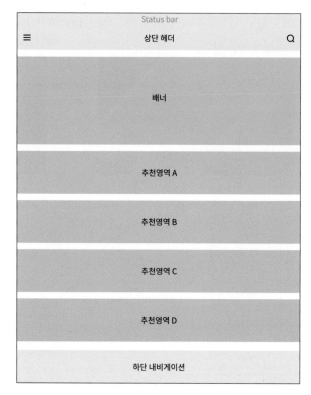

Auto layout(자동 정렬)

Auto layout(자동 정렬) 설정

[Auto layout] 기능은 프레임이나 컴포넌트 내의 요소들이 변화하면 자동으로 크기와 위치 정렬을 조정해주는 기능으로, 프레임, 컴포넌트로 설정된 대상에만 적용될 수 있는 개념이다. 프레임으로 묶이지 않은 요소(오브젝트, 그룹)에 [Auto layout]을 설정하면 선택된 요소들이 자동으로 프레임으로 변경되면서 [Auto layout]이 설정된다.

[Auto layout]을 설정하면 버튼의 레이블 길이에 따라 버튼의 길이가 자동으로 축소/확장되게 할 수 있고 리스트, 카드 등 반복되는 요소에 설정해 놓으면 요소를 삭제/추가/이동할 때 자동 정렬되어 레이아웃을 일일이 조정하지 않아도 된다.

다음 예시는 [Auto layout]의 설정 유무에 따라 버튼 모양이 어떻게 달라지는지 보여준다. 왼쪽 이미지는 [Auto layout]이 설정되지 않은 상태로 'Button Label' 텍스트를 버튼의 폭보다 크게 입력했을 때 버튼 밖으로 텍스트가 튀어나가 버튼 박스 사이즈를 조정해 줘야 한다. 하지만 [Auto layout]이 설정된 오른쪽 이미지는 텍스트가 길어지면 자동으로 버튼 박스 사이즈가 늘어난다.

[Auto layout]이 설정된 버튼의 자동 정렬 비교

출처: 피그마

다음 예시는 목록을 편집하는 상황을 보여준다. 첫 번째 이미지에 있는 장바구니 제품 목록, 금액 상세 영역에서 제품 수를 2개로 줄이기 위해 제품 B를 삭제했을 때 [Auto layout]이 설정되지 않아 두 번째 이미지처럼 중간에 공백이 생기고 아래쪽에 있던 C제품과 금액 상세 영역의 위치를 공백의 위치로 이동시켜 줘야 한다. 세 번째 이미지는 [Auto layout]이 설정되어 B 제품을 삭제하면 아래쪽의 C제품과 금액 상세 영역이 자동으로 위로 당겨 올라가서 손쉽게 화면이 정리된 모습을 보여준다.

[Auto layout]이 설정된 제품 목록의 자동 정렬 비교

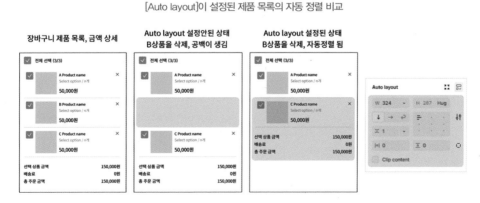

출처: 피그마

[Auto layout]을 효과적으로 활용하려면 영역 내 맞춤 설정 옵션과 [Fixed width], [Hug contents], [Fill container] 옵션에 대해 잘 알고 있어야 한다.

[Auto layout] 설정 옵션

출처: 피그마

영역 내 맞춤 설정 옵션에 대해 알아보자. 위의 오른쪽 이미지와 같이 다양한 정렬 옵션 설정이 가능하다.

[Auto layout]은 자동 정렬 기능이기 때문에 제일 먼저 정렬 방향과 정렬 위치를 정해야 한다. 정렬 방향은 세로, 가로, 내림 정렬로 구분되며, 각 정렬에 적합한 요소 유형은 다음과 같다.

- 세로 방향 정렬: 좌우 폭이 넓고 세로로 나열되는 리스트, 카드 등에 적합

- 가로 방향 정렬: 하단 내비게이션의 메뉴들, 좌우로 연결되는 카드 캐러셀, 태그 등에 적합

- 내림 정렬: 갤러리형 상품 목록처럼 많은 카드형 콘텐츠가 가로로 계속 나열되며, 화면의 폭에 맞춰 아래로 내림 정렬되는 요소에 적합

정렬 방향

출처: 피그마

정렬 위치는 가로 방향으로는 왼쪽, 중앙, 오른쪽, 좌우 맞춤, 세로방향으로는 상단, 중앙, 하단, 상하 맞춤으로 구분된다. [Auto layout]이 설정된 프레임을 선택하고 설정 영역의 도트가 있는 위치를 클릭하면 해당 위치 값으로 설정되며, 좌우/상하 맞춤은 설정 영역의 9개의 도트 중 어느 위치에서든지 더블 클릭하면 설정된다. 다시 도트를 더블 클릭하면 설정 해제된다. 설정 영역에 파란색 막대로 표시되는 설정 아이콘의 모양이 선택 시 정렬 형태를 보여주어 쉽게 선택할 수 있다.

가로 방향 정렬일 때 정렬 위치 옵션 예시

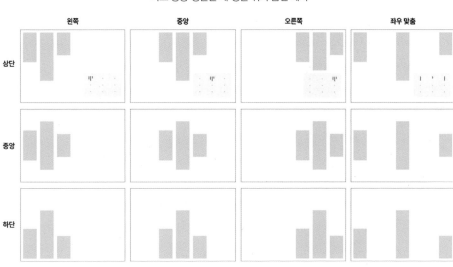

출처: 피그마

정렬 방향과 위치를 선택한 후에는 프레임 내에서 상하좌우 여백과 요소 간 간격을 설정해 줘야 한다.

다음 이미지에서 회색 박스 사이의 '간격'은 핑크색 빗금이 보이는 영역, 회색 박스들의 상하좌우 '여백'은 파란색 빗금으로 보이는 영역이다. 회색 박스 오브젝트는 총 6개이지만, 사이 간격(핑크색 빗금 영역)과 상하좌우 여백(파란색 빗금 영역)의 사이즈에 따라 박스의 정렬된 위치가 서로 다른 것을 확인할 수 있다.

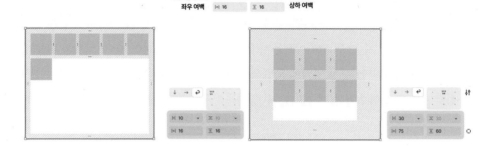

출처: 피그마

상하좌우 여백은 각각 다른 값으로 설정할 수 있다. 여백 설정 영역 오른쪽의
[Individual padding] 버튼을 누르면 상하/좌우 여백 값 설정 영역이 상/하/좌/우 여백
을 각각 설정할 수 있도록 분리된다.

상/하/좌/우 여백 설정

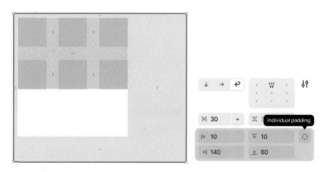

출처: 피그마

다음으로 [Fixed width], [Hug contents], [Fill container] 옵션에 대해 알아보자. 이 개
념은 다소 이해하기 어렵지만, 잘 사용하면 작업 효율을 높이는 데 큰 도움이 된다. 이
설정은 [Auto layout]이 설정된 레이어를 선택했을 때 대상의 Width, Height 설정 영역
에서 선택할 수 있다.

리사이징 옵션 설정

출처: 피그마

[Fixed width], [Hug contents], [Fill container] 옵션은 설정되는 대상이 어떻게 구성 되어 있는지에 따라 적용할 수 있는 개념이다. 설정 대상은 'Container'와 'Contents'로 구성된다. 'Container'는 'Contents'가 들어 있는 영역이다. 'Container'에 [Auto layout] 을 설정할 수 있고, 'Container' 내에 있는 'Contents'들을 자동으로 정렬시킬 수 있다.

'Container'와 'Contents'의 개념 구분

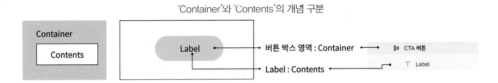

하나의 'Container'와 'Contents'로 구성되었을 때는 'Container' 레이어가 'Contents' 레 이어를 감싸는 [Hug contents] 설정이 가능하다. 다음의 오른쪽 이미지처럼 'Container' 인 버튼의 배경 박스 영역에 [Hug contents] 옵션을 설정하면 'Contents'인 'Label'의 길 이에 따라 버튼의 사이즈가 자동으로 조정된다. 왼쪽 이미지처럼 [Fixed width]로 설정 하면 레이블의 길이에 관계없이 버튼 영역의 폭이 고정값으로 유지된다.

[Hug Contents] 설정 상태

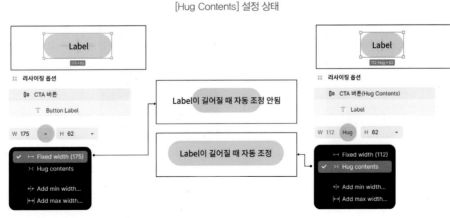

출처: 피그마

위의 이미지에서는 [Fill Container] 옵션이 보이지 않는다. 하나의 Container와 하나의 Contents로만 구성되어 있을 때는 [Fill container] 옵션을 설정할 수 없다. [Auto layout] 레이어 안에 다시 [Auto layout] 레이어가 들어있는 경우, 즉 'Container(상위)' 안에 'Container(하위)'가 있어야 하위 레이어에 [Fill container] 옵션이 활성화된다. 자신을 감싸고 있는 'Container'가 있어야만 채울(Fill) 영역이 있기 때문이다. 다음 이미지의 'B. 버튼 박스 영역'은 자신을 감싸는 'A. 회색 영역'이 있어 [Fill container] 옵션이 설정되고 A의 폭에 맞춰 B 버튼 영역의 폭이 조정된 것을 볼 수 있다.

2개의 'Container'가 설정된 상태

[Fill Container] 설정 상태

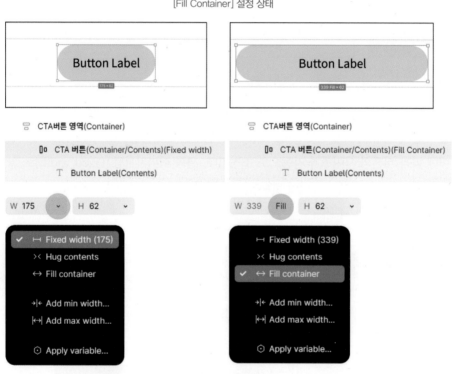

출처: 피그마

버튼 영역의 좌우 폭이 버튼 레이블 텍스트의 길이에 영향을 받는 [Hug contents]로 설정된 경우, 텍스트 길이에 따라 버튼의 사이즈가 너무 작아지거나 너무 커질 수 있다. 이를 방지하기 위해 최소폭과 최대폭을 설정할 수 있는 [Add min width…], [Add max width…] 기능이 있다. 다음의 왼쪽 이미지와 같이 W 또는 H 설정 영역에서 오른쪽에 있는 화살표를 누르면 해당 옵션이 나오며, 각각 설정한 후 짧거나 긴 레이블을 입력했을 때 중간 이미지의 최소/최대폭 설정 상태처럼 버튼 영역의 가로폭 사이즈가 제한되는 것을 볼 수 있다.

높이를 설정할 때도 동일하게 설정할 수 있다. 이를 해제하려면 오른쪽 이미지처럼 [Remove min and max] 기능을 선택하면 된다. 다음의 왼쪽 이미지는 최소/최대폭이 설정되지 않아 버튼의 레이블에 따라 너무 짧거나 긴 버튼이 되어 적절하지 않다. 최소/최대폭이 설정된 상태에서는 레이블이 짧아져도 버튼이 최소 설정 길이 이하로 짧아지지 않고, 레이블이 길어지더라도 최대 길이 이상으로 길어지지 않아 화면 내에서 버튼 디자인을 편리하게 관리할 수 있다.

[Add min width], [Add max width], [Remove min and max]

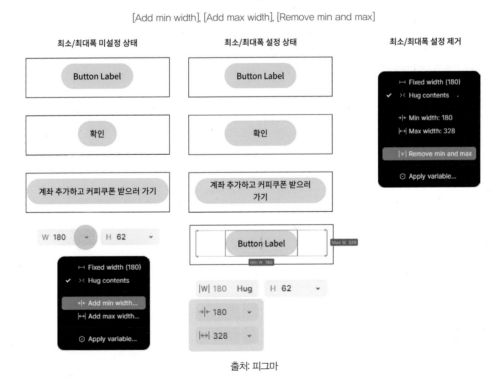

출처: 피그마

Ignore auto layout(Auto layout 예외 설정)

[Auto layout]이 설정되면 대상 요소가 모두 등간격으로 배치되기 때문에 겹쳐서 표현해야 하는 요소를 집어넣기 어렵다. 이럴 때 사용하는 기능이 [Ignore auto layout]이다. 이전 피그마 UI에서 [Absolute Position] 기능의 이름이 변경되었다. 이 기능을 사용하면 말 그대로 [Auto layout] 설정 영역 내에 있으면서 레이아웃 설정에 영향을 받지 않고 특정 위치에 요소를 위치시킬 수 있다.

다음의 장바구니 아이콘에 붙이는 배지의 설정 과정을 보면 이해할 수 있다. 장바구니에 배지가 없는 상태에서 [Auto layout]을 설정하면 아이콘들이 좌우에 잘 맞춰서 설정되지만, 배지 아이콘을 장바구니 아이콘 레이어 위에 추가하면 메뉴, 장바구니, 배지가 차례로 나열되어 레이아웃이 틀어지게 된다. 이때 배지를 선택하고 Position 설정 영역 우측 상단에 있는 [Ignore auto layout] 기능을 선택하면 레이어 아이콘 꼭지점에 격자무늬가 생기면서 [Auto layout] 설정에 영향을 받지 않고, 장바구니 아이콘이 화면 오른쪽으로 다시 배치되는 것을 볼 수 있다. 이 상태에서 배지 아이콘을 원하는 위치로 조정하면 마지막 이미지처럼 원하는 레이아웃으로 수정할 수 있다.

[Ignore auto layout] 기능 설정

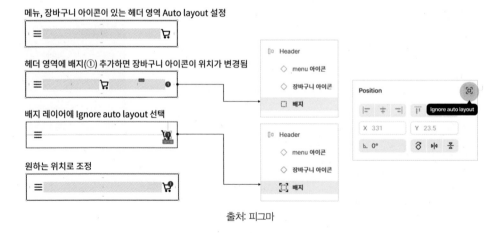

출처: 피그마

Design system(디자인 시스템)

디자인 시스템은 제품 팀이 일관된 사용자 경험을 만들기 위해 사용하는 재사용 가능한 UI 요소의 모음이다. 예를 들어 CTA 버튼을 사용할 때 버튼의 사이즈, 폰트, 색상이 화면마다 제각각이라면 사용자들은 서비스의 디자인이 관리되지 않는다고 생각할 것이다. 또 중요한 요소에 사용되는 강조 색상(Primary color)이 어느 화면에서는 파랑색, 어느 화면에서는 보라색이라면 사용자가 주목해야 하는 색상을 학습하고 서비스를 효율적으로 사용하는 데 방해가 된다. 이렇게 시각적, 인지적인 요소의 스타일을 일관되게 정리해두고 전체 시스템에 걸쳐 공통적으로 사용해야 사용자들이 일관된 경험 속에서 좀 더 쉽고 편리하게 서비스를 사용할 수 있게 된다.

디자인 시스템 예시

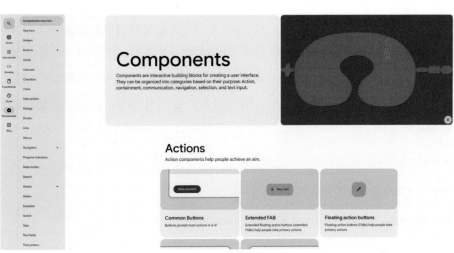

출처: 구글 머티리얼 디자인

디자인 시스템을 정의하는 수준에서 정해진 답은 없다. 활용할 조직에서 필요한 수준으로 정의하면 된다. 기본적으로 UI 컴포넌트, 스타일 가이드를 포함하는 수준도 있고, 더 폭넓게는 코드 컴포넌트 및 코드 스니펫, 디자인 가이드라인, 콘텐츠 가이드라인 및 스타일 가이드, 기타 문서와 같은 디자인 리소스 등의 가이드라인과 같이 제품의 품질 일관성 유지를 위한 여러 가이드를 정의하고 관리하면서 활용할 수 있다.

디자인 시스템이 필요한 이유는 다음과 같다.

- 제품 개발 속도 향상: 디자인 시스템을 사용하면 팀이 디자인 컴포넌트를 반복적으로 재설계하고 재구축할 필요가 없어 경쟁사보다 훨씬 더 빠르게 움직일 수 있다.

- 시간 절약 및 중요한 세부 사항에 집중: 컴포넌트 재구축과 작은 세부 사항 결정에 시간을 낭비하지 않고 의미 있는 디자인 결정과 제품의 다른 측면 개선에 리소스를 집중할 수 있다.

- 일관성 향상: 모든 것을 처음부터 일관되고 체계적으로 유지할 수 있어 디자인 프로세스에 관련된 모든 사람이 같은 상태로 일할 수 있다.

- 빠르고 쉬운 변경: 효율적인 디자인 시스템을 통해 제품 팀은 한 곳에서 변경을 수행하고 이러한 변경 사항을 제품 전체에 적용할 수 있다.

- 통일된 브랜드 구축: 디자인 시스템을 사용하면 제품의 브랜딩을 더 빠르게 통일할 수 있다.

다음과 같이 대표적으로 참조할 수 있는 디자인 시스템을 보면 어떤 항목을 디자인 시스템으로 정의하고 관리하는지 알 수 있다. 다만 이러한 디자인 시스템은 장시간에 걸쳐 체계적으로 방대한 범위로 정의한 결과이기 때문에 실제 업무 상황에서 동일한 수준으로 개발하는 것은 너무 많은 리소스 투입이 필요할 수 있어 적절한 수준의 구성을 고려할 필요가 있다.

- 애플 휴먼 인터페이스 디자인 가이드라인(Apple Human Interface Design Guidelines)

- 구글 머티리얼 디자인 시스템(Google Material Design System)

- 마이크로소프트 플루언트 디자인 시스템(Microsoft Fluent Design System)

- IBM 카본 디자인 시스템(IBM carbon Design system)

- 어도비 스펙트럼(Adobe Spectrum)

이 외에도 아틀라시안 디자인 시스템(ATLASSIAN Design System), SAP 피오리 디자인 가이드라인(SAP Fiori Design Guideline), 세일즈포스 라이트닝 디자인 시스템(Salesforce Lightning design system), 쇼피파이 폴라리스(Shopify Polaris), 골드만삭스 디자인 시스템(Goldman Sachs Design System)과 같이 비즈니스, 쇼핑, 금융과 같은 특정 도메인에 특화되어 구성된 디자인 시스템도 살펴보면 좋다.

Local styles & Local variables

UI/GUI 디자인을 위한 단계에서 디자인 일관성과 업무 효율성을 높이기 위해 기본적으로 텍스트, 색상, 레이아웃, 아이콘, 컴포넌트들을 정의한다. 일관성 측면에서는 약속된 색상, 스타일, 디자인을 정의해 사용하기 위함이고, 업무 효율성 측면에서는 적용된 색상, 스타일, 디자인을 일일이 수정하지 않고 효율적으로 수정하기 위한 것이다.

앞서 배운 컴포넌트에서 화면 내 UI 요소들을 정의했다. 그 과정에서 UI 요소들에 적용되는 스타일인 색상, 폰트 타입 등은 스타일로 정의해 사용하지 않고 각각 색상이나 폰트 스타일을 사용했다.

이렇게 애셋화되어 있지 않은 상태에서 여러 화면을 그린 후 스타일을 수정하면 일일이 수정해야 하는 번거로움이 있고, 실수로 수정이 반영되지 않아 일관성이 흐트러질 수도 있다. 색상, 폰트 스타일 등 아주 기본적인 스타일 설정값을 애셋으로 정의해놓고 관리하면 쉽게 수정할 수 있다.

다음 이미지는 스타일로 정의한 색상을 쓰지 않고 일반적으로 색상을 지정한 경우, 세개의 각각 다른 버튼의 색상값을 수정하기 위해 일일이 색상 설정 창을 오가야 하는 번거로움이 발생하는 예시다. 이러한 버튼이 여러 화면에 수십 개가 놓여 있다면 수정 작업에 매우 오랜 시간이 걸릴 것이다. 피그마에는 같은 속성을 가지는 오브젝트를 동시에 선택해주는 기능이 있긴 하지만, 처음부터 스타일을 정의하고 시작하는 것이 효율적이다.

각 오브젝트의 면(Fill), 선(Stroke) 색상을 개별적으로 수정하는 방식

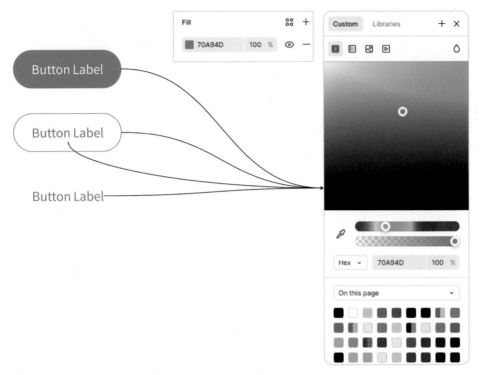

출처: 피그마

다음은 [Local styles]에 강조 색상(Primary color)을 정의해놓고, 이 정의된 색상을 각 요소의 색상으로 선택하는 방식의 예이다. 강조 색상의 속성(Properties)에 정의된 색상 값만 바꿔주면 그 강조 색상이 적용된 요소들의 색상이 한 번에 바뀌는 것을 보여준다.

'Color styles'로 지정된 색상의 속성값만 수정해서 한 번에 요소들의 색상을 수정하는 방식

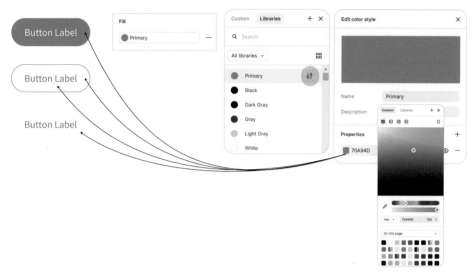

출처: 피그마

피그마에서 스타일을 정의하고 관리하기 위해서는 [Local styles] 설정 또는 [Local variables] 설정을 사용할 수 있다.

이 두 가지 스타일 설정 방법은 디자인 시스템을 구축하고 일관성을 유지하는 데 도움이 되는 중요한 기능이다. 두 기능은 활용 범위와 제작 난이도의 차이가 있어 프로젝트의 요구사항과 복잡성에 따라 적절히 선택하거나 함께 사용하는 것이 좋다. 간단한 디자인 시스템 구축에는 [Local styles]만으로도 충분할 수 있지만, 더 복잡하고 동적인 디자인 을 구현하려면 [Local variables]를 활용하는 것이 효과적일 수 있다.

이 책에서는 [Local styles] 설정으로 'Color styles'와 'Text styles'를 정의해보고, 'Color styles' 정의는 [Local variables] 정의 방식으로 좀 더 체계적인 정리 방법을 배워보자.

[Local styles]와 [Local variables] 비교

구분	Local styles	Local variables
기능 설명	색상, 텍스트 스타일, 효과 등의 디자인 속성을 저장하고 재사용할 수 있게 해주는 기능	디자인 속성이나 상태를 나타내는 저장된 값으로, 문자열, 숫자, 색상 또는 부울 값 유형일 수 있음
사용 목적	정적인 디자인 요소의 일관성 유지에 적합	동적인 상호작용과 조건부 디자인에 적합

구분	Local styles	Local variables
유연성	고정된 스타일 적용에 유용	다양한 조건과 상황에 따른 유연한 디자인 변경 가능
학습곡선	비교적 쉽게 이해하고 사용 가능	설정과 사용이 Local styles에 비해 복잡할 수 있어 초보자에게는 개념 이해가 어려울 수 있음

Local styles 설정

Color styles 설정

먼저 'Color Styles'를 설정하기 위해 정의해야 하는 색상의 종류에 대해 알아보자.

디자인 시스템에서 일관된 시각적 아이덴티티를 구축하기 위해 정의하는 색상 스타일은 강조 색상(Primary color), 보조 색상(Secondary color), 회색 계열 색상(Grayscale), 그 외 에러 및 강조 등에 사용하는 색상을 정의해 사용한다.

Google Material Design Baseline color system(좌), IBM Color system(우)

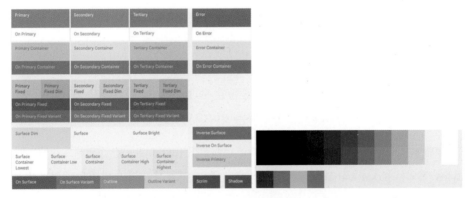

출처: Google Material Design, IBM Carbon Design System

강조 색상(Primary color)

- 브랜드의 주요 색상으로 디자인 시스템에서 가장 중요한 역할

- 로고, 주요 버튼, 헤더 등 중요한 UI 요소에 사용

- 보통 1~2개의 색상으로 구성되며 때로는 그 색상의 다양한 음영을 포함할 수 있음

보조 색상(Secondary color)

- 강조 색상을 보완하고 다양성을 추가하는 역할. 조화를 이루면서도 대비를 제공

- 강조, 구분, 계층 구조 표현 등에 사용

- 보조 버튼, 아이콘, 링크 등에 활용

- 여러 색상으로 구성될 수 있으며, 각 색상의 다양한 음영을 포함할 수 있음

회색 계열 색상(Grayscale)

- 흰색, 다양한 단계의 회색, 검정색으로 구성

- 텍스트, 배경, 구분선 등 기본적인 UI 요소에 사용

- 강조 색상(Primary color), 보조 색상(Secondary color)와 조화롭게 사용되어 전체적인 디자인 밸런스를 유지

- 밝은 회색부터 어두운 회색까지의 스펙트럼은 다양한 UI 요소의 계층 구조를 표현하는 데 활용

의미론적 색상(Semantic color)

- 특정 상태나 의미를 전달하는 데 사용

- 예) 성공(녹색), 경고(노란색), 오류(빨간색), 정보(파란색) 등

특정 상태값 색상(Functional color)

- UI의 특정 기능이나 상태를 나타내는 데 사용

- 예) 링크 색상, 버튼 상태 색상(Hover, Active, Disabled 등)

이제 'Color styles'를 만들어보자.

캔버스에서 아무 요소도 선택하지 않은 상태에서 오른쪽 디자인 패널을 보면 [Local styles] 영역이 있다. 다음 이미지처럼 [Local styles] 영역 오른쪽의 [+] 버튼을 누르고 [Text], [Color], [Effect], [Grid] 중 설정할 스타일인 [Color]를 선택한다.

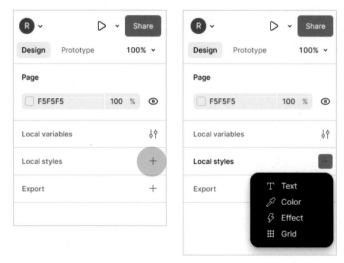

[Local styles] 기능 위치와 설정할 수 있는 스타일 옵션

출처: 피그마

[Color]를 선택하면 다음 이미지처럼 [Create new color style] 창이 나오고, 여기서 'Properties' 영역의 색상 영역을 누르면 색상 피커가 나타난다. 'Name' 영역에 'Primary color'를 입력하고 색상 피커에서 '#324DEF'로 6자리 색상 코드를 넣어 색상 값을 설정하면 오른쪽 이미지처럼 [Local styles] 하위에 'Color styles'라는 이름으로 그룹이 생성되며 그 하위에 'Primary color'가 생성된다.

[Local styles]에 'Color styles' 설정 방법

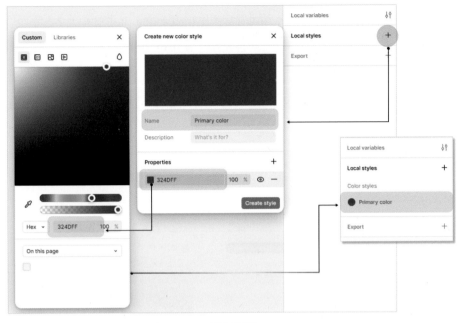

출처: 피그마

같은 방식으로 다음의 색상 값들을 각각 스타일로 지정하면 오른쪽 이미지처럼 'Color styles'가 생성된다. 색상의 배치 순서는 드래그앤드드롭으로 수정할 수 있다.

'Color Styles' 설정값 예시

출처: 피그마

이렇게 생성된 컬러 스타일을 사용하려면 두 가지 경로를 따를 수 있다.

먼저 요소를 선택한 후 다음의 왼쪽 이미지처럼 [Fill] 또는 [Stroke] 영역의 오른쪽 상단에 있는 [Apply styles and variables] 버튼을 누르면 [Libraries] 창이 나타나는데, 거기서 정의된 색상을 선택한다.

또는 오른쪽 이미지처럼 바로 [Libraries] 창을 호출하지 않고, 설정되어 있는 색상 영역을 선택해 호출되는 창에서 위쪽에 있는 [Libraries] 탭을 눌러 [Libraries] 창으로 이동해 선택할 수도 있다.

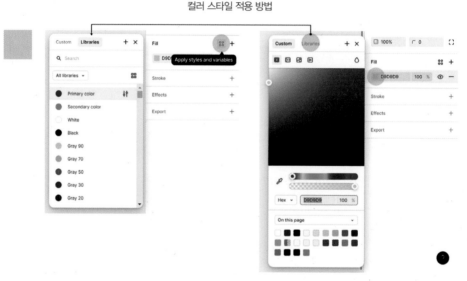

컬러 스타일 적용 방법

출처: 피그마

앞서 설명한 대로, 각 색상별로 UI 요소에 맞춰 컬러 스타일을 바로 선택하면, 색상 코드 6자리를 기억해서 사용하거나 매번 같은 요소의 색상을 확인하고 입력하는 번거로운 단계를 없애고 디자인 일관성도 지키며 화면을 설계해 나갈 수 있다.

Text styles 설정

'Text styles' 설정 기능을 배우기 전에 타이포그래피(Typography) 정의에 대해 좀 더 알아보자. UI 디자인에서 텍스트의 스타일, 즉 타이포그래피는 시각적 계층 구조를 전달하는 핵심적인 방법이다. 사용되는 폰트의 서체, 크기, 굵기의 차이에 따라 텍스트의 중요도가 다르게 느껴지고, 내용이 구조화되어 쉽게 이해되기 때문이다.

타이포그래피의 구조는 'Headline/Title', 'Body', 'Button' 등을 기본 구성으로 하고, 서비스의 특성에 따라 'Caption', 'Link', 'Quote/Block quote', 'Help text' 등 상세한 정의를 추가하기도 한다.

대표적인 디자인 시스템의 타이포그래피 구성을 살펴보면 다음과 같이 정의 항목에서 차이가 있다.

- 구글 머티리얼 디자인(Google Material Design)

  Display, Headline, Title, Body, Label

- 애플 휴먼 인터페이스 가이드라인(Apple Human Interface Guidelines)

  Title, Headline, Body, Callout, Subhead, Footnote, Caption

- IBM 카본 디자인 시스템(IBM Carbon Design System)

  Heading, Body, Code, Label, Helper Text, Legal Text

- 아틀라시안 디자인 시스템(ATLASSIAN Design System)

  Heading, Body, Code

- 쇼피파이 폴라리스(Shopify Polaris)

  Heading, Body

'Text styles'를 설정하기 위해서는 용도에 따라 Typeface(글꼴), Type Scale(사이즈), Font weight(두께), Line height(행간 높이), Letter space(자간폭)을 정의한다.

텍스트는 정보를 전달하는 중요한 수단이므로 가독성을 고려한 타이포그래피 정의가 중요하다. 디지털 서비스는 웹 접근성에 대한 고려 또한 매우 중요하므로 그러한 조건을 만족시키면서 정의된 디지털 정부 서비스 UI/UX 가이드라인을 예시로 활용했다. 사이즈는 PC 용, Mobile 용이 구분되어 정의되어 있다.

'Body'의 기준 사이즈는 17px로 웹 접근성 측면에서 가독성을 만족시키기 위해서는 기본 폰트의 사이즈가 다소 크다고 느껴질 수 있다. 개발하는 서비스가 가독성보다는 디자인의 중요도가 큰 브랜드 아이덴티티를 가지거나 대상 타깃군이 매우 좁은 특정 범위일 때 또는 웹 접근성 충족 요건이 없다면 좀 더 작은 사이즈를 기본으로 설정하는 것도 고려할 수 있다.

디지털 정부 서비스 UI/UX 가이드라인 – 스타일 가이드 서체(Typography)

Font weight : Regular=400, Bold=700

Style		Size	Mobile size	Font weight	Line height	Letter spacing	Usage
Display	Large	66	40	700	150%	1px	Display는 화면에서 가장 큰 텍스트로 주로 마케팅 용도로 사용한다.
	Medium	50	32	700	150%	1px	
	Small	40	25	700	150%	1px	
Heading	Large	50	40	700	150%	1px	Heading은 페이지 단위 타이틀에 사용한다.
	Medium	40	32	700	150%	1px	
	Small	32	25	700	150%	1px	
Title	XXlarge	32	25	700	150%	1px	Title은 템플릿 단위, 모듈 단위의 역할 및 기능을 강조할 때 사용한다.
	Xlarge	25	25	700	150%	0	
	Large	21	21	700	150%	0	
	Medium	19	19	700	150%	0	
	Small	17	17	700	150%	0	
	Xsmall	15	15	700	150%	0	
Body	Large	19	19	400, 700	150%	0	Body는 본문 텍스트로 사용한다.
	Medium	17(+기본)	17	400, 700	150%	0	
	Small	15	15	400, 700	150%	0	
Detail	Large	17	17	400, 700	150%	0	Detail은 추가 정보 또는 작은 항목 텍스트에 사용한다.
	Medium	15	15	400, 700	150%	0	
	Small	13	13	400, 700	150%	0	
Label	Large	19	19	400, 700	150%	0	구성 요소 내부의 텍스트로 사용한다. (예: Button, Label, Chips ...)
	Medium	17	17	400, 700	150%	0	
	Small	15	15	400, 700	150%	0	
	Xsmall	13	13	400, 700	150%	0	
Links	Large	19	19	400, 700	150%	0	문장 내의 몇 단어로 이루어진 텍스트 혹은 브레드크럼의 메뉴와 같이 독립적인 링크에 사용한다.
	Medium	17	17	400, 700	150%	0	
	Small	15	15	400, 700	150%	0	

출처: 디지털 정부 서비스 UI/UX 가이드라인 (https://uiux.egovframe.go.kr/guide)

다음은 이러한 타이포그래피 정의가 'Layout'(사이 간격)과 함께 반영된 PC와 Mobile 화면 예시다. 다음 그림의 예시처럼 텍스트 스타일과 사이 간격이 다른 타이포그래피의 정의에 따라 영역 구분 및 강약 구분이 자연스럽게 되면서 좀 더 빠르게 내용의 계층 구조를 파악할 수 있게 된다.

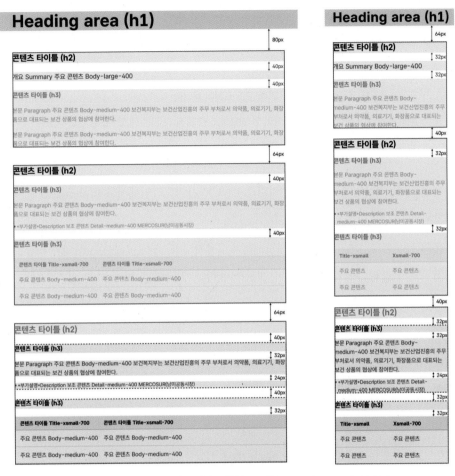

출처: 디지털 정부 서비스 UI/UX 가이드라인 (https://uiux.egovframe.go.kr/guide)

이제 모바일 화면을 기준으로 'Text styles'를 설정해보자. 기본적으로 글꼴은 모바일 환경에서 시스템 폰트를 기본으로 사용하는 것을 권장한다. 별도 폰트를 사용하면 폰트 파일 로딩으로 앱 속도가 느려질 수 있기 때문이다. 시스템 폰트를 사용하면 안드로이드/iOS 시스템에 따라 서로 다른 서체를 사용하기 때문에 같은 앱이 다른 서체를 사용하게 된다. 최근 OS 구분 없이 사용할 수 있고, 한글 표현에 좀 더 최적화되어 디자인된 Pretendard 폰트를 채택하는 서비스가 늘어나고 있다. 실습에서 글꼴은 Pretendard 서체를 사용하겠다.

- 시스템 기본 폰트
  - 안드로이드: Noto Sans CJK KR(국문), Roboto(영문, 숫자)
  - iOS: Apple SD gothic Neo(국문), SF Pro Display(영문)
- Pretendard 폰트
  - 9개의 굵기를 제공하여 디자인의 계층 구조 표현이 용이함
  - 텍스트 자간이 좁아 추가적인 조절이 덜 필요하고 한 줄에 더 많은 텍스트를 표시할 수 있음
  - 한글과 숫자를 잘 표현하며 숫자 표현이 깔끔함

앞서 설명한 예시인 디지털 정부 서비스 UI/UX 가이드라인에서도 Pretendard 서체를 사용한다.

다음의 구분으로 'Text styles'를 설정해보자. (설정하기 전 Pretendard 서체가 컴퓨터에 설치되어 있는지, 피그마를 웹 환경에서 사용하고 있다면 Font installer를 설치했는지 먼저 확인하고 작업을 이어가자.)

Typography 구분 및 상세 정의

Sacle Category		Weight	Size	line height	Letter Spacing
Title	**T1. Large**	Bold	24pt	150%	0
	T2. Medium(Base)	Bold	20pt	150%	0
	T3. Small	Bold	16pt	150%	0
Body	Body1. X Large	Regular / Bold	20pt	150%	0
	Body2. Large	Regular / Bold	18pt	150%	0
	Body3. Medium(Base)	Regular / Bold	16pt	150%	0
	Body4. Small	Regular / Bold	14pt	150%	0
	Body5. Xsmall	Regular	12pt	150%	0
Button	**Button1. Large**	Bold	20pt	150%	0
	Button2. Medium	Bold	16pt	150%	0

'Text styles'를 추가하는 방법은 'Color styles'를 추가하는 방법과 유사하다.

'Text styles'를 추가하기 위해 다음 이미지의 순서대로 먼저 [Local styles] 영역의 [+] 버튼을 눌러 [Text]를 선택하면 나오는 [Edit text style] 창에서 'Name'을 지정하고 [Properties] 영역에서 Typeface(글꼴), Type scale(사이즈), Font weight(두께), Line height(행간 높이), Letter space(자간폭)를 정의한다. 행간 높이는 픽셀 단위로 작성되기 때문에 % 값을 넣으려면 직접 '150%'라고 기입한다. 디자인에 따라서 픽셀값으로 텍스트 스타일별로 각기 다른 행간 높이를 설정하는 경우도 있다. 자간폭은 Pretendard 서체가 폭이 좁은 편이므로 0으로 설정한다.

'Text styles' 설정, 이름과 설정값을 모두 설정해줄 때

출처: 피그마

이 방식은 정의할 'Text styles'를 미리 정의하고 시작하는 방식이다. 프로젝트에 따라 이미 대표 화면을 디자인해 보면서 텍스트에 속성값을 설정해 놓은 상태에서 'Text styles'를 설정할 때도 있다. 그럴 때는 앞에서 소개한 과정처럼 일일이 속성값을 입력하지 않고, 속성이 설정된 텍스트를 그대로 'Text styles'로 지정할 수 있다.

먼저 대상 텍스트 레이어를 선택한 후 [Typography] 영역에서 [Apply styles] 버튼을 누른다. 이때 호출되는 [Text styles] 창에서 [+] 버튼을 누르면 [Create new text style] 창이 열린다. 여기서 'Name'만 입력하고 [Create style] 버튼을 누르면 바로 텍스트 스타일을 추가할 수 있다. 상세 옵션 설정은 [Create new text style] 창 왼쪽 아래에 [Show more options]로 숨겨져 있다.

속성이 설정된 텍스트를 바로 'Text styles'로 설정할 때

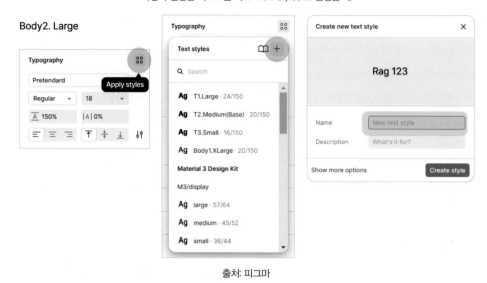

출처: 피그마

'Text styles'와 앞서 설정한 'Color styles'를 사용해보자.

스타일을 적용할 텍스트를 선택한 상태에서 디자인 패널의 'Typography' 영역 오른쪽의 [Apply styles] 버튼을 누르면 'Text styles' 설정 창이 호출된다. 여기서 적용하려는 텍스트 스타일을 선택하면 'Arial'로 설정되어 있던 폰트가 다음의 오른쪽 이미지처럼 'Text styles' 옵션인 'T1.Large'로 적용된 것을 볼 수 있다. 색상도 같은 방식으로 [Fill] 영역에서 [Apply styles and variables] 버튼을 누르면 호출되는 색상 피커 창의 [Libraries] 탭에서 설정된 색상 스타일 중 'Black'을 선택한다.

'Text styles', 'Color styles' 사용하기

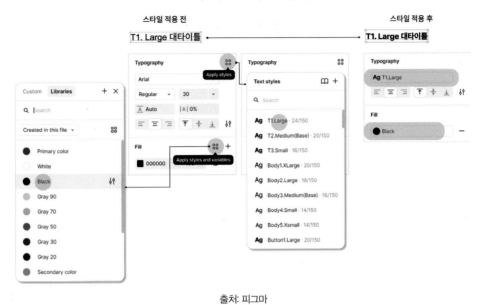

출처: 피그마

이렇게 앞서 설정한 'Text styles'와 'Color styles'를 함께 사용하면 다음 이미지처럼 용도에 맞는 스타일을 손쉽게 설정할 수 있고, 동일 요소 간에 일관성 있는 스타일 적용이 가능하다.

설정된 'Text styles'와 'Color styles'를 활용해 화면 내 요소에 스타일을 지정한 예시

출처: 피그마

다음의 화면은 스타일 외에 각 텍스트 영역 간 여백을 [Auto layout] 기능으로 블록화하여 설정한 상태를 보여준다. 요소들을 블록화하여 작업을 진행하면 요소 간 간격을 일일이 맞춰주지 않아도 손쉽게 화면 편집이 가능해 작업 속도를 높여준다.

먼저 다음의 왼쪽 화면처럼 각 텍스트 레이어에 [Auto layout]을 설정한다. 좌우 간격은 모두 16으로 설정하고 위아래 간격은 위아래에 배치되는 텍스트 레이어의 속성에 맞춰 적절한 값으로 설정한다. 예시 화면의 'T1. Large 대 타이틀' 텍스트 레이어는 위쪽 간격은 24, 아래쪽 간격은 32로 각각 설정했다. 각 텍스트 레이어에 [Auto layout]을 모두 설정했다면 다음의 오른쪽 화면처럼 상단의 텍스트 레이어를 모두 선택하고 [Auto layout]을 다시 한번 설정하고 위아래 간격을 0으로 설정한다. 이 상태에서 텍스트 레이어를 복사/붙여넣기 하면 자동으로 설정된 간격으로 정렬되어 더 손쉽게 화면 설계를 이어 나갈 수 있다.

출처: 피그마

Local variables 설정

Local variables의 필요성

[Local styles] 설정만으로도 이전에 일일이 색상 코드를 지정하던 방식보다 디자인 효율성이 많이 높아진다. 하지만 서비스에 필요한 화면이 계속 늘어나고 관리할 화면이 많아지면 더 효율적인 방법이 필요하다.

예를 들어 다음 이미지처럼 서비스의 강조 색상(Primary color)이 여러 요소에 많이 사용된 상황에서 그중 일부 요소만 색상을 바꿔야 한다고 생각해보자. 강조 색상을 사용한 다른 요소도 많은 상황이기 때문에 기존에 설정된 [Local styles]에서 강조 색상 자체를 바꾸지 않고, 별도의 색상을 새롭게 지정해주고 색상을 변경해야 하는 요소를 화면에서 모두 찾아내 새로운 색상을 매핑해야 한다.

[Local variables] 설정을 통해 색상을 지정하면 이러한 과정을 정말 빠르게 진행할 수 있다.

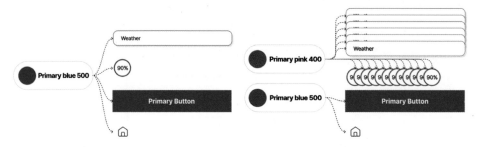

[Local styles]로 정의된 컴포넌트(좌) 중 일부 색상만 변경하는 경우(우)

Local variables의 개념 이해

[Local variables]를 사용하려면 'Variable'과 'Design token'의 개념을 먼저 이해해야 한다. 'Variable'은 피그마에서 [Color], [Number], [String], [Boolean] 타입을 가진다. 파일 내에서 재사용 가능하며 다른 변수를 참조할 수 있다.

'Variable' 설정 창(좌), 'Variable type' 구분(우)

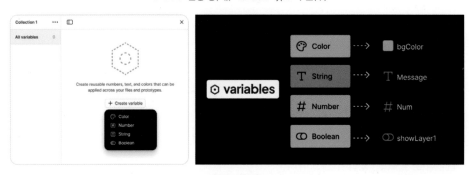

출처: 피그마

'Design token'은 디자인 시스템에서 재사용 가능한 디자인 값을 나타내는 개념적 단위로, 색상, 크기, 간격 등 디자인 기본 요소를 정의한다. 보통 계층 구조를 가지며 Primitive token(원시 토큰), Semantic token(의미 토큰), Component token(요소 토큰)으로 구분해 정의하고, 이를 가지고 'Variable'을 만든다.

이 책에서는 'Color Variable'을 예로 들어 설명하겠다.

디자인 토큰의 관계

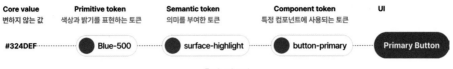

출처: 피그마

- Core value: 색상을 정의할 수 있는 가장 기본적인 값은 UI 디자인에서는 주로 6자리 코드로 표현되는 절댓값 #000000(HEX 코드)을 사용한다.

- Primitive token(원시 토큰): 6자리 숫자인 HEX 코드만 보고는 어떤 색상인지 바로 알 수 없다. 라이브 러리에서 바로 가져다 쓰려면 이름만 보고도 대략 어떤 색상인지 연상될 수 있도록 Primitive token을 정의해야 한다. 이는 Global token이라고도 부르는데, 가장 근본적인 수준의 정의를 이름으로 가지고 있다. 색상의 밝기를 0~900까지로 구분할 때 Blue-500은 파란색이고 중간 정도의 밝기라고 이해할 수 있다.

- Semantic token(의미 토큰): Primitive token이 어떤 의미로 사용되는지 정의하는 개념이다. 예를 들면 버튼 배경 박스와 같이 강조하는 표면에 사용한다는 의미로 'surface-highlight'라는 Semantic token으로 정의한다.

- Component token(요소 토큰): Semantic token을 사용하는 대상이 누구인가를 정의하는 개념이다.

- UI 요소: 이렇게 정의된 'button-primary' token을 UI 요소인 'Primary button'의 'Fill color'에 매핑한다.

다음의 이미지를 보면 'Blue-500'으로부터 연결된 또 다른 'Variable'의 정의를 볼 수 있다. 맨 위의 'weather'가 입력된 검색창 예시를 보면 Primitive token인 'Blue-500'이 Semantic token인 'accent hover(마우스가 올라간 상태에서 강조 색상)'로 연결되고, 다시 그것이 Component token인 'search-border-active(검색 창의 활성화된 선)'에 연결되어 최종적으로 UI 요소인 검색창 테두리 색상으로 연결된다.

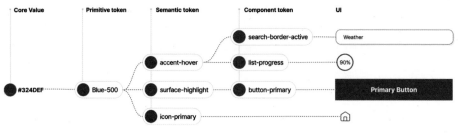

Primitive token 'Blue-500'이 여러 variable에 연결된 예시

출처: 피그마

이렇게 각 토큰이 UI 요소에 매핑된 상태에서 검색창 활성 상태 선 색상과 로딩 스피너의 선 색상만 다른 색상으로 바꿔야 할 때 새로운 색상(#D3322F)을 Primitive token(Pink-400)으로 추가 정의하고 그 토큰을 'accent-hover' 토큰에 연결해주면, 'accent-hover' 토큰이 연결된 요소들은 자동으로 한 번에 바뀌게 된다.

일부 요소만 색상 변경

출처: 피그마

이러한 편리함이 [Local variables]의 강점이자, [Local styles]와의 차이점이다.

[Local styles]는 [Local variables]처럼 다른 'Variable'을 참조할 수 없지만, 다음의 왼쪽 이미지처럼 하나의 스타일에 여러 속성 값(Properties value)을 설정할 수 있다. 반투명한 빨강색과 노란색, 불투명한 회색을 함께 설정하면 물감을 섞은 것처럼 황토색 컬러로 조합된다. 또한 [Local variables]는 다른 'Variable'을 참조할 수 있지만, 한 번에 하나만 참조 가능해 '단계적'으로 구조화된다는 점이 [Local styles]와 달라 위와 같이 일부 요소만 속성을 쉽게 변경하는 데 활용할 수 있다.

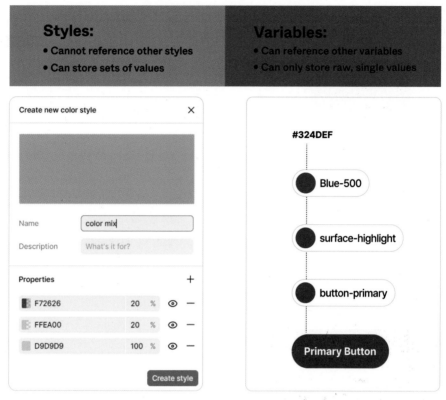

출처: 피그마

Color Variables 설정

앞에서 설명한 개념을 이해했다면 이제 'Color variables'를 설정해보자.

[Local variables]를 설정하려면 아무것도 선택하지 않은 상태에서 오른쪽 디자인 패널의 [Local variables] 영역 오른쪽의 [Open variables] 버튼을 누른다. 그러면 설정 창이 나타나는데, Primitive token(원시 토큰)을 먼저 정의하기 위해 왼쪽 상단의 'Collection 1' 옆의 더보기 메뉴에서 [Rename] 버튼을 눌러 'Primitive'로 수정한다.

[Local variables] 설정 시작, 'Collection' 이름을 'Primitive'로 수정

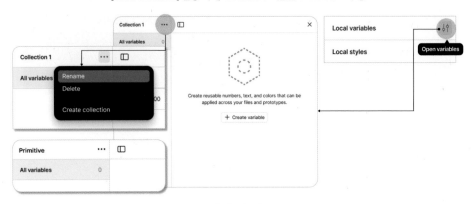

출처: 피그마

더보기 메뉴에서 [Create collection]을 눌러 두 개의 새 컬렉션을 추가하고 각각 'Semantic'과 'Component'로 이름을 수정한다.

'Semantic', 'Component' 컬렉션이 추가된 상태

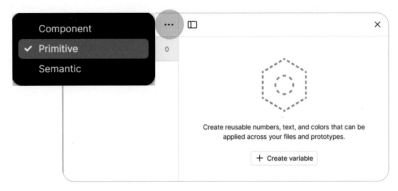

출처: 피그마

그다음 오른쪽 영역에서 [+ Create variable] → [Color]를 선택하면 'Color variable'을 설정할 수 있는 행이 추가된다.

Primitive token 설정

출처: 피그마

생성된 행에서 'Name'을 다음의 오른쪽 이미지인 Primary token의 'Name' 영역을 참고해 작성하고 'Value' 영역에는 'Core value'의 6자리 숫자 코드를 입력한다. 새로운 'Color variable'을 추가하려면 창 하단에 있는 [+ Create variable] 버튼을 누르면 행이 추가된다. 다음 그림의 왼쪽 화면 이미지에서 사용할 'Variable'을 만들기 위해 Blue 색상은 'Blue-500'만 설정하고, Grayscale(회색 계열 색상)은 'Core value'에 정의된 'Black'부터 'White'까지 전체 색상을 모두 Primitive token(원시 토큰)으로 설정한다.

Core value				
Blue		**Grayscale**		
900	0011BA	Black	000000	
800	122ECB	800	262626	
700	203AD7	700	434343	
600	2D45E3	600	555555	
500	324EEF	500	686868	
400	576BF4	400	9D9D9D	
300	7988F7	300	C4C4C4	
200	A2AAF9	200	D9D9D9	
100	C8CBFB	100	E9E9E9	
50	E9EBFE	50	F5F5F5	
		White	FFFFFF	

Primitive token	
Name	Value
Blue-500	324EEF
Black	000000
Gray-800	262626
Gray-700	434343
Gray-600	555555
Gray-500	686868
Gray-400	9D9D9D
Gray-300	C4C4C4
Gray-200	D9D9D9
Gray-100	E9E9E9
Gray-50	F5F5F5
White	FFFFFF

이어서 추가해 놓은 'Semantic' 컬렉션에 Semantic token(의미 토큰)을 다음의 왼쪽 이미지처럼 추가하고 Primitive token(원시 토큰)을 'Value'에 연결한다. 이어서 'Component' 컬렉션에 다음의 중간 이미지처럼 Component token(요소 토큰)을 추가하고 Semantic token(의미 토큰)을 'Value'에 연결한다. 마지막으로 화면의 요소를 선택하고 해당하는 Component token(요소 토큰)으로 설정된 'Variable'을 'Fill' 색상으로 선택한다.

Semantic token 및 Component token 설정, 화면 요소에 매핑

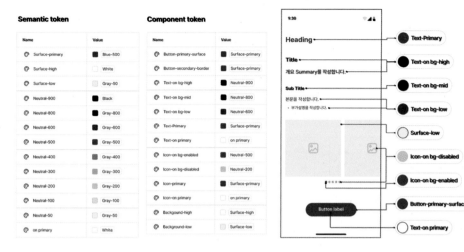

이제 설정된 [Local variables]를 활용해 색상을 손쉽게 변경해보자.

다음 이미지처럼 Primitive token(원시 토큰)에 'Green-600'을 추가하고, Semantic to-ken(의미 토큰)에서 'surface-primary' 토큰에 연결된 'Value'를 'Green-600'으로 변경하면 Component token(요소 토큰)인 'Text-Primary'와 'Button-primary-surface'의 색상이 자동으로 바뀌는 것을 확인할 수 있다.

일부 컴포넌트의 색상만 변경

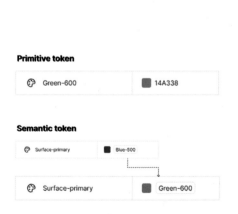

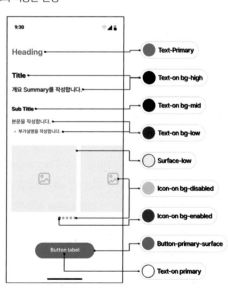

실습

지금까지 배운 [Drawing], [Align], [Auto layout] 등의 기능을 활용해 다음의 쇼핑 앱에서 사용하는 제품 목록, 제품 상세, 장바구니 화면을 같이 만들어보면서 와이어프레임 설계에 필요한 피그마 기능을 익혀보자.

실습용 화면. 왼쪽부터 제품 목록, 제품 상세, 장바구니 화면

제품 상세 화면

먼저 360*800 프레임을 생성하고, 제품 상세 페이지에 들어가는 플로팅 버튼인 구매하기 버튼을 그려보자.

① 버튼의 영역 박스를 그리기 위해 [Rectangle]을 선택하고 캔버스에 클릭+드래그하여 사각형을 그린다. 영역을 드래그하여 대략적인 사이즈에 맞춰 그릴 수도 있지만, 정확한 설정을 위해서 디자인 패널의 [Layout] 영역에서 W, H 값을 입력해 설정한다.

② 버튼 박스의 색상을 변경하려면 [Fill] 영역에서 색상 피커를 호출하거나, 6자리로 이뤄진 HEX 색상 코드를 입력해 설정할 수 있다.

버튼 박스 그리기, 색상 변경

출처: 피그마

③ 다음으로, 버튼 위에 올라갈 텍스트를 입력해보자. 하단 툴바에서 [T] 아이콘을 눌러 캔버스를 클릭해 '구매하기'라고 타이핑한다.[3]

④ 텍스트와 버튼 박스를 함께 선택하고 [Position] 영역에서 가로/세로 중앙 정렬을 설정한다.

⑤ 텍스트의 색상을 변경하기 위해 텍스트를 선택한 후 [Fill]의 색상 영역을 눌러 색상 피커를 호출해 '#FFFFFF'로 색상을 설정한다.

⑥ 텍스트와 박스를 함께 선택해 Ctrl+G 단축키[4]로 그룹을 설정해주면 버튼을 한 번에 선택할 수 있다.

텍스트 생성, 정렬, 색상 변경

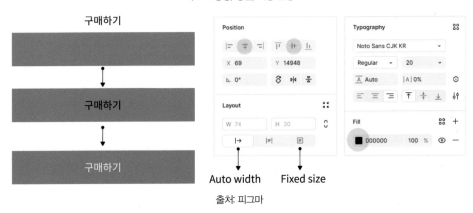

출처: 피그마

---

3   T 아이콘을 누른 후 캔버스에 클릭하면 한 줄로 길이 제한이 없는 Auto width 옵션의 텍스트를 입력할 수 있고, 클릭+드래그하면 사이즈가 정해져 있는 Fixed size 텍스트가 생성된다. Fixed size 옵션은 지정된 사이즈 영역만 사용할 텍스트 박스를 생성할 때 사용한다.

4   데스크톱에서는 Ctrl 키, MAC에서는 Command 키가 같은 역할을 한다.

이번에는 박스와 텍스트를 활용해 제품 상세 화면을 완성해보자. 아이콘은 앞에서 등록해놓은 Premade Kit의 'Simple Design System Asset'을 활용해 삽입해보자.

① 헤더 영역의 배경 박스를 W: 360, H: 48 사이즈로 만들고 'Fill' 색상을 '#FFFFFF'로 설정한다.

② 뒤로가기 아이콘 삽입에는 애셋을 활용해보자. 왼쪽 사이드 바에서 [Assets] 패널을 선택하면 앞서 등록해둔 Premade Kit 목록이 보인다. 여기서 'Simple Design System'을 더블 클릭하고 검색창에 'arrow'를 입력하면 화살표 관련 아이콘이 검색된다.

③ 원하는 아이콘을 화면으로 드래그앤드드롭한다. 처음에는 사이즈가 48로 크게 들어가는데, 오른쪽 디자인 패널에서 사이즈를 24로 변경해 화면 왼쪽 상단에 위치시킨다.

④ 장바구니(cart), 홈(home), 찜(heart)으로 각각 검색해서 아이콘을 배치한다.

⑤ 뒤로가기, 홈, 장바구니 아이콘을 그루핑하고, 헤더 영역 박스와 세로 중앙 정렬을 해준다.

헤더 영역, 아이콘 애셋 활용

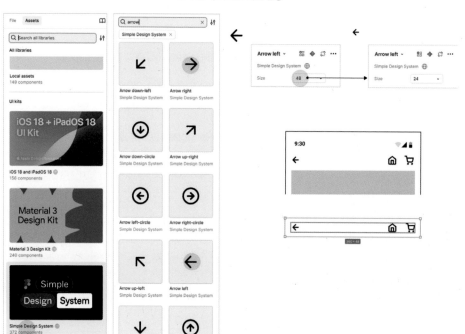

출처: 피그마

⑥ 제품 섬네일 이미지 영역은 하단 툴바에서 [Rectangle]을 선택해 이미지 영역 박스를 그리고 회색 계열로 색상을 변경해준다.

⑦ 제품 섬네일 이미지 하단에 이미지의 개수와 위치를 알려주는 인디케이터를 그리기 위해 하단 툴바에서 원을 그리는 [Ellipse]를 선택해 3개의 원을 그린다. 첫 번째 원은 어두운 회색, 다른 원은 흰색으로 색상을 변경하고 그루핑(Ctrl+G)한 후 이미지 영역 박스와 함께 선택해 중앙 정렬을 맞춰준다.

⑧ 하단 툴바에서 [T] 버튼을 눌러 화면에 들어갈 텍스트, 'Product name', '50,000원'을 작성한다.

⑨ 상품 가격 아래에 있는 구분선을 그리기 위해서는 펜 툴을 선택한 후 캔버스에 시작점을 클릭하고 도착점을 이어 클릭하면 선이 그려진다. 도착점을 클릭할 때는 키보드에서 Shift를 누른 상태로 클릭하면 직선이 그려진다.

제품 섬네일 이미지, 인디케이터, 제품명/가격 텍스트, 찜 버튼 아이콘 삽입

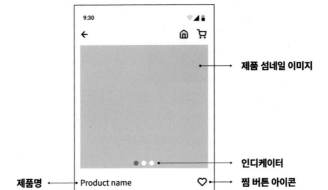

⑩ 추천 영역을 만들기 위해 타이틀 텍스트 '이 제품과 어울리는 상품'을 만든다.

⑪ 그 아래에 회색 박스를 그린다. 이때 앞서 버튼을 먼저 그렸기 때문에 다음의 왼쪽 이미지처럼 하단 구매하기 버튼 위에 박스가 올라오게 된다. 박스를 버튼 뒤로 보내기 위해서 이미지 박스를 선택하고 마우스 오른쪽 버튼을 클릭하여 [Send to back]을 선택한다. 반대로 구매하기 버튼을 선택하고 [Bring to front]를 선택해 맨 앞으로 가지고 올 수 있다.[5]

---

5 단축키로 사용하려면 Ctrl+Shift+[또는]를 누르면 맨 뒤/맨 앞으로 보낼 수 있다. Ctrl+[또는]를 누르면 한 단계씩만 뒤/앞으로 보낼 수 있다.

레이어 위치 조정 전(좌), 조정 후(우)

출처: 피그마

제품 목록 화면

실습용 제품 목록 화면

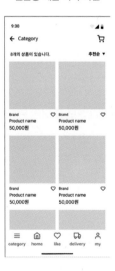

제품 상세 페이지를 만든 것과 같이 아이콘 애셋, 텍스트, 사각형, 삼각형을 활용해 다음의 이미지와 같이 제품 목록 화면을 만들어보고 [Auto layout] 기능을 사용해 목록을 간단하게 생성해보자.

① 헤더 영역은 제품 상세 화면을 활용하고 'Category' 텍스트를 입력한다. 홈 버튼은 삭제한다.

② 제품 목록 정보를 제공하는 텍스트 '8개의 상품이 있습니다.'를 입력하고, 화면 왼쪽에서 16px만큼 띄우기 위해 [Position] 영역의 X 값을 16으로 설정한다.

③ 추천순 옆에 소팅 버튼인 역삼각형 모양의 버튼을 만들기 위해 하단 툴바에서 [Polygon]을 선택해 캔버스에 클릭+드래그하는데, 이때 Shift를 함께 누르면 정삼각형을 그릴 수 있다.

④ 이 삼각형을 역삼각형으로 뒤집으려면 삼각형을 선택한 상태에서 삼각형의 꼭지점 가까이 마우스를 가져간다. 그러면 다음 그림의 가운데 이미지처럼 회전(rotate)할 수 있는 화살표가 표시된다. 이때 클릭+드래그하면 도형을 회전할 수 있다. Shift를 누른 상태로 클릭+드래그하면 15도씩 정해진 각도로 회전할 수 있다.

다음의 오른쪽 이미지처럼 디자인 패널의 [Position] 영역에서 각도를 180으로 입력하거나 90도 회전 버튼을 2번 눌러 회전할 수도 있다.

소팅 버튼 만들기, 각도 조정하기

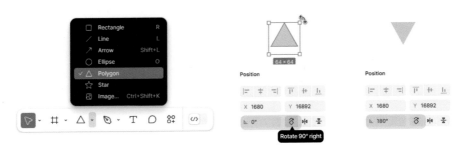

출처: 피그마

⑤ '추천순' 텍스트를 입력하고 소팅 버튼과 함께 그루핑하여 화면 오른쪽에서 16px만큼 띄운다.

⑥ 제품 목록을 만들기 위해 필요한 아이콘 찜 버튼은 [Assets] 패널에서 'heart'를 검색해 가져오고 사이즈를 24로 맞춰준다.

⑦ 이미지 섬네일 박스를 W: 58, H: 58 사이즈의 [Rectangle]로 그리고, 브랜드명, 제품명, 가격 텍스트를 입력해 이미지 섬네일 박스와 왼쪽 정렬 후 세로 간격을 맞춰 정렬한다. 찜 버튼은 박스와 오른쪽 정렬한다.

⑧ 텍스트 사이즈는 텍스트를 선택한 상태에서 디자인 패널의 [Typography] 영역에서 사이즈를 변경해 조정할 수 있다. 이 영역에서 서체와 굵기, 행간 높이, 자간 폭, 텍스트 가로 정렬, 세로 정렬 값도 같이 조정할 수 있다.

⑨ 텍스트까지 정리되면 이미지 섬네일 박스, 브랜드명, 제품명, 가격, 찜 버튼을 모두 선택하고 Ctrl+G로 그루핑해준다. 그러면 다음의 오른쪽 하단 이미지처럼 레이어들이 그룹으로 묶이는 것을 확인할 수 있다.

아이콘 삽입, 텍스트 입력 및 폰트 수정, 제품 목록 그루핑

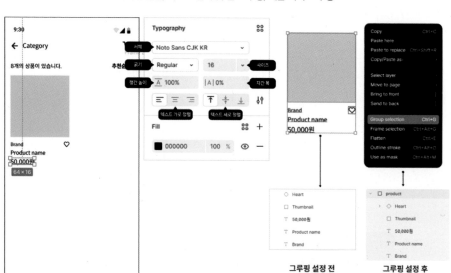

⑩ 다음의 왼쪽 이미지처럼 'product' 그룹 레이어를 선택한 상태에서 복사/붙여넣기하여 2개로 만들고, 두 그룹 레이어를 모두 선택한 상태에서 [Layout] 영역에서 [Auto layout] 기능을 선택한다.

⑪ 다음의 오른쪽 이미지처럼 [Auto layout] 설정을 'Wrap'으로 변경하고, 오른쪽 정렬 형태에 왼쪽 상단 dot를 더블 탭하여 왼쪽 끝 정렬로 맞춰주고 위아래 간격을 18로 설정한다.

제품 목록 [Auto layout] 설정하기

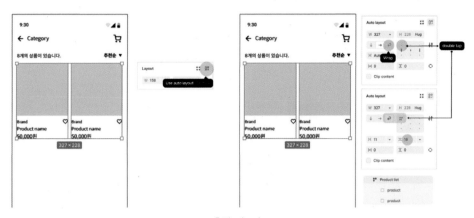

출처: 피그마

⑫ 다음의 왼쪽 이미지처럼 목록의 오른쪽 'product' 그룹을 선택하고 복사+붙여넣기를 하면 아래쪽으로 밀려 내려가며 목록이 추가되는 것을 확인할 수 있다. 이렇게 목록을 추가해서 총 8개의 제품이 있는 목록을 만든다.

[Auto layout] 설정 상태에서 제품 추가하기

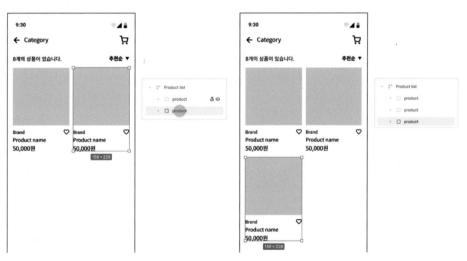

출처: 피그마

⑬ 하단 내비게이션 버튼을 만들 때 필요한 아이콘은 'Assets' 패널에서 'menu', 'home', 'heart', 'truck', 'user'로 검색해 각 아이콘을 가져온다. 그다음, 각 레이블 텍스트를 입력하고, 각 아이콘과 레이블, 영역 박스를 그린 후 한 번에 선택하고 중앙 정렬하여 버튼별로 그루핑한다.

버튼 중앙 정렬[6]

출처: 피그마

⑭ 5개의 버튼을 모두 선택한 상태에서 [Auto layout]을 설정한다. W: 360, H: 68 Fixed 사이즈로 설정해 정해진 영역 내에 배치되도록 하고, 좌우 'Padding'은 16, 'Alignment'는 좌우 폭맞춤으로 중앙 정렬한다. 버튼 사이에 공백이 있는 부분은 프레임의 배경 색을 white(#FFFFFF)로 채워주면 된다.

하단 내비게이션 버튼 [Auto layout] 설정, 배경색 추가

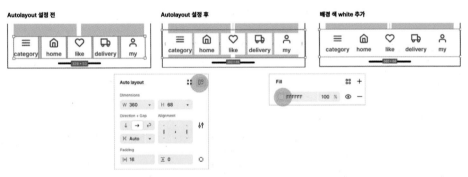

출처: 피그마

---

6   버튼 영역 배경색은 설명을 위해 회색으로 설정했다. 실제로는 흰색으로 설정해서 작업한다.

장바구니 화면

실습용 장바구니 화면

장바구니 화면은 앞에서 실습한 제품 목록 화면을 활용해 만들어 보자. 화면의 헤더 영역, 푸터 영역은 통상적으로 구성이 같은 화면들을 활용하면 작업 시간을 줄일 수 있다.

① 먼저 제품 목록 화면을 복사/붙여넣기 하고 헤더 영역의 뒤로가기 버튼과 'Category' 텍스트, 화면 아래의 OS 내비게이션 바를 제외한 다른 요소들은 모두 삭제하자.

② 뒤로가기 버튼을 선택한 상태에서 디자인 패널의 애셋 명칭 오른쪽에 작은 꺾쇠 버튼을 누르면 [Swap instance] 창이 호출된다. 여기서 필요한 아이콘의 키워드인 'x'를 검색하면 나오는 아이콘을 선택하면 뒤로가기 아이콘이 닫기 아이콘으로 바로 변경된다.

[Swap Instance]로 아이콘 변경하기

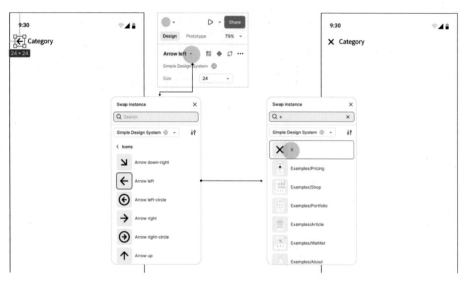

출처: 피그마

③ 모서리가 둥근 형태인 배송지 정보 옆의 변경 버튼을 그리려면, 사각형을 그리고 코너 라운드 값을 조절해 주면 된다. 먼저 하단 툴바에서 [Rectangle]을 선택해 W: 50, H: 28 사이즈로 사각형을 그린 후 [Appearance] 영역에 있는 'Corner radius' 값을 8로 설정하거나 꼭짓점에 커서를 가까이 가져가면 나오는 하얀 동그라미를 잡아당기면 'Corner radius'가 만들어진다.

④ [Fill] 영역 오른쪽 [−] 버튼을 눌러 색상 설정을 삭제하고 [Stroke] 영역 오른쪽의 [+] 버튼을 눌러 색상을 추가해 라인 버튼 형태로 만든다.

Swap Instance로 아이콘 변경하기

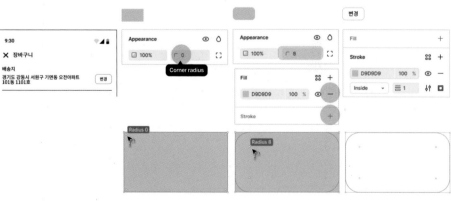

출처: 피그마

⑤ 실습에 사용하는 'Simple Design System'에는 사각형 안에 체크 아이콘이 들어가 있는 체크박스 애셋이 없다. 'Check' 애셋을 활용해서 영역 박스가 있는 체크 박스를 만들어보자.[7] 다음의 왼쪽 이미지처럼 왼쪽 사이드 바 [Assets] 패널에서 'Check'를 검색해 애셋을 캔버스로 드래그 앤드드롭하고 사이즈를 48에서 24로 바꿔준다.

⑥ 애셋을 선택하면 [Fill] 영역 오른쪽에 눈 아이콘이 꺼져 있어 색상이 안 보이는 상태로 되어 있다. 이 아이콘을 눌러 색상이 보이는 상태로 전환하고, 'Fill' 색상을 '#70A94D'(초록색)로 변경한다. 여기까지 설정하면 다음의 오른쪽 위 이미지처럼 초록색 정사각형 안에 검은색 선의 체크 표시가 있는 상태가 된다.

⑦ 정사각형의 모서리가 뾰족한 상태인데, 애셋이 선택된 상태에서 [Appearance] 영역에서 'Corner radius'를 5로 설정하면 사각형의 모서리가 둥근 형태로 변경된다.

⑧ 애셋 레이어 왼쪽의 꺾쇠를 눌러 레이어를 펼치면 보이는 체크 아이콘 레이어를 선택하고 'Stroke' 색상을 '#FFFFFF'로 변경하면 선택 상태의 체크박스가 완성된다.

체크박스 애셋을 변형해서 사용하기

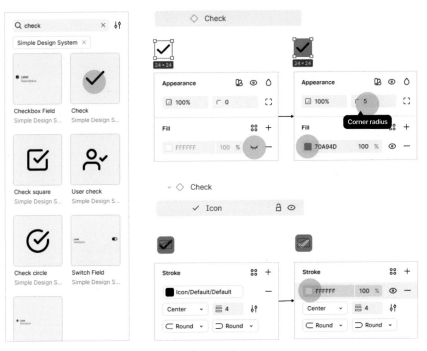

출처: 피그마

---

7 비슷한 애셋을 활용해 재편집해서 사용할 때 'Component'로 정의된 'Instance'를 활용하면 애셋에 포함된 레이어를 삭제할 수 없다. 이럴 때는 [Detach instance]를 적용해 편집하고 다시 [Create component]로 애셋화하면 된다.

⑨ 체크박스 오른쪽의 하단 툴바에서 [T] 버튼을 눌러 '전체 선택(3/3)' 텍스트를 추가한다.

⑩ 다음의 왼쪽 이미지처럼 하나의 상품 목록을 만들어 보자. 상품 목록 앞에 들어가는 작은 체크박스는 전체 선택 체크박스를 복사/붙여넣기 한 후 사이즈를 20으로 조정해 큰 체크박스 레이어와 함께 선택하고 오른쪽 정렬로 맞춰준다. 이미지 섬네일 박스(예시 이미지의 회색 박스), 'Product name', 'Select option/n개', '50,000원', 'X' 아이콘(애셋을 활용, 사이즈 16으로 변경), 하단의 회색 가로 선(디바이더)까지 만들어주고 그루핑하면 하나의 상품 목록이 완성된다.

⑪ 다음의 오른쪽 이미지처럼 그룹을 한 개 더 복사/붙여넣기 한 다음 두 그룹을 함께 선택한 상태에서 [Auto layout]을 설정한다. 단축키 Shift+A로 바로 설정할 수도 있다. 위아래 간격은 8로 설정한다.

구매 상품 목록 만들어 [Auto layout] 설정

출처: 피그마

⑫ 다음의 왼쪽 이미지처럼 두 번째 상품 목록 그룹 레이어를 선택하고 Ctrl+D를 누르면 복제되며 세 번째 상품 목록이 만들어지고 [Auto layout] 설정에 따라 두 번째 레이어 바로 아래에 간격이 8만큼 띄워지면서 자동 정렬되어 생성된다.

⑬ 마지막으로 다음의 오른쪽 이미지처럼 하단 제품 구매 가격 정보와 주문하기 버튼을 만들어 화면을 완성한다.

상품 목록 그룹 레이어 복제해 목록 추가, 제품 구매 가격 정보와 주문하기 버튼 만들기

출처: 피그마

프로토타입(Prototype)

Prototype settings(프로토타입 설정)

피그마에서 화면을 만들면 프로토타입 목업(Mockup)으로 바로 확인이 가능하다. 프로토타입을 만들기 위해서는 먼저 대상 기종을 선택해야 한다. 캔버스에서 아무것도 선택하지 않은 상태에서 오른쪽 사이드 바의 [Prototype] 패널을 선택하면 [Prototype settings] 영역에 'No device'라고 표시되고 디바이스를 선택하는 셀렉트 박스에서 디바이스를 선택할 수 있다. 프로토타입을 제작할 해상도별 기종에 맞게 선택한다. 미리보기 영역에서 선택한 기종으로 목업의 테두리가 입혀져 보이는 것을 확인할 수 있다.

프로토타입 목업에 적용할 디바이스 설정

출처: 피그마

Prototype view mode(프로토타입 뷰 모드)

프로토타입을 설정한 후 확인하는 모드는 'Present'과 'Preview' 모드가 있다. 오른쪽 사이드 바 상단의 [Share] 버튼 왼쪽에 있는 모드 선택 버튼으로 선택할 수 있다.

프로토타입 확인 모드 선택

출처: 피그마

'Present' 모드는 다음의 왼쪽 이미지처럼 전체 화면으로 전환되면서 다른 요소들은 보이지 않고 배경 색상이 블랙으로 바뀌어 시연에 적합한 모드다. 'Preview' 모드는 다음의 오른쪽 이미지처럼 작업 중에 캔버스 위에 팝업으로 보여줘 해당 화면의 설정 상태를 빠르게 확인할 수 있는 모드다. 'Present' 모드는 전환할 때 다소 시간이 걸리는 편이어서 작업 중 확인은 'Preview' 모드로 하는 것이 효율적이다.

'Present' 모드(좌)와 'Preview' 모드(우)

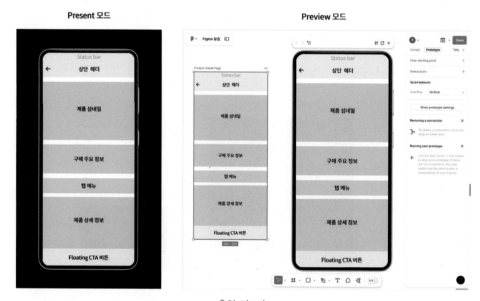

출처: 피그마

Scroll behavior(스크롤 동작) 설정

[Scroll behavior] 설정은 화면의 콘텐츠가 모바일 화면의 길이보다 길어져 스크롤이 발생할 때 프레임 또는 객체에 움직임을 설정하는 기능이다.

프레임에 설정할 때는 'Overflow', 객체에 설정할 때는 'Position' 옵션을 설정한다.

'Overflow' 설정은 말 그대로 화면(프레임) 바깥으로 콘텐츠가 넘치는 영역이 있을 경우 화면을 어떻게 움직이게 할지 설정하는 옵션으로, 프레임에 설정한다. 'Overflow' 설정 옵션은 'No scrolling' 'Vertical', 'Horizontal', 'Both direction' 4가지로 나뉜다. 각 옵션은 상황에 따라 선택하면 되며, 각 상황은 다음과 같다.

- No scrolling: 스크롤하지 않음

- Vertical: 세로로 긴 제품 목록, 블로그 포스트 등의 페이지 표현에 적합, 가장 일반적인 형태

- Horizontal: 가로로 나열된 이미지 갤러리, 슬라이더, 카테고리 메뉴 등의 표현에 적합

- Both direction: 대형 지도나 인터랙티브 차트와 같이 모든 방향으로 이동해야 하는 콘텐츠에서 사용

'Position' 설정은 프레임 내에 있는 객체가 화면이 스크롤 될 때 어떤 위치 값을 가질지 설정하는 옵션으로, 객체에 설정한다. 'Position' 설정 옵션은 'Scroll with parent', 'Fixed(Stay in place)', 'Sticky(stop at top edge)' 3가지로 나뉜다. 각 옵션을 설정하는 객체는 다음과 같다.

- Scroll with parent: 'parent', 즉 프레임의 'Overflow' 설정 옵션에 따라 움직이는 옵션이 결정되는 화면 내 대부분의 콘텐츠가 여기에 해당

- Fixed(Stay in place): 'parent'의 움직임과 상관없이 처음 위치에 고정되어 있는 객체로, 화면 상단에 고정되는 상단 헤더 영역, 하단에 고정되는 플로팅 버튼들이 여기에 해당

- Sticky(stop at top edge): 화면의 상단 끝에 고정되는 객체로, 화면 내에 있는 서브 카테고리 메뉴, 탭 메뉴가 스크롤 되다가 상단 끝 위치에 올라가면 화면 밖으로 스크롤 되지 않고 상단에 고정되는 상황이 여기에 해당

먼저 'Overflow' 설정에 대해 알아보자.

Vertical scroll behavior(세로 스크롤 동작)

'Vertical scroll'은 세로 방향으로 스크롤해야 하는 화면에 설정하는데, 모바일 화면은 기본 360*800 사이즈로 정의하지만 이 영역보다 더 길게 세로로 연장되어 상하 스크롤이 발생하는 화면이 대부분이기 때문에 가장 많이 사용하는 옵션이기도 하다.

스크롤했을 때 세로로 움직이게 하기 위해서 먼저 프로토타입을 설정할 프레임(화면)을 선택하고, [Scroll behavior]의 'Overflow' 옵션을 'Vertical'로 설정해준다.

[Scroll behavior] 설정

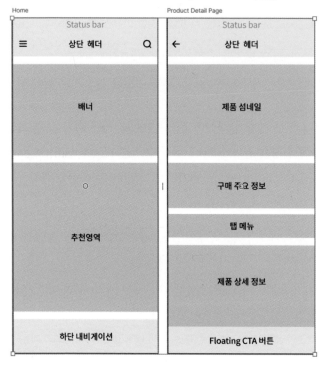

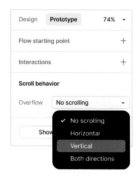

출처: 피그마

화면이 스크롤되려면 화면에 보이는 영역 밖에 위치하는 요소가 있어야 한다. 위의 화면 처럼 360*800 사이즈 화면에 딱 맞게 화면 설계가 된 상황에서는 'Vertical scroll'을 설 정해도 스크롤되지 않는다.

다음에 있는 왼쪽 이미지의 노란색 영역처럼 제품 상세 정보 영역 사이즈를 프레임 아래 바깥쪽으로 스크린 사이즈보다 길게 잡아당겨 조정해놓고, 해당 프레임을 선택한 상태 에서 오른쪽 사이드 패널에서 프로토타입 'Preview' 모드 버튼을 눌러 스크롤해보면 화 면 하단의 내용이 위로 올라오는 것을 확인할 수 있다. 그런데 여기서 화면 상단과 하단 에 고정돼야 할 상단 헤더 영역이나 플로팅 버튼 영역은 스크롤되지 않도록 조정해야 한 다. 'Overflow' 옵션 선택으로 화면 전체의 움직임을 설정했다면 특정 요소의 움직임을 제어하는 'Position' 설정을 해보자.

UX/UI 디자인 완벽 가이드: UI, 인터랙션, 프로토타이핑 편

358

'Vertical scroll' 설정 및 확인

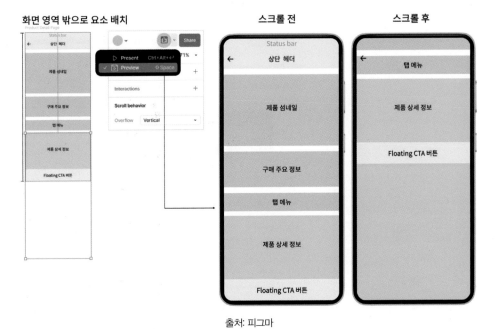

| 화면 영역 밖으로 요소 배치 | 스크롤 전 | 스크롤 후 |

출처: 피그마

화면 고정 요소 'Fixed' 설정

화면을 스크롤할 때 화면 상단의 'Status bar', '상단 헤더', '하단 내비게이션', 'Floating CTA 버튼' 등은 스크롤의 영향을 받지 않고 제자리에 고정되어 있어야 하므로 다음의 왼쪽 이미지처럼 해당 요소를 선택하고 'Fixed(Stay in place)'로 'Position' 옵션을 설정해 준다. 이렇게 설정하면 가운데 이미지와 같이 레이어 패널에서 'FIXED'와 'SCROLLS'로 자동으로 그루핑되고, 스크롤할 때 'Fixed' 영역이 맨 위에 위치해 스크롤되는 요소들에 가려지지 않도록 자동으로 조정된다. 오른쪽 'Preview' 화면에서 'Status bar', '상단 헤더', 'Floating CTA 버튼' 영역은 고정되고, 그 외 영역만 스크롤된다.

359

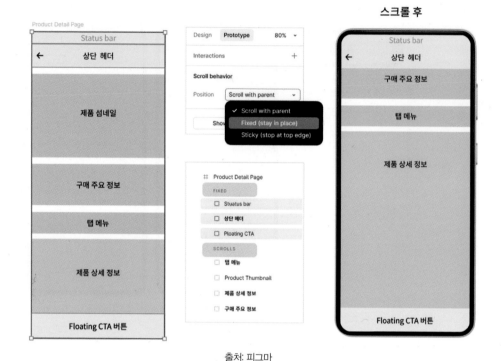

출처: 피그마

화면 스크롤 시 상단 고정(Sticky) 요소 설정

항상 정해진 위치에 고정되는 요소는 'Fixed' 설정을 하면 된다. 하지만 화면 아래에 있는 요소가 화면이 스크롤되는 중에 상단에 고정돼야 할 때는 해당 요소를 선택하고 'Position' 설정에서 'Sticky(stop at top edge)'를 선택해야 한다.

이때 다음 이미지와 같이 고정되는 요소의 고정될 위치를 고려해 상단 여백 영역을 설정하고 다른 요소 레이어와 서로 겹치는 관계를 고려해 레이어의 순서를 알맞게 조정돼야 제 위치에 고정될 수 있다.

다음 이미지에서 노란색 탭 메뉴 영역을 상단 헤더 영역 아래에 고정되도록 설정하려고 할 때 상단 끝 지점에 멈추면 'Status bar' 및 '상단 헤더' 영역과 겹치게 되어 'Status bar' 위로 올라와 보이거나 아래에 숨어버릴 수 있어 원하는 위치에 고정되지 않는다. 그래서 상단 여백 영역을 설정하는 것이다. 노란색 탭 메뉴 상단에 투명한 여백 영역(H: 102)

박스를 함께 만들어 그루핑해주고 그 그룹에 대해 상단 고정 설정을 해주면 '스크롤 후' 화면처럼 원하는 위치에 멈추게 된다.

다른 요소들과의 레이어 순서를 조정을 하는 이유는 스크롤할 때 요소들이 화면에 고정되는 레이어와 스크롤되는 레이어가 겹쳐지면서 서로를 가리는 상황이 발생하는데, 이때 원하는 모습으로 가려지게 하기 위함이다. 다음의 오른쪽 이미지처럼 레이어 설정 상태가 '구매 주요 정보' 레이어 아래에 '탭 메뉴' 레이어, 그 아래에 '제품 상세 정보' 레이어 순으로 조정되어 있어야 한다. 스크롤 전 화면에서 탭 메뉴의 상단 여백 박스가 구매 주요 정보 레이어를 가리지 않아야 하고, 스크롤 후 화면에서 제품 상세 정보 영역 스크롤이 길어질 때 탭 메뉴를 가리지 않게 하기 위해서다.

스크롤 시 상단 고정 영역 설정

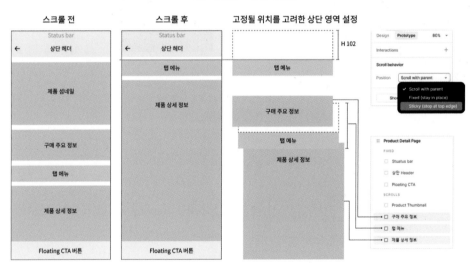

출처: 피그마

Horizontal scroll behavior(가로 스크롤 동작)

가로 스크롤이 필요한 요소는 가로로 나열된 이미지 갤러리, 슬라이더, 카테고리 메뉴 등으로 해당 영역 내에서 가로 스크롤 설정이 필요하다.

이런 요소는 세로 스크롤이 되는 화면 속에 같이 구성되기 때문에 전체 프레임에 두 옵션을 함께 설정할 수 없으므로 가로 스크롤 요소는 별도로 선택하여 [Frame selection] 기능으로 'Frame'으로 지정해서 설정해야 한다는 점에 유의해야 한다. 다음 이미지처럼 가로로 나열할 요소를 모두 선택한 다음 마우스 오른쪽 버튼을 클릭하여 [Frame selection]을 선택해 스크롤 옵션을 선택할 수 있는 프레임 상태로 만들어 준다.

가로 스크롤 요소 프레임으로 묶어주기

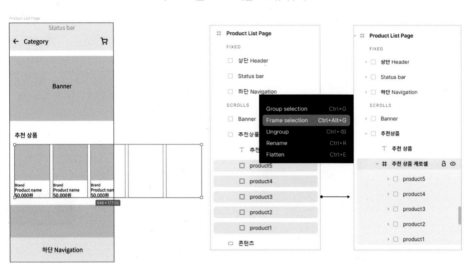

출처: 피그마

해당 프레임을 선택하고 [Prototype] 패널의 [Scroll behavior]의 'Overflow' 옵션을 'Horizontal'로 설정한다.

'Horizontal' 옵션을 설정하면 다음의 오른쪽 이미지처럼 선택박스 앞에 오류 상태 아이콘이 나타나는데, 이는 스크롤할 대상이 스크롤 영역보다 크지 않을 때 나타난다.

캐러셀 영역 스크롤 옵션 설정

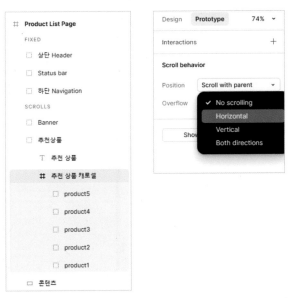

출처: 피그마

스크롤 옵션이 설정된 프레임을 선택해보면 다음의 왼쪽 이미지처럼 프레임의 사이즈(파란색 영역 박스)가 화면 밖에 위치한 전체 상품 영역 끝까지 설정되어 있다. 이 영역의 사이즈를 가운데 이미지처럼 화면의 오른쪽 경계선까지 당겨서 맞춰주면 오류 아이콘이 사라진다. 프로토타입 'Preview' 모드로 확인해 보면 가로 스크롤이 작동되는 것을 확인할 수 있다.

스크롤 영역 조정

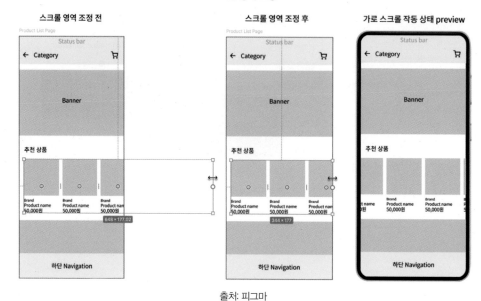

스크롤 영역 조정 전 　　　　스크롤 영역 조정 후 　　　　가로 스크롤 작동 상태 preview

출처: 피그마

Both direction scroll behavior(양방향 스크롤 동작)

가로와 세로 양방향으로 스크롤되는 기능은 대형 지도나 인터랙티브 차트와 같이 모든 방향으로 이동이 필요한 콘텐츠에 사용된다. 화면 안에 대형 지도를 넣어 가로, 세로 모두 화면보다 크게 사이즈를 조정해준다.

대형 지도 삽입 상태

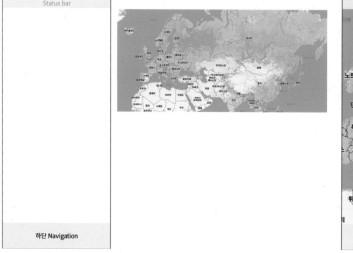

출처: 피그마, 구글 맵

프레임을 선택하고 [Prototype] 패널의 [Scroll behavior] 영역의 'Overflow' 옵션을 'Both directions'로 설정한다.

그리고 스크롤 시 움직이지 않아야 하는 'Status bar', '하단 내비게이션' 레이어는 'Position' 옵션을 'Fixed'로 설정한다. 프로토타입 'Preview' 모드에서 확인하면 상하좌우 스크롤이 되는 것을 확인할 수 있다.

예시처럼 전체 화면이 아니라 화면 내 작은 영역에서 지도를 보여줘야 한다면, 앞서 설명한 캐러셀 가로 스크롤 설정처럼 프레임으로 영역을 만들어 지도를 넣고, 그 프레임에 'Both directions' 옵션을 설정하면 된다.

지도 영역 가로-세로 스크롤 설정

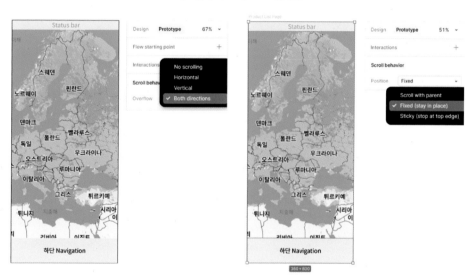

출처: 피그마, 구글 맵

인터랙션 설정

이제 화면 내 요소들을 사용자가 선택했을 때 동작하는 인터랙션을 설정하는 방법을 알아보자.

앞서 5장 인터랙션에서 인터랙션을 시작하게 만드는 트리거, 인터랙션의 작동 패턴 정의, 그 패턴에 따른 피드백과 반복 방식 정의가 필요한 것을 배웠다.

피그마에서는 시작 지점(Hot spot), 종료 지점(Destination)을 연결(Connection)해주고 인터랙션을 발생시키는 트리거(Trigger)와 작동하는 액션(Action)에 대한 상세 설정을 해서 인터랙션을 설정할 수 있다.

- 시작 지점(Hot spot): 인터랙션 시작 지점, 프레임 또는 프레임 내의 요소를 선택

- 종료 지점(Destination): 인터랙션의 종료 지점, 프레임을 선택

- 연결(Connection): 인터랙션의 시작과 종료 지점을 이어 인터랙션을 설정할 수 있는 상태로 정의

- Trigger(트리거): 사용자의 행동(예: 탭, 드래그 등)

- Action(액션): 인터랙션의 작동 패턴, 피드백 등 상세 동작 정의

인터랙션 시작 지점, 연결, 종료 지점

출처: 피그마

인터랙션을 설정하려면 오른쪽 사이드 패널의 탭 위치가 [Prototype] 패널[8]로 설정되어 있어야 한다. 'Connection'을 만들려면 인터랙션이 시작되는 프레임 또는 프레임 내 요소에 커서를 가까이 가져간다. 그러면 다음의 왼쪽 이미지처럼 파란색 원형 [+] 핸들이

---

8 [Design] 패널이 선택된 상태에서는 프로토타입 설정 메뉴들이 나타나지 않는다.

나타나는데, 그 핸들을 잡고 인터랙션이 종료될 'Destination' 화면으로 가까이 가져간다. 그러면 'Destination' 프레임의 테두리가 파란색으로 바뀌고, 그때 커서를 놓으면 파란 화살표 선으로 'Connection'이 연결되면서 인터랙션 설정창이 나타난다.

Connection 연결하기

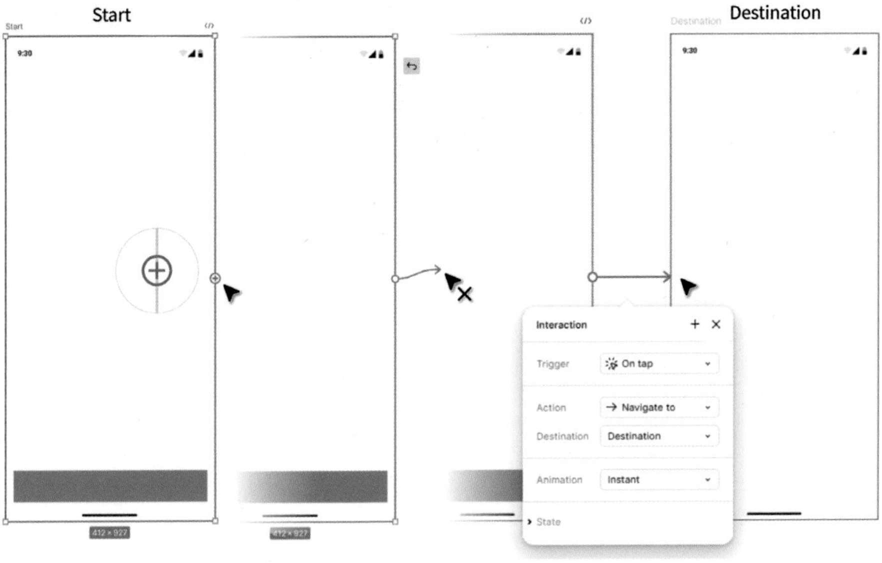

출처: 피그마

Trigger(트리거) & Action(액션)

'Hot spot(start)'와 'Destination'을 연결하면 나오는 인터랙션 설정 창에서 'Trigger', 'Action', 'Animation'의 유형 옵션을 선택할 수 있다. 여기서 선택된 'Destination'도 변경할 수 있다.

인터랙션 설정 옵션

출처: 피그마

'Trigger'는 인터랙션을 시작하는 조건으로, 사용자의 행동을 의미한다. 각 'Trigger' 옵션의 개념과 사용 상황은 다음과 같다. 와이어프레임 설계 단계에서는 'On tap', 'On drag', 'After delay' 옵션을 주로 사용한다.

- On click, On tap: 요소를 클릭/탭 했을 때 실행. 버튼 터치 시 페이지 이동에 주로 사용되며 프로토타입 디바이스 설정이 PC일 때는 'On click', Phone일 때는 'On tap'이 표시됨

- On drag: 요소를 가로/세로 드래그했을 때 실행. 캐러셀, 슬라이더나 스크롤 기능 구현에 유용

- While hovering: 마우스를 요소 위에 올리고 있는 동안 실행. 메뉴 항목에 호버 효과를 줄 때 사용

- While pressing: 마우스 버튼을 누르고 있는 동안 실행. 길게 누르는 동작이 필요한 경우에 사용

- Mouse enter: 마우스가 요소 영역에 들어가는 순간 실행. 툴팁 표시에 활용

- Mouse leave: 마우스가 요소 영역을 벗어나는 순간 실행. 툴팁 숨기기에 사용

- Touch down: 마우스를 누르는 순간 실행. 버튼의 누름 상태를 표현할 때 사용

- Touch up: 마우스에서 손을 떼는 순간 실행. 드래그앤드드롭을 구현할 때 사용

- After delay: 지정된 시간이 지난 후 실행. n초 후 다음 화면을 자동으로 전환할 때 사용

'Action'은 'Trigger' 발생 시 실행되는 동작을 정의한다. 각 'Action' 옵션의 개념과 사용하는 상황은 다음과 같다.

- Navigate to: 다른 프레임으로 이동, 페이지 간 이동에 사용

- Change to: 컴포넌트의 변형(variant) 변경, 버튼 상태 변경 등에 활용

- Back: 이전 화면으로 돌아가기, 뒤로 가기 버튼 구현에 사용

- Scroll to: 지정된 위치로 스크롤, 긴 페이지에서 특정 섹션으로 이동할 때 사용

- Open link: 외부 링크 열기, 외부 웹사이트로 연결할 때 사용

- Open overlay: 현재 화면 위에 오버레이를 표시, 모달 팝업이나 메뉴, 키패드 표시에 사용

- Swap overlay: 현재 오버레이를 다른 오버레이로 교체, 다단계 팝업에 유용

- Close overlay: 열려 있는 오버레이 닫기, 팝업 닫기 버튼에 사용

- Set variable: 프로토타입 내에서 사용할 변수를 설정, 사용자 입력값 저장, 상태 관리(예: 로그인 상태), 동적 콘텐츠 제어에 사용

- Set variable mode: 변수 값을 설정하는 방식을 지정, 변수 값 증가/감소(예: 카운터), 변수 값 토글(예: on/off 스위치), 변수 값 재설정

- Conditional: 로그인 상태에 따른 화면 전환 등 특정 조건에 따라 다른 액션을 실행함

이러한 'Trigger'와 'Action' 옵션을 조합하여 다양한 인터랙션을 구현할 수 있다. 예를 들어, 로그인 버튼에 'On Tap' 트리거와 'Navigate to' 액션을 사용하여 로그인 후 메인 페이지로 이동하는 프로토타입을 만들 수 있다.

Animation(애니메이션)

'Navigation to' 또는 'Overlay' 관련 액션을 설정했을 때는 'Animation' 유형 옵션으로 다양한 전환 움직임을 설정할 수 있다. 설정 창 하단에 있는 프리뷰 영역에서 움직임을 미리 볼 수 있다.

- Instant: 선택 즉시 'Destination' 프레임으로 애니메이션 없이 바로 전환

- Dissolve: 시작 프레임 위에 도착 프레임이 서서히 나타나며 부드러운 페이드인 전환

- Smart animation: 프레임 간 일치하는 레이어를 찾아 위치, 크기, 색상 등의 변화를 자동으로 애니메이션화함

- Move in, Move out: 도착하는 프레임이 시작 프레임 위로 슬라이드되어 들어오거나 나가며, 방향을 지정할 수 있음

- Push: 시작 프레임이 도착 프레임에 밀려나감

- Slide in: 'Move in'과 동작 방식은 같으며, 시작 프레임이 'Fade out'되면서 도착 프레임이 슬라이드되어 들어옴

- Slide out: 'Move out'과 동작 방식은 같으며, 시작 프레임이 나가면서 도착 프레임이 'Fade in'되면서 들어옴

프리뷰 영역

출처: 피그마

'Direction'은 전환의 방향, 'Curve'는 전환의 속도 변화, 'Duration'은 전환에 걸리는 시간을 설정해 더 세밀하게 조정할 수 있다. 'Curve'는 앞서 인터랙션 설계에서 배운 'Easing'의 개념과 같다.

실습

프로토타입 만들기 실습에서는 앞서 와이어프레임 실습에서 만든 화면을 활용해 제품 목록 화면, 제품 상세 화면, 장바구니 담기, 장바구니 화면으로 이어지는 흐름을 만들어 보자.

실습 대상 화면

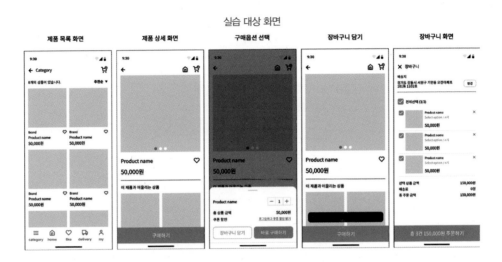

의도한 인터랙션을 모두 설정하면 다음 이미지처럼 프로토타입 'Connection'이 설정 된다.

371

인터랙션 설정 상태

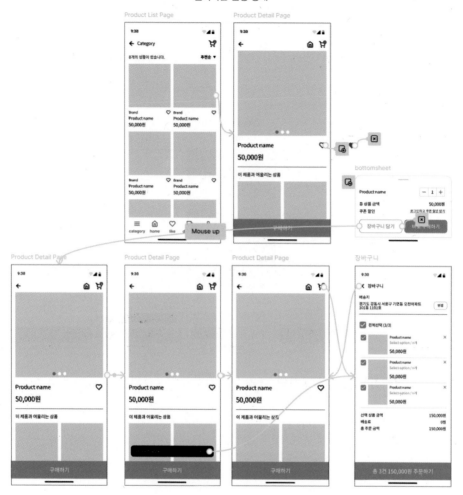

출처: 피그마

인터랙션을 설정하기 전에 프로토타입 디바이스 설정을 먼저 진행한다. 설계한 스크린 사이즈와 동일한 'Android Large'를 선택한다.

Prototype Device Setting

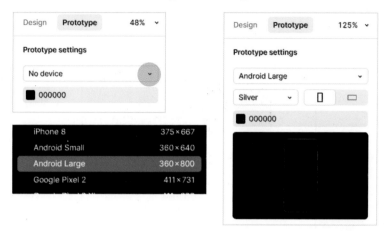

출처: 피그마

제품 목록 화면

이전 실습에서 만든 제품 목록 화면을 가져와 'Vertical scroll'을 설정해보자.

① 프로토타입을 설정하기 전에 장바구니 추가 액션을 반영하기 위해 제품 목록 화면, 제품 상세 화면 장바구니 아이콘 위에 배지를 추가한다.

장바구니 아이콘 배지 추가

② 제품 목록 화면 프레임을 선택하고 다음의 왼쪽 이미지와 같이 [Prototype] 패널의 'Overflow' 옵션을 'Vertical'로 설정한다.

③ 다음의 오른쪽 이미지와 같이 스크롤할 때 화면에 고정되어야 하는 시간과 배터리 표시가 나오는 'Status bar', 뒤로가기 화살표와 장바구니 아이콘이 있는 상단 헤더 영역, 하단 내비게이션 탭 메뉴 영역, OS 내비게이션 영역의 레이어를 선택하고 'Position' 옵션을 'Fixed'로 설정해준다.

프레임에 'Overflow' 옵션으로 'Vertical' 설정(좌), 스크롤 시 고정될 요소에 'Position' 옵션으로 'Fixed layer' 설정(우)

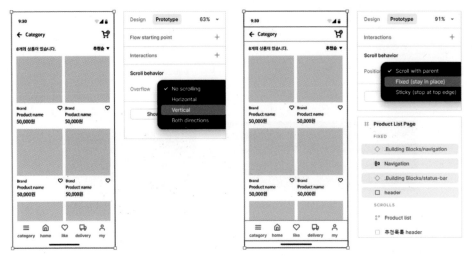

출처: 피그마

프로토타입 'Preview' 모드를 실행해 세로 스크롤이 되는지 확인한다. 만약 스크롤할 때 고정된 상단 'status bar', 헤더 영역에 배경 컬러가 없이 투명한 상태라면 스크롤되는 요소가 겹쳐 보이게 된다. 이런 경우에는 'status bar', 헤더 영역에 'Fill'이 '#FFFFFF'(white)로 채워진 배경 박스 레이어를 추가해준다.

스크롤 시 상단 고정 요소의 배경 색상 설정에 따라 스크롤되는 요소가 보이는 상황(좌)과 보이지 않는 상황(우)

**Status bar 영역에 배경이 투명해
스크롤되는 요소가 보이는 상황**

**Status bar 영역에 배경을 White로 채워
스크롤되는 요소가 보이지 않는 상황**

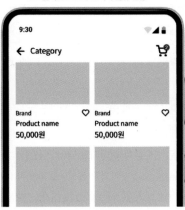

제품 상세 화면 전환

제품 목록 화면의 제품 중 하나를 선택하면 해당 제품의 상세 화면으로 전환되는 인터랙션을 만들어보자. 이 인터랙션에는 'Navigate to' – 'Slide in' 애니메이션 설정을 사용한다.

① 제품 목록 화면의 제품 중 하나를 선택하고, 'Connection' 핸들을 제품 상세 화면으로 이어주고 상세 설정은 다음과 같이 한다.

제품 목록 화면에서 제품 상세 화면으로 'On click'(Trigger) → 'Navigate to'(Action), 'Slide in'(Animation) 전환

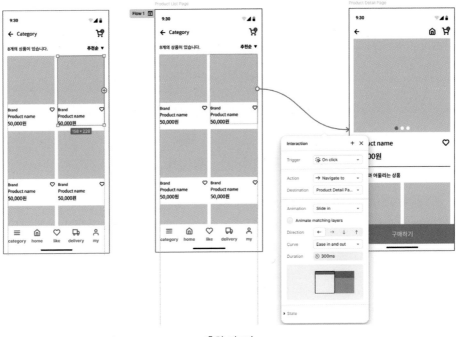

출처: 피그마

- Trigger: 'on click'[9]

- Action: 'Navigate to'

---

9 프로토타입 디바이스 설정에서 Phone 해상도인 'Android Large'를 선택하면 'On tap'으로 표시되어야 하는데, 'Android Large'는 최근 피그마 디바이스 유형에서 기타로 분류되면서 'On click'으로 표시된다. 'On click'과 'On tap'은 동일한 트리거로 작동되므로 어느 것을 써도 무방하며 많은 웹 애플리케이션에서 'On click'을 범용적으로 사용하여 두 가지 상황을 모두 처리한다. 'On tap' 옵션이 나오는 것을 확인하려면 프로토타입 디바이스 설정에서 'Android Compact'로 설정하면 확인할 수 있다.

- Animation: 'Slide in'(제품 목록 화면은 흐려지며 점점 사라지고 제품 상세 화면은 화면의 오른쪽에서 왼쪽으로 밀고 들어오는 옵션)

- Curve: 'Ease in and out'

- Duration: '300ms'

이제 프로토타입 'Preview' 모드에서 제품을 선택해 상세 화면으로 전환되는 인터랙션을 확인해보자.

찜하기

비활성 상태의 찜하기 버튼을 탭하면 활성 상태로 전환되는 인터랙션을 만들어보자. 이 인터랙션은 기존 아이콘 위에 활성 상태의 아이콘을 'Open Overlay'해서 덮어주고, 다시 탭하면 'Close overlay'로 없애주는 설정이 필요하다.

찜하기 버튼의 상태 별 디자인

비활성 상태   활성 상태

① 다음의 이미지처럼 프레임 안에 있는 찜하기 버튼 아이콘(비활성 상태)을 복사해 프레임 밖으로 붙여 넣고 마우스 오른쪽 버튼을 클릭하여 [Detach Instance]를 선택해 컴포넌트 설정 상태를 해제한다.

② 아이콘을 선택한 상태에서 [Fill], [Stroke] 모두 '#FF0000'으로 색상을 채워 활성 상태의 아이콘으로 만든다.

오버레이에 사용할 아이콘 만들기

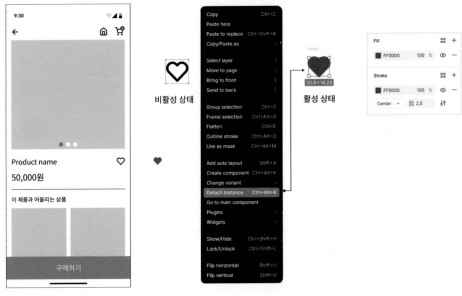

출처: 피그마

③ 다음의 이미지처럼 화면 안의 비활성 상태의 찜하기 버튼에서 'Connection' 핸들을 당겨 화면 밖의 활성 상태 찜하기 버튼으로 연결하고, 'Action' 옵션은 'Open overlay'를 선택한다.

찜하기 버튼 눌렀을 때 Trigger 설정

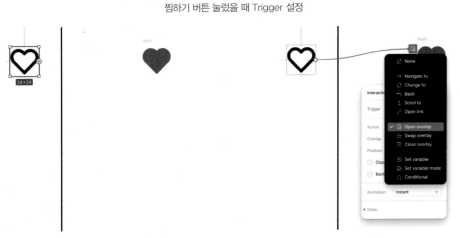

출처: 피그마

④ 비활성 상태 아이콘 위에 정확히 겹쳐지게 하기 위해 'Position' 설정을 'Manual'로 변경한다. 다음의
오른쪽 이미지처럼 화면 안의 비활성 상태 찜하기 버튼 위치로 활성 상태 찜하기 버튼이 겹쳐지면서 표
시되는 것을 확인할 수 있다. 'Animation' 옵션은 'Instance'로 선택한다.

찜하기 버튼 'On click'일 때 'Position' 옵션을 'Open overlay'-'manual'로 설정

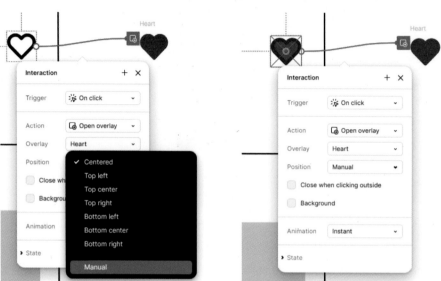

출처: 피그마

⑤ 활성 상태로 전환된 상태에서 찜하기 아이콘을 눌러 다시 비활성 상태로 전환하는 설정을 하기 위
해서는 'Action' 옵션으로 'Close overlay'를 설정해야 한다. 화면 바깥쪽에 있는 활성 상태 아이콘
에 'Trigger'를 설정하기 위해 'Connection' 핸들을 당기면 아이콘 바로 오른쪽에 생성되는 'Close
overlay', 'Back' 옵션을 설정할 수 있는 파란색 아이콘이 생긴다. 그중 위에 있는 'Close overlay'로
'Connection'을 당겨서 놓는다.

찜 해제를 할 때 Close overlay 설정

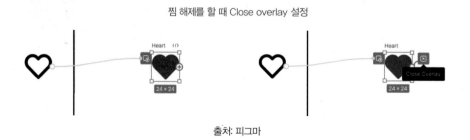

출처: 피그마

이제 프로토타입 'Preview' 모드를 눌러 찜 버튼을 선택/해제하는 인터랙션을 실행해 보자.

구매하기 바텀 시트 호출

제품 상세 화면에서 구매하기 버튼을 눌러 구매 옵션을 설정하는 바텀 시트를 호출하는 인터랙션을 만들어 보자. 바텀 시트를 호출하는 것은 찜 버튼을 만들 때 'Action' 옵션으로 'Open overlay'를 사용하고 'Position' 옵션을 'Manual'로 설정하는 것까지는 동일하고, 'Animation' 옵션을 'Move in'으로 선택해 화면 아래에서 위로 올라오게 하는 점이 다르다.

① 먼저 다음의 오른쪽 이미지와 같이 호출될 바텀 시트를 만들어 프레임으로 설정하고, 제품 상세 화면 옆에 위치시킨다.

바텀 시트 만들기

② 제품 상세 화면 하단의 '구매하기' 버튼에서 'Connection' 핸들을 당겨 바텀 시트 프레임으로 연결해주
   고 상세 설정은 다음과 같이 해준다.

바텀 시트 호출 인터랙션 상세 설정

출처: 피그마

- Trigger: 'On click'

- Action: 'Open overlay'

- Position: 'Manual'로 선택 후 제품 상세 화면 하단으로 오버레이될 위치를 맞춤

- 체크박스 선택: 'Close when clicking outside', 'Background'

- Background: 투명도 40%

- Animation: 'Move in'

- Direction: 아래에서 위 방향 화살표(↑) 선택

- Duration: '200ms'

③ 위에서 체크한 'Background'는 다음의 오른쪽 이미지처럼 바텀 시트 뒤를 블랙 반투명으로 딤드
   (Dimed) 처리해 바닥 화면의 조작 요소가 선택되는 것을 막아주는 설계를 할 때 필요한 옵션이고,

'Close when clicking outside' 옵션은 딤드(Dimed) 영역을 선택했을 때 바닥 화면으로 돌아가는 인터랙션을 간편하게 반영할 수 있는 옵션이다.

이제 프로토타입 'Preview' 모드로 동작 상태를 확인하자.

바텀 시트 호출 인터랙션 동작 상태 - 'Preview'

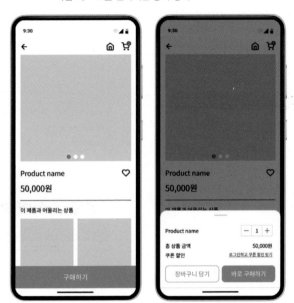

장바구니 담기, 스낵바(Snack bar) 호출

장바구니 담기 버튼을 눌러 장바구니의 배지가 2에서 3으로 바뀌기 위해 'Animation' 옵션으로 'Smart animate'를 사용하고, 스낵바가 나타났다가 일정 시간이 지나면 사라지게 하기 위해 'Trigger' 옵션으로 'After Delay'를 사용한다.

먼저 인터랙션 작업을 위해 스낵바를 만들자. 스낵바는 앞서 '변경' 버튼을 만든 것과 같이 모서리가 둥근 'Rectangle'을 만든 후 'Fill' 색상을 '#000000'(Black)으로 설정한다. 그 위에 '장바구니에 담았습니다', '바로가기' 텍스트를 추가하고 각각 [Fill] 색상을 '#FFFFFF', '#77EE2E'로 설정한다. 배경 박스와 텍스트 레이어를 모두 선택해 마우스 오른쪽 버튼을 눌러 'Create component'로 마스터 컴포넌트로 만들어준다.

① 앞서 실습한 제품 상세 화면을 복사해온 후 마스터 컴포넌트를 복사한 'instance'를 화면 안에 넣어준다. 다음의 오른쪽 이미지와 같이 '구매하기' 버튼 위의 위치에 넣어준다.

화면 안에 스낵바 추가하기

② 그 화면을 복제해 다음 왼쪽 이미지처럼 스낵바 레이어를 선택한 상태에서 커서 키로 아래로 내려 구매하기 버튼 뒤에 숨겨지는 위치로 이동한다. 이때 구매 버튼 뒤로 숨겨지지 않고 앞에 보인다면 레이어 위치를 조정하자.

③ 스낵바가 보이지 않게 만든 화면을 복제해 다음의 오른쪽 화면 위치에 놓는다.

④ 다음 그림에서 보라색 박스로 표시된 것처럼 스낵바 레이어가 위치되었다면 제대로 된 것이다.

⑤ 바텀 시트의 '장바구니' 버튼을 눌렀다 떼는 시점에 위의 첫 번째 화면으로 전환되도록 설정하기 위해 '장바구니' 버튼에 다음과 같은 설정을 해준다.

- Trigger: 'Mouse up'[10]

- Action: 'Navigate to'

- Animation: 'Smart animate'[11]

- Curve: 'Ease out'

- Duration: '200ms'

---

[10] Mouse up 옵션은 On click 옵션과 유사하게 버튼을 눌러 다음 화면으로 연결할 때 사용하는데, On click은 마우스를 클릭하는 순간 인터랙션이 발생하고 Mouse up은 마우스를 클릭했다가 손을 떼는 순간 인터랙션이 발생한다는 차이가 있다. 즉, 마우스를 누르고 있는 동안은 인터랙션이 발생하지 않는 것이다.

[11] Smart animate 옵션은 이전 화면과 다음 화면에서 같은 요소의 상태값(크기, 색상 위치 등)을 자연스럽게 이어주는 옵션이다. 이 화면에서는 스낵바의 위치가 변하는 것이 자연스럽게 이어지며, 장바구니 아이콘의 배지 값이 2에서 3으로 전환된다.

[장바구니 담기] 버튼 눌러 스낵바가 숨겨진 화면으로 이동하도록 인터랙션 설정

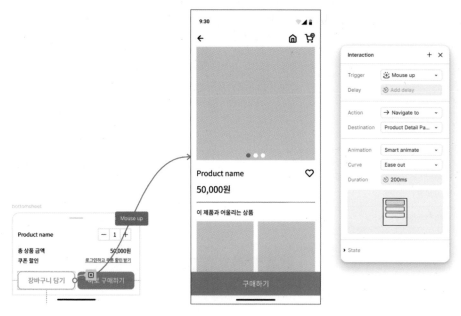

출처: 피그마

⑥ 첫 번째 화면에서 두 번째 화면(스낵바가 구매하기 버튼 위로 올라온 화면)으로는 'Trigger' 옵션을 일정 시간이 지나면 자동으로 이동하도록 'After delay'로 설정한다.

스낵바가 나타나는 인터랙션 설정

출처: 피그마

- Trigger: 'After delay'

- Delay: '200ms'

- Action: 'Navigate to'

- Animation: 'Smart animate'

- Curve: 'Ease out'

- Duration: '300ms'

⑦ 스낵바는 사용자의 액션이 없어도 일정 시간 나타났다가 사라지는 UI 컴포넌트이기 때문에 두 번째 화면에서 세 번째 화면으로도 'After delay'로 일정 시간이 지나면 자동으로 이동하도록 설정한다. 다른 설정도 위와 동일하며 스낵바가 화면에 머무르는 시간을 만들어 주기 위해 'Delay time'을 '800ms'로 더 길게 설정한다.

스낵바가 사라지는 인터랙션 설정

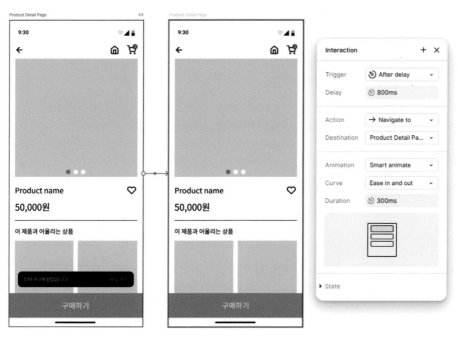

출처: 피그마

이제 프로토타입 'Preview' 모드에서 장바구니 담기 버튼을 눌러 스낵바가 나타났다 사라지는 인터랙션을 확인해보자.

장바구니 화면 전환

화면 우측 상단에 장바구니 아이콘 버튼 또는 스낵바에서 '바로가기' 텍스트 버튼을 눌러 장바구니 화면으로 이동하는 인터랙션을 만들어 보자.

지금까지 실습 내용을 잘 만들어 왔다면 다음의 설명을 보지 않고도 만들 수 있을 것이다.

① 세 번째 화면의 장바구니 아이콘, 두 번째 화면의 '바로가기' 텍스트 버튼에서 각각 장바구니 화면으로 'Connection'을 연결해주고, 다음과 같이 설정한다.

- Trigger: 'On click'

- Action: 'Navigate to'

- Animation: 'Instance'

② 장바구니 화면을 닫았을 때 이전 화면으로 돌아가게 하기 위해 동일한 설정값으로 장바구니 화면의 'X' 버튼을 세 번째 화면으로 연결해준다.

장바구니 화면으로 이동하는 인터랙션 설정

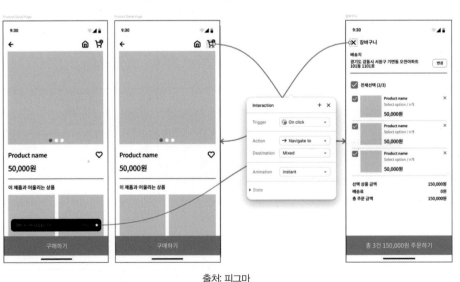

출처: 피그마

이제 모든 화면의 프로토타입 설정을 마쳤다. 'Preview' 모드를 선택하고 프로토타입의
시작 포인트인 제품 목록 화면에서 장바구니 화면까지 이동하는 프로토타입을 확인해
보자.

Preview 모드로 확인한 프로토타입

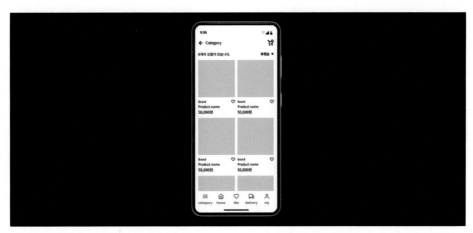

AI in 피그마

First Draft(퍼스트 드래프트)

2024년 6월 Config 2024 콘퍼런스에 'Make designs'로 소개됐던 기능이 'First Draft'라
는 이름으로 업데이트됐다. 피그마는 그 외에도 AI를 활용하는 beta 서비스들을 제공하
고 있다.

출처: 피그마

와이어프레임을 만들어주는 퍼스트 드래프트가 제공하는 기능은 프롬프트를 입력해 초안을 얻고, 디자인 콘셉트, 강조 색상 옵션을 변경할 수 있고, 제한적이지만 프롬프트 수정도 가능하다.

결과물의 수준 측면에서 보면 이름 그대로 화면 설계/디자인 작업의 '초안'을 만들어주는 정도다. 하지만 프롬프트를 입력하자마자 바로 설계를 시작하고 만들어가는 과정을 볼 수 있고 꽤 빠른 시간 안에 화면을 만들어준다는 점, 레이어의 이름과 구조 정리를 깔끔하게 해준다는 점이 장점이다.

퍼스트 드래프트 기능, 결과물, 레이어 정리 예시

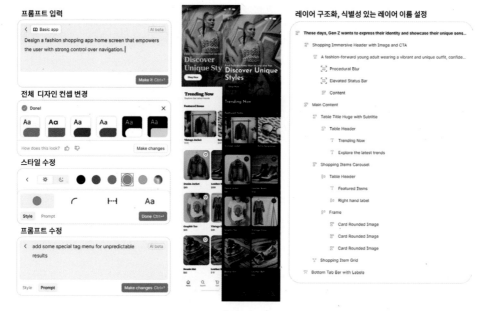

출처: 피그마

UI 생성형 AI 서비스 비교

최근 AI 디자인 툴이 많이 소개되고 있는데, 여기서는 이 중 프롬프트를 입력해 와이어프레임 설계를 제공해주는 서비스인 피그마 플러그인 와이어프레임 디자이너(Wireframe Designer)와 갈릴레오 AI(Galileo AI)를 피그마 AI 서비스인 퍼스트 드래프트(First Draft)와 비교해 봤다.

왼쪽부터 피그마 퍼스트 드래프트, 와이어프레임 디자이너, 갈릴레오 AI

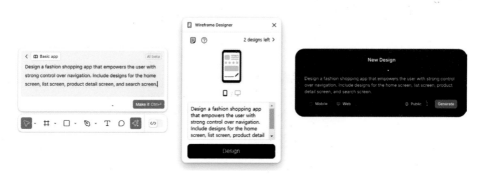

출처: 피그마, 와이어프레임 디자이너 플러그인, 갈릴레오 AI

화면을 설계할 때는 단순히 홈 화면, 목록 화면을 만들지 않고 서비스의 콘셉트, UX 전략을 반영해 설계한다. 사용자의 탐색성을 강화한 쇼핑 앱의 홈/목록/상세/검색 화면을 만들어 달라는 설계 의도를 담아 한 번에 키스크린 여러 개를 만들어달라는 다음의 프롬프트를 세 가지 서비스에 입력해 봤다.

> "Design a fashion shopping app that empowers the user with strong control over navigation. Include designs for the home screen, list screen, product detail screen, and search screen."

홈 화면의 콘텐츠 구성 측면에서는 갈릴레오 AI, 퍼스트 드래프트는 평이한 구성을 보였고, 와이어프레임 디자이너는 두 서비스에 비해서는 검색 영역, 추천 등에서 설계 의도가 약간은 반영되었지만 여전히 아쉬운 결과물을 내놨다. 디자인 구현도 측면에서는 그 반대로 갈릴레오 AI와 퍼스트 드래프트가 높았다.

AI 화면 설계 결과물(왼쪽부터 갈릴레오 AI, 퍼스트 드래프트, 와이어프레임 디자이너)

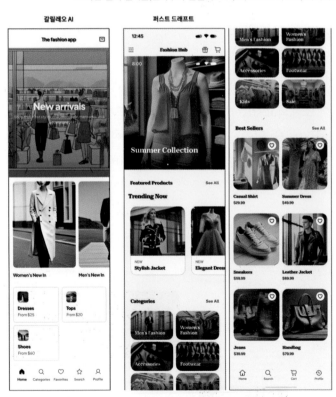

출처: 갈릴레오 AI, 피그마, 와이어프레임 디자이너

요청 사항을 처리하는 측면에서 보면 프롬프트에서 4개의 키스크린을 요청했는데, 퍼스트 드래프트와 와이어프레임 디자이너는 홈 화면 하나만 만들어주는 데 그쳤다. 갈릴레오 AI만 한 번에 여러 화면을 제공해줘 같은 스타일로 만들어진 화면의 컴포넌트들을 한 번에 얻을 수 있다는 점에서 활용도가 좀 더 높았지만, 시간은 다른 두 서비스에 비해 훨씬 더 오래 걸렸다.

프롬프트를 입력했을 때 갈릴레오 봇이 자신이 이해한 것이 맞는지 디테일한 설계 의도를 재확인한다는 점에서 결과물의 기대를 높여주었다. 하지만 결과는 평이했다.

4개의 키스크린을 제공, 사용자의 질문을 해석해 재확인하는 갈릴레오 AI

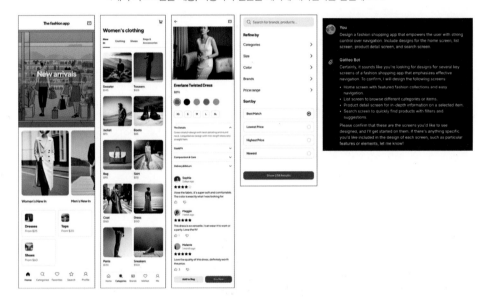

출처: 갈릴레오 AI

와이어프레임 디자이너 서비스에는 컨텍스트를 입력할 수 있는 기능 'Background Context'가 있다. 이 기능을 활용해 화면 설계를 요청했을 때 좀 더 기획 의도에 맞는 결과물을 얻을 수 있었다. 다른 두 서비스에도 맥락과 설계 의도를 같이 넣었을 때 이전보다는 콘셉트에 좀 더 가까운 결과물을 주었지만 여전히 아쉬운 수준이었다.

와이어프레임 디자이너의 컨텍스트 입력 기능

출처: 피그마 플러그인 와이어프레임 디자이너

와이어프레임 디자이너는 비중 있는 검색 영역의 배치, 'Recommended Categories', 'Featured Products', 'Trending Now', 'Customer Reviews', 'Style Inspiration', 'Trendsetter Collection' 등 사용자가 다양한 콘텐츠를 탐색할 수 있는 영역을 제시하는 콘셉트로 설계된 점에서 좀 더 나은 결과물을 내놓았다. 물론 화면의 디자인 구현도는 낮지만 화면 설계 단계에서 사진 리소스, 폰트, 레이아웃의 정돈보다는 기획 의도를 충실히 반영하는 것에 높은 점수를 주었다.

Context가 반영된 프롬프트와 서비스별 결과물

> These days, Gen Z wants to express their identity and showcase their unique sense of style by finding fashion items that no one else has. Design a home screen for a shopping app that helps these customers easily find the products they're looking for

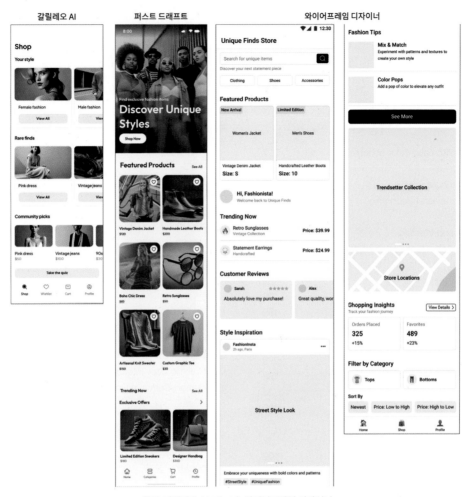

출처: 갈릴레오 AI, 피그마, 와이어프레임 디자이너

앞의 예시처럼 아직까지 AI 생성 서비스들의 완성도는 실무에 바로 활용할 정도에는 미치지 못한다. 하지만 아이디어를 얻거나 빠르게 구조화된 레이어로 만들어진 컴포넌트를 얻을 수 있다는 측면에서는 도움이 될 것으로 판단된다.

이미지 제작용 AI, UX Writing AI 서비스 등 UI/UX 디자인 업무 전반에 활용할 만한 서비스들이 늘어나고 있고, AI 서비스는 예시에서 컨텍스트를 프롬프트에 추가해 더 나은 결과물을 얻은 것과 같이 프롬프트의 정교함이 결과물에 미치는 영향이 크기 때문에 아직은 미진한 결과물을 주는 수준이어도 계속 사용해보면서 AI 활용 능력을 함께 키워나갈 것을 제안한다.

찾아보기

memo